21世纪高等院校物流学创新系列教材

郝渊晓　主编

国际物流学

李华敏　主编
杨文斌　杨　宁　王树钰　副主编

中山大学出版社
·广州·

图书在版编目（CIP）数据

国际物流学/李华敏主编；杨文斌，杨宁，王树钰副主编．—广州：中山大学出版社，2007.10

（21世纪高等院校物流学创新系列教材/郝渊晓主编）

ISBN 978-7-306-02880-8

Ⅰ.国…　Ⅱ.①李…②杨…③杨…④王…　Ⅲ.国际贸易—物流—高等学校：技术学校—教材　Ⅳ.F252

中国版本图书馆CIP数据核字（2007）第067749号

出 版 人：叶侨健
策划编辑：蔡浩然
责任编辑：浩　然
封面设计：方　蕾
责任校对：曾育林
责任技编：黄少伟
出版发行：中山大学出版社
电　　话：编辑部 020-84111996，84113349
　　　　　发行部 020-84111998，84111981，84111160
地　　址：广州市新港西路135号
邮　　编：510275　　传　真：020-84036565
网　　址：http：//www.zsup.com.cn　E-mail：zdcbs@mail.sysu.edu.cn
印 刷 者：广州中大印刷有限公司
规　　格：787mm×960mm　1/16　15.375印张　265千字
版次印次：2007年10月第1版　2016年3月第2次印刷
印　　数：4001-5000册　　定　价：29.80元

内 容 提 要

本书从物流产业与国际物流、国际贸易中的物流业务、国际物流设施与装备、国际物流的成本管理、国际物流壁垒及国际物流标准化等方面，阐述了国际物流的基本知识，同时结合国际物流业务，着重介绍了操作要领及有关技能。

本书内容新颖、理论联系实际，具知识性与实用性；适合高等院校物流管理、国际贸易、工商管理、市场营销等专业的学生作教材，也适合物流企业及物流管理部门对从业人员作培训用书。

21世纪高等院校物流学创新系列教材

编 写 指 导 委 员 会

21世纪高等院校物流学创新系列教材

编 写 委 员 会

主　　编：郝渊晓　西安交通大学经济与金融学院教授
　　　　　　　　　陕西省物流与采购联合会顾问

副 主 编：裴少峰　河南工业大学经贸学院副院长、副教授、博士
　　　　　张三省　长安大学产业经济研究所所长、副教授
　　　　　高更君　上海海事大学物流中心博士
　　　　　李华敏　陕西师范大学国际商学院院长助理、副教授
　　　　　张丽娟　云南财经大学商学院副教授
　　　　　黄　辉　重庆工商大学商务策划学院副教授
　　　　　刘晓红　西安财经学院工商管理学院副教授
　　　　　王树钰　南京审计学院商学院副教授
　　　　　费明胜　广东五邑大学管理学院副教授、博士
　　　　　杨树青　华侨大学副教授

编写人员：胡怀邦　郝渊晓　刘全洲　张宗成　马源平　裴少峰
　　　　　李华敏　葛晨霞　王树钰　张三省　郭元萍　刘晓红
　　　　　相里六续　郭　永　曹利强　梁彤伟　马健平　李　建
　　　　　宋　林　薛　颖　马健诚　张丽娟　邹晓燕　梁俊凤
　　　　　党中楼　黄　辉　杨　斌　薛　君　邵荣沼　龙江滨
　　　　　王　慧　高　帆　秦建国　王杜娟　孙育辉　戴　钰
　　　　　刘晓琰　刘昆宇　史小锋　王皓砜　赫志伟　韦冬莉
　　　　　王　琮　史贤华

目　录

总　序

进入21世纪以来，以信息技术为基础的电子商务在全球迅速崛起，它对传统的企业运作模式、商品流通方式及人们的购物、消费、生活方式产生了广泛而深远的影响。而保证电子商务交易顺利实现交割，关键在于构建一个与电子商务交易相适应的现代化物流系统。因此，物流在现代经济发展中的地位和作用，将显得越来越重要。

2005年，《中共中央关于制定国民经济和社会发展第十一个五年计划的建议》中明确指出：物流是现代服务业，要大力发展，坚持市场化、产业化、社会化的发展方向。“十一五”期间，我国现代物流发展的指导思想是：以科学的发展观为指导，以市场为导向，以信息技术为支撑，营造现代物流业发展的政策环境，建立配套完善、服务高效的现代物流服务体系，大力发展专业化、社会化的物流企业，提高物流服务质量和效率，降低社会物流成本，推动产业升级和结构调整，为经济和社会的全面、协调、可持续发展和全面建设小康社会提供相应的物流保障。争取到2010年，使全社会物流总费用与GDP比率，在2004年21.3%的基础上下降2~3个百分点。由此可见，“十一五”期间我国物流业发展面临难得的发展机遇，我们应该以此为契机，加快我国现代物流业的超常发展。

未来市场的竞争，不仅表现为企业与企业之间的竞争，而且更表现为供应链与供应链之间的竞争，物流管理成为企业管理中的关键环节。从未来发展现代物流产业和企业竞争的需要出发，竞争最终集中在现代物流人才的竞争。物流人才的数量和质量，将会影响到我国在未来国际物流市场竞争中的地位。因此，加快培养适应21世纪物流市场竞争需要的复合型人才，是我国教育界和企业界共同面临的一个重大课题。而人才培养、教材建设是一项基础工作，一定要把规划建设立足于物流科学前沿、实践操作性强的高质量的教材，把物流教材建设放在战略的高度，统筹规划，组织实施。

为了适应高校物流专业及相关专业物流教学的需要，我们组织长期从事物流教学、理论研究及实践操作的教授、专家，瞄准现代物流产业科学前沿，吸收国外物流产业发展成功的经验及新的理念，在2001年由中山大学出版社出版发行的“现代物流管理丛书”（6 本）的基础上，进行结构、内容的全面修订，推出“21 世纪高等院校物流学创新系列教材”一套（共计 8 本），分别是：《物流管理学》、《物流信息管理学》、《物流技术与装备学》、《采购物流学》、《物流配送管理学》、《国际物流学》、《城市物流规划学》、《仓储与运输物流学》。这套教材编写的指导思想是：以理论创新为主线，以内容全面为主体，以体系科学为目标，力争融合国内外已有教材的优点，出版一套能够适应 21 世纪物流人才知识结构和运作能力要求的精品教材。

我们期待，该套系列教材对物流人才的培养及物流知识的普及将产生推动作用。

郝渊晓

2006 年 5 月 1 日于西安交通大学经济与金融学院

第一章 国际物流概述

本章主要阐述了物流的产生及国际物流的含义、特点和作用；国际物流系统的特征及其构成；国际物流标准的含义、体系和分类；最后，进一步分析了国际物流发展的趋势。

第一节 物流的产生与国际物流

一、物流的基本概念

物流是指物品从供应地到需求地的实体流动过程，根据实际需要，将运输、储存、包装、装卸、搬运、流通加工、配送、基本信息处理等基本功能实施有机结合。其本质是由一系列创造时间和空间效用的经济活动组成，包括运输、配送、保管、包装、装卸、流通及物流信息等多项基本活动，是这些活动的统一。也就是说，物流是商品在空间上与时间上的位移，创造时间价值和空间价值。

物流在整个社会生产过程中涉及的领域极为广泛，虽然其功能要素基本相同，但由于应用在不同的领域，目的、对象、范围都不尽相同，这就决定了物流存在着各种不同的类型。为了研究方便，可将物流系统按不同的标准分为不同的种类。从整体和局部的角度研究物流，可以把物流分为宏观物流、中观物流和微观物流；从空间的概念上讲，物流可以分为国际物流、城市物流、区域物流；按照物流与企业所属关系的不同，物流又可划分为自营物流和第三方物流；按照物流系统运动的过程分类，可以将物流分为供应物流、生产物流、销售物流、回收物流和废弃物流；按物流系统功能结构分类，可将物流系统分为运输功能子系统、仓储功能子系统、装卸搬运功能子系统、包装功能子系统、流通加工功能子系统、信息处理功能子系统等，现实中提到更多的就是传统物流与现代物流。所谓传统物流（Physical Distribution），侧重运输、保管、包装、装卸等物流局部功能；所谓现代物流（Logistics），则注重伴随着物流信息的物流功能的有机整合。

二、现代物流的产生

综观物流的发展历程，一般来说，可以将这一个世纪的物流发展人为地划分为以下几个阶段：萌芽阶段、早期阶段、综合物流阶段、供应链管理阶段和现代物流阶段，在这些不同的阶段中，物流逐渐地发展完善至现代物流。

（1）萌芽阶段。1901 年，约翰 · F. 格鲁威尔在《农产品流通产业委员会报告》

中讨论了农产品流通方面的问题，从理论上开始了对物流的认识。1915 年，阿奇·萧在《市场流通中的若干问题》一书中就提到“物流”一词。当时西方有些国家已经出现生产大量过剩，需求严重不足的经济危机，企业因此提出了销售和物流的问题。这时的物流指的是销售过程中的物流。20 世纪 20 年代，美国著名的营销专家斐莱德·E. 克拉克在《市场营销的原则》一书中真正把物流活动提升到理论高度进行讨论与研究，“Physical Distribution”一词也与物流联系起来。1935 年，美国销售协会对物流进行了进一步的阐述：“物流是包含于销售之中的物质资料和服务在从生产场所到消费场所的流动过程中所伴随的种种经济活动。”上述阶段被物流界普遍地认为是物流的萌芽阶段。

（2）早期阶段。在第二次世界大战期间，物流对于盟军的胜利起到了关键的作用，在当时被称为后勤管理。“后勤”是指将战时物资的生产、采购、运输、配给等活动作为一个整体进行统一布置，以求战略物资补给的费用更低、速度更快、服务更好。“二战”后，后勤管理的运作方法及理念在企业中广泛采用，又有商业后勤、流通后勤的提法，这时的后勤包含了生产过程和流通过程中的物流，因而是一个包含范围更广的物流概念。这就是物流科学的早期阶段。

（3）综合物流阶段。1962 年，著名管理大师德鲁克在《财富》杂志上题为《经济领域的黑暗大陆》的文章中指出：“我们对物流的认识就像拿破仑现在对非洲大陆的认识。我们知道它确实存在，而且很大，但除此之外，我们便一无所知。”这篇文章首次提出物流领域的潜力，具有划时代的意义。企业的决策者对物流的认识也得到了提高，并开始把寻求成本优势和差别化优势的视角转向物流领域，物流成为了企业的“第三利润源”。从此，企业物流管理领域正式启动。不久，人们又认识到原材料物流也同样存在巨大潜力，并且产品物流与原材料物流可以综合起来管理，使企业能够系统地分析物流水平、降低成本和改进服务，大大改进了对物流系统的管理，使物流的发展进入了综合物流阶段。

（4）供应链管理阶段。此后，物流管理逐渐扩大到整个供应链范围，不仅要考虑原材料供应商及产品分销商直至客户的供应链上的所有物流活动，还要注重它们之间的协调与配合，物流的发展也就进入了供应链管理阶段。

（5）现代物流阶段。1985 年美国物流管理协会正式将名称由 National Council of Physical Distribution Management 更改为 Council of Logistics Management，从而标志着现代物流理念的确立。与此同时，随着科学技术的发展、政策的放开、竞争的加剧，现代物流管理思想进一步发展，一体化物流管理的思想逐步形成。

物流产业虽诞生不久，但随着全球经济的迅速发展，社会分工的不断深入，物流业已经发展成为一个新兴的产业部门，也成为了国民经济的重要组成部分。传统上的物流活动并非独立于生产和消费部门之外，而是分散在不同的经济部门、组织内部的。随着物流行业自身的发展、经济社会的进步以及几次流通革命的促进，物流活动逐步从生产、消费等过程中分离出来，成为了独立的专业部门，并且通过对企业内部物流资源的整合和一体化，逐渐形成了以企业为核心的物流系统。进而，物流技术专业化、社会化，又使得物流在整个产业链中乃至整个经济社会迅速深入发展，并发挥了自身巨大的潜能作用，被视为“第三利润源”、“经济的黑暗大陆”。近些年来，科学技术突飞猛进、全球经济一体化进程日益加快，为现代物流的发展创造了前所未有的条件，提供了广阔的发展空间。现代物流的发展也表现出许多特点，从中也可以窥视出现代物流的发展趋势。

三、国际物流的概念

国际物流（international logistics）是指货物（包括原材料、半成品和制成品等）及物品（包括邮品、展品、捐赠物资等）在不同国家间流动或转移，是相对于国内物流而言的，国际物流是国内物流越过国界在全球范围内开展的物流。与国内物流相比，它完成周期长、作业复杂、要求系统一体化等。其实质是按照国际分工协作的原则，依照国际惯例，利用国际化的物流网络、物流设施和物流技术，实现货物在国际间的流动和交换，以促进区域经济的发展和世界资源优化配置。国际物流是国际贸易的一个必然组成部分，各国之间的相互贸易最终都将通过国际物流来实现。

国际物流的总目标是为国际贸易和跨国经营服务，使各国物流系统相“接轨”。即选择最佳的方式和路径，以最低的费用利用最小的风险，保质、保量、适时地将货物从某国的供方运到另一国的需方，使国际物流系统整体效益最大。

可以从广义和狭义两个方面对国际物流来定义。广义的国际物流是指各种形式的物资在国与国之间的流入和流出，包括进出口商品、暂时进出口商品、转运物资、过境物资、捐赠物资、援助物资、加工装配所需物料和部件以及退货等在国与国之间的流动。而狭义的国际物流是指与另一国进出口贸易相关的物流活动。包括货物集运、分拨配送、货物包装、货物运输、申领许可文件、仓储、装卸、流通加工、报关、保险、单据等。换句话说，即当某国一企业出口其生产或制造的产品给在另一国的客户或消费者时；或当该企业作为进口商从另一国进口生产所需要的各种原材料、零部件或消耗品时，为了消除生产者与消费者之间的时空差异，使货物从卖方的处所移动到买方处所，并最终实现货物所有权的跨国转移，国际物流的一系列活动就产生了。

为实现物流合理化，国际物流活动必须按照国际商务交易活动的要求来开展国际物流活动。并且，不仅要求降低物流费用、提高局部效益，而且要考虑提高顾客服务水平，提高销售竞争能力和扩大销售效益，即提高国际物流系统的整体效益。

四、国际物流的特点

（1）国际物流的经营环境存在着较大差异。国际物流的一个显著特点就是各国的物流环境存在着较大的差异。除了由于生产力及科学技术发展水平、既定的物流基础设施各不相同，各国文化历史、风土人情以及政府管理物流的法律环境等物流软环境的差异尤其突出，使国际物流的复杂性远远高于一个国家的国内物流。例如，语言的差异会增加物流的复杂性。在地理上西欧比美国小得多，但由于它使用多国语言，有德语、英语、法语等，致使需要更多的存货来支持其市场营销活动，因此，每一种语言都需要相应的存货。

（2）国际物流的系统广泛、风险性高。国际物流系统是由商品的包装、储存、装卸、运输、报关、流通加工和其前后的整理、再包装以及国际配送等子系统组成。物流本身就是一个复杂的系统工程。而国际物流在此基础上增加了不同国家的要素，这不仅仅是地域和空间的简单扩大，而是涉及更多的内外因素，增加了国际物流的风险。例如，由于运输距离的扩大延长了运输时间并增加了货物运转装卸的次数，使国际物流中货物灭失及短缺的风险增大；各国汇率的变化使国际物流经营者面临更多的信用及金融风险；而不同国家之间政治经济环境的差异可能使企业跨国开展国际物流遭遇更大风险。

（3）国际物流的发展依赖于高效的国际化信息系统的支持。由于参与国际运作的物流服务企业及政府管理部门众多，如货运代理企业、报关行、对外贸易公司、海关、商检等机构，使国际物流的信息系统更为复杂，国际物流企业不仅要制作大量的单证而且要确保其在特定的渠道内准确地传递，因此耗费的成本和时间是巨大的。目前，在国际物流领域，EDI（电子数据交换）得到了较广泛的应用，它极大地提高了国际物流参与者之间的信息传输速度和准确性。但是，由于各国物流信息水平的不均衡以及技术系统的不统一，在一定程度上阻碍了国际信息系统的建立和发展。

（4）国际物流的标准化要求较高。国际物流除了国际化信息系统支持外，统一也是一个非常重要的手段，这有助于国际间物流的畅通运行。国际物流是国际贸易的衍生物，它是伴随着国际贸易的发展而产生和发展起来的，是国际贸易得以顺利实现的必要条件。如果贸易密切的国家在物流基础设施、信息处理系统乃至物流技术方面不能形成相对统一标准，那么就会造成国际物流资源的浪费和成本的增加，最终影响产品在国际市场上的竞争能力，而且国际物流水平也难以提高。目前，美国、欧洲各国基本实现了物流工具、设施的统一标准，如托盘采用 1000 毫米 ×1200 毫米，集装箱实施统一规格及条码技术等。

五、国际物流的作用

（1）国际物流是国际贸易的重要组成部分。随着经济的全球化，国际贸易活动日趋频繁。越来越多的大型企业经营和交易活动的范围早已不再仅仅局限于其所在国界内，它们要么将自己生产的产品销往国外，要么需要从国外进口质高价廉的原材料。当某国一企业出口其生产或制造的产品给在另一国的客户或消费者时，或当该企业作为进口商从另一国进口生产所需要的各种原材料、零部件或消耗品时，为了消除生产者与消费者之间的时空差异，就需要国际物流使货物从卖方的处所物理性地移动到买方的处所，实现货物所有权的跨国转移，并最终完成国际交易。可见，国际物流是国际贸易的重要组成部分，如果没有了国际物流，国际贸易就无法实现。

（2）国际物流实现了资源跨国界的有效配置。国际物流的不断发展，实现了世界资源在全球范围的流通和使用。它扩大了国际贸易、提高了跨国公司的竞争能力和成本优势、广泛地与世界各国联系，尽早、尽快地打入国际市场；对于需求方或消费者而言，可以在本国内就享受和消费到来自国外的优质产品。所以说，国际物流实现了资源跨国界的有效配置。离开了国际物流，国际贸易活动与国际间的物资交流将寸步难行。

（3）国际物流提高了经济运行的效率。现代物流采用先进的物流技术，极大地提高物流服务效率，加速了商品周转、资金流动，减少了库存和资金占压，加速了国际流通，提升了企业竞争力。因此，良好的物流管理是提高微观经济效益的“第三利润源”。当微观经济效益都提高了，那么，必然带来宏观经济效益的提高。

（4）国际物流有利于维护国际经济秩序，为国际经济合作提供了方便。国际物流的发展为国际贸易的顺利实现提供了基础，并不断促进国际贸易的发展，实现了国际间的物资交流。尽管国际物流有更多的好处，但国际物流活动必须按照国际商务交易活动的要求来开展。国际组织也出台了各种关于物流合理化的规定，各国政府也都可以为了国际物流的顺利流转进行交流和探讨。因为国际物流的合理发展必将有利于维护健康的国际经济新秩序。

第二节　国际物流系统的构成

一、国际物流系统的特点

国际物流系统是指在一定的时间和空间里，由所需位移的物资、包装设备、装卸搬运机械、运输工具、仓储设施、人员和通信联系等若干相互制约的要素所构成的具有特定功能的有机整体。它的目的是实现物资的空间效益和时间效益，在保证社会再生产进行的前提条件下，实现各种物流环节合理衔接，并取得最佳的经济效益。

国际物流系统具有以下特点：

国际物流系统具有一般系统所共有的特点，即整体性、相关性、目的性、环境适应性。此外，它还是个规模庞大、结构复杂、目标众多的大系统。

（1）国际物流系统是一个“人机系统”。国际物流系统是由人和形成劳动手段的设备、工具相结合完成的活动。它表现为物流工作者运用运输设备、装卸搬运机械、仓库、港口、车站等设施，作用于物资的一系列生产活动。国际物流过程也离不开贸易中间人，它们主要是接受企业的委托，代理与货物有关的各项业务。在这一系列的物流活动中，人是系统的主体。因此，在研究物流系统的各个方面问题时，要把人和物有机地结合起来进行考察和分析。

（2）国际物流系统的跨度性。由于国际物流活动往往涉及多个国家或地区，国际物流的地域空间跨度更大。物流系统通常采用存贮的方式解决产需之间的时间矛盾，其时间跨度往往也很大。物流系统的跨度越大，其管理方面的难度也就越大。

（3）国际物流系统的可分性。无论规模大小，物流系统都可以分解成若干个相互联系的子系统。这些子系统的多少和层次的阶数，是随着人们对物流系统的认识和研究的深入而不断深入、不断扩充的。根据物流系统的运行环节，可以划分为以下几个子系统：物流的包装系统；物流的装卸系统；物流的运输系统；物流的储存系统；物流的流通加工系统；物流的回收再利用系统；物流的情报系统；物流的管理系统等；子系统构成了物流系统，同时，各子系统又可进一步分成下一层次的系统。如运输系统可进一步分为水运系统、空运系统、铁路运输系统、公路运输系统及管道运输系统等。物流子系统的组成是由物流管理目标和管理分工自成体系的。因此，物流子系统不仅具有多层次性，而且具有多目标性。对物流系统的分析，既要研究物流系统运行的全过程，也要对其子系统加以分析。系统与子系统之间，子系统与子系统之间，存在着时间和空间上及资源利用方面的联系，也存在总目标、总费用及总运行结果等方面的相互联系。

（4）国际物流系统的动态性。国际物流系统一般联系了跨国界的多个生产企业和用户，随国际市场的需求、供应、渠道、价格的变化，系统内的要素及系统的运行经常发生变化。国际物流系统受国际生产和国际需求的广泛制约，所以，国际物流系统必须是具有环境适应能力的动态系统。为适应经常变化的国际社会环境，国际物流系统必须是灵活、可变的。当国际环境发生较大的变化时，国际物流系统甚至需要进行重新设计。

（5）国际物流系统的复杂性。国际物流系统的运行对象——“物”，可以是全部社会物资资源，资源的多样化带来了物流系统的复杂化。国际物资品种成千上万，从事国际物流活动的人员队伍庞大，国际物流系统内的物资占用了大量的流动资金，国际物流网点遍及全球各地。这些人力、物力、财力资源的组织和合理利用，是一个非常复杂的问题。国际物流系统往往依赖信息将各子系统有机地联系起来。收集、整理、加工处理物流信息，也是一项复杂的工作。

（6）国际物流系统的多目标性。国际物流系统是以实现国际贸易、国际物资交流大系统总体目标为核心的，即选择最佳的方式和路径，以最低的费用利用最小的风险，保质、保量、适时地将货物从某国的供方运到另一国的需方，从而使国际物流系统整体效益最大。但物流系统要素间往往存在“背离”，要实现物流时间最短、物流成本最低、服务质量最佳这几个目标几乎不可能。例如，在储存子系统中，为保证供应、方便生产，人们会储存多数量、多品种的产品。而为了加速资金流转、减少资金占用，又需要降低库存量。这些相互矛盾的问题在国际物流系统中广泛存在。因此，要建立国际物流的多目标函数，注重实现系统的整体效用。

二、国际物流系统的结构

国际物流系统是由商品的包装、运输、储存、检验、外贸加工和其前后的整理、再包装及国际配送等子系统构成，其中，运输和储存子系统是物流的两大支柱。国际物流通过商品的运输和储存实现其自身的时空效益，满足国际贸易的基本需要。

（一）国际货物运输子系统

运输的作用是将商品使用价值进行空间移动，物流系统依靠运输作业克服商品生产地和需要地之间的空间距离，创造商品的时空效益。国际货物运输是国际物流系统的核心，有时就用运输代表物流全体。通过国际货物运输作业使商品在交易的前提下，由卖方转移给买方。在非贸易物流过程中，通过运输作业将物品由发货人转移到收货人。这种国际货物运输具有路线长、环节多、涉及面广、手续繁杂、风险性大、时间性强、内外运两段性和联合运输等特点。

所谓外贸运输的两段性，是指外贸运输的国内运输段（包括进口国、出口国）和国际运输段。

（1）出口货物的国内运输段。出口货物的国内运输，是指出口商品由生产地或供货地运送到出口港（站、机场）的国内运输，是国际物流中不可缺少的重要环节。离开国内运输，出口货源就无法从产地或供货地集运到港口、车站或机场，也就不会有国际运输段。出口货物的国内运输工作涉及面广，环节多，要求各方面协同努力，组织好运输工作。摸清货源、产品包装、加工、短途集运、国外到证、船期安排和铁路运输配车等各个环节的情况，做到心中有数，力求搞好车、船、货、港的有机衔接，确保出口货物运输任务顺利完成，减少压港、压站等物流不畅的局面。国内运输段的主要工作有：发运前的准备工作、清车发运、装车和装车后的善后工作。

（2）国际货物运输段。国际（国外）货物运输段是国内运输的延伸和扩展，同时又是衔接出口国运输和进口国货物运输的桥梁与纽带，是国际物流畅通的重要环节。出口货物被集运到港（站、机场），办完出关手续后直接装船发运，便开始国际段运输。

有的则需暂进港口仓库储存一段时间，等待有效泊位，或有船后再出仓装船外运。国际段运输可以采用由出口国装运港直接到进口国目的港卸货，也可以采用中转经过国际转运点，再运给用户。

(3) 国际货物运输业发展的条件。国际货物运输业的发展将伴随着科技革命的浪潮迅速发展。大宗货物散装化、杂件货物集装箱化已经成为运输业技术革命的重要标志。现代物流业的迅速发展无不与运输业的技术革命相关联。如现代运输中，特别是联合运输和大陆桥运输的重要媒体——集装箱的发展与进步更是令人震惊。这种大规模国际货运业的发展又促进了国际物流业的发展，二者是相辅相成的。

与运输发展息息相关的运输设施的现代化发展对国际物流和国际贸易的发展起着重大的推进作用，是二者发展的前提。运输设施必须超前发展才能适应国际物流的发展。

（二）进出口商品装卸与搬运子系统

进出口商品的装卸与搬运作业相对于商品运输来讲，是短距离的商品搬移，是仓库作业和运输作业的纽带和桥梁，实现的也是物流的空间效益。它是保证商品运输和保管连续性的一种物流活动。搞好商品的装船、卸船、商品进库、出库以及在库内的搬倒清点、查库、转运转装等，对加速国际物流十分重要，而且节省装搬费用也是物流成本降低的重要环节。有效地搞好装卸搬运作业，可以减少运输和保管之间的摩擦，充分发挥商品的储运效率。

（三）进出口商品的流通加工与检验子系统

流通加工与检验是随着科技进步，特别是物流业的发展，而不断发展的。它是具有一定特殊意义的物流形式。流通加工业与检验的兴起，是为了促进销售，提高物流效率和物资利用率以及为维护产品的质量而采取的，能使物资或商品发生一定的物理和化学以及形状变化的加工过程，并保证进出口商品质量达到要求。出口商品的加工业，其重要作用是使商品更好地满足消费者的需要，不断地扩大出口；同时也是充分利用本国劳动力和部分加工能力，扩大就业机会的重要途径。

流通加工的具体内容包括：袋装、定量小包装（多用于超级市场）、贴标签、配装、挑选、混装、刷标记等出口贸易商品服务；另一种是生产性外延加工，如剪断、平整、套裁、打孔、折弯、拉拔、组装、改装、服装的检验等。这种出口加工或流通加工，不仅能最大限度地满足客户的多元化需求，同时，由于是比较集中的加工，它还能比没有加工的原材料出口赚取更多的外汇。

（四）商品包装子系统

美国杜邦化学公司提出的“杜邦定律”认为：63%的消费者是根据商品的包装装潢进行购买的，国际市场和消费者是通过商品来认识企业的，而商品的商标和包装就是企业的面孔，它反映了一个国家的综合科技文化水平。

商标就是商品的标志。商标一般都需经过国家有关部门登记注册，并受法律保护，以防假冒，保护企业和消费者的利益。顾客购买商品往往十分看重商标，因此，商标关系到一个企业乃至一个国家的信誉和命运。国际进出口商品商标的设计要求有标识力；要求表现一个企业（或一个国家）的特色产品的优点，简洁明晰并易看、易念、易听、易写、易记；要求有持久性和不违背目标国际市场和当地的风俗习惯；出口商品商标翻译要求传神生动；商标不得与国旗、国徽、军旗、红十字会章相同；不得与正宗标记或政府机关、展览性质集会的标记相同或相近。在考虑出口商品包装设计和具体作业过程时，应把包装、储存、装搬和运输有机联系起来统筹考虑，全面规划，实现现代国际物流系统所要求的"包、储、运"一体化。即从商品一开始包装，就要考虑储存的方便、运输的快速，以加速物流，方便储运，减少物流费用等现代物流系统设计的各种要求。

三、国际物流系统的运作模式

国际物流系统的一般模式包括：系统的输入部分、系统的输出部分以及将系统的输入转换成输出的转换部分。在系统运行过程中或一个系统循环周期结束时，有外界信息反馈回来，为原系统的完善提供改进信息，使下一次的系统运行有所改进，如此循环往复，使系统逐渐达到有序的良性循环。国际物流系统，遵循一般系统模式的原理，构成自己独特的物流系统模式。

（1）国际物流系统输入部分的内容有：备货，货源落实，到证，接到买方开来的信用证；到船，买方派来船舶；编制出口货物运输计划；其他物流信息。

（2）国际物流输出部分的内容有：商品实体从卖方经由运输过程送达买方手中；交齐各项出口单证；结算、收汇；提供各种物流服务；经济活动分析及理赔、索赔。

（3）国际物流系统的转换部分包括：商品出口前的加工整理，包装，标签，储存，运输（国内、国际段），商品进港、装船，制单、交单，报关、报验，现代管理方法、手段和现代物流设施的介入。

除了上述三项主要功能外，还经常有许多外界不可控因素的干扰，使系统运行偏离原计划内容。这些不可控因素可能是国际的、国内的、政治的、经济的、技术上的和政策法令、风俗习惯等的制约，这是很难预计控制的。它对物流系统的影响很大，如果物流系统具有强的应变适应能力，遇到这种情况，马上能提出改进意见，变换策略，那么，这样的系统具有强的生命力。如1956～1967年苏伊士运河封闭，直接影响国际货物的外运。这是事先不可能预见的，是因受到外界政治因素的严重干扰的结果。当时日本的对外贸易商品运输，正是因此而受到严重威胁，如果将货物绕道好望角或巴拿马运河运往欧洲，则航线增长、时间过长、经济效益太差。为此，日本试行利用北美横贯大陆的铁路线运输，取得良好的效果，于是大陆桥运输得名于此。这说明当时日本的国际物流系统设计，面对外部环境的干扰，采取了积极措施，使系统具有新的生命力。

四、国际物流网络系统的组成

国际物流网络是由国际物流实体网络和信息网络所组成的有机整体，实体网络和信息网络并非相互独立，它们之间的关系是密切相连的。

国际物流网络系统是通过其所联系的各个子系统发挥各自的功能，这些功能包括：运输功能、仓储功能、装卸与搬运功能、流通加工功能、商品检验功能、商品包装功能以及信息处理功能等，它是由国际物流实体网络和信息网络所组成的有机整体。共同协力实现国际物流系统要求达到最低的国际物流费用、较高的顾客服务水平，从而最终达到国际物流系统整体效益最大的目标。

国际物流实体网络是指由多个收发货的“节点”和它们之间的“连线”所构成的物流抽象网络以及与之相伴随的信息流网络的有机整体。收发货节点是指进、出口过程中所涉及的国内外的各层仓库，如制造厂仓库、中间商仓库、货运代理人仓库、口岸仓库、国内外中转点仓库以及流通加工配送中心和保税区仓库。国际贸易商品就是通过这些仓库的收进和发出，并在中间存放保管，实现国际物流系统的时间效益，克服生产时间和消费时间上的分离，促进国际贸易系统的顺利运行。连线是指连接上述国内外众多收发货节点的运输连线，如各种海运航线、铁路线、飞机航线以及海、陆、空联合远航线。这些网络连线是库存货物移动（运输）轨迹的物化形式；每一对节点有许多连线以表示不同的运输路线、不同产品的各种运输服务；各节点表示存货流动暂时停滞，其目的是为了更有效的移动（收或发）。

在国际物流过程中建立的信息收集、整理、加工、储存和服务工作系统构成国际物流信息网络。国际物流信息网络也是由节点和连线构成的。信息网络的节点是指各种物流信息汇集和处理之点，在信息网络节点上，外贸人员处理国际订单、货代编制和传输订舱单证、船代编制提单等。信息流动网上的连线是信息流动的载体，通常包括国内外的邮件，或某些电子媒介，如电话、电传、电报以及目前的EDI电子数据交换等。

物流网与信息网最主要的区别在于商品、物资的流向与商品的分配，进出口路线不同。物流网是朝最终国外消费者方向移动；而信息网的方向大多与商品进出口分配通路方向相反，是朝商品货源地方向移动，即实施其反馈功能。尽管物流网与信息网是有区别的，但它们之间并非独立而是密切相联的。

第三节　国际物流标准

一、国际物流标准的概念

国际物流标准是指为了消除贸易壁垒、促进国际贸易发展、以物流为一个大系统而制定的技术标准或工作标准。如制定的系统内部设施、机械装备、专用工具等各个分系统的技术标准和系统内各分领域如包装、装卸、运输等方面的工作标准；又如以系统为出发点，研究各分系统与分领域中技术标准与工作标准的配合性，按配合性要求，统一整个物流系统的标准；再如研究物流系统与相关其他系统的配合性，进一步谋求物流大系统的标准统一。

在发展国际物流技术，实施国际物流管理工作中，国际物流标准化是有效的保证，发挥了重要的作用：

（1）国际物流标准化是消除贸易壁垒，促进国际贸易发展的重要保障。在国际经济交往中，各国或地区标准不一，形成了重要的技术贸易壁垒，严重影响国家进出口贸易的发展。因此，要使国际贸易顺利发展，必须在运船工具、包装、装卸、仓储、信息，甚至资金结算等方面采用国际标准，消除贸易壁垒，实现国际物流标准统一化。例如，集装箱的尺寸规格只有与国际上相一致，与国外物流设施、设备、机具相配套，才能使运输、装卸、仓储等物流活动顺畅进行。因此，国际物流标准化是促进国际贸易发展的重要保障。

（2）国际物流标准化是物流的质量保证。国际物流实现了物资跨国界的交易和流动，国际物流的标准化对运输、包装、装卸、搬运、仓储、配送等各个子系统都制定了相应的标准，形成国际物流的质量保证体系。只要严格执行这些标准，就能将合格的物资送到用户手中，最终顺利完成国际贸易。

（3）国际物流标准化是降低物流成本，提高物流效益的有效措施。国际物流的高度标准化可以加快物流过程中运输、装卸、搬运的速度，降低储存费用，减少中间损失，提高工作效率，因而可获得直接或间接的物流效益，否则就会造成经济损失。我国铁路与公路在使用集装箱统一标准之前，运输转换时要“倒箱”，全国“倒箱”数量很高，损失巨大。实践证明，国际物流标准化是提高经济效益的重要手段。

（4）国际物流标准化是跨国企业进军国际物流市场的通行证。国际物流标准化也是全球物流企业提高国际竞争力的有力武器，实现物流标准的国际化已成为各国物流企业开展国际竞争的必备资格和条件。从世界范围看，物流体系的标准化，各个国家都还处于初始阶段，标准化的重点在于通过制定标准规格尺寸来实现全物流系统的贯通，提高物流效率。

二、国际物流标准体系

随着经济全球化的发展，贸易国际化了，标准也日趋国际化。以国际标准为基础制定本国标准，已经成为 WTO 对各成员的要求。目前，世界上有近 300 个国际和区域性组织，制定标准和技术规则。其中最大的是国际标准化组织（ISO）、国际电工委员会（IEC）、国际电信联盟（ITU）、国际物品编码协会（EAN）与美国统一代码委员会

（UCC）联盟等，它们创立的 ISO、IEC、ITU、EAN、UCC 均为国际标准。它们构成了国际物流标准的两大体系：

（一）ISO

目前，ISO/ IEC 下设了多个物流标准化的技术委员会负责全球的物流相关标准的制定、修订工作。已经制定了多项与物流设施、运作模式与管理、基础模数、物流标识、数据信息交换相关的标准。

ISO 与联合国欧洲经济委员会共同承担电子数据交换的标准制定，ISO 负责语法规则和数据标准制定，联合国欧洲经济委员会负责报文的标准制定。

在 ISO 现有的标准体系中，与物流相关的标准有 2000 条左右，其中运输 181 条、包装 42 条、流通 2 条、仓储 93 条、配送 53 条、信息 1605 条。

（二）EAN，UCC

国际物流标准化的很重要的一个方面就是物流信息的标准化。包括物流信息标识标准化、物流信息自动采集标准化、自动交换标准化等。

EAN 就是管理除北美以外的对货物、运输、服务和位置进行唯一有效编码并推动其应用的国际组织，是国际上从事物流信息标准化的重要国际组织。而美国统一代码委员会（UCC）是北美地区与 EAN 对应的组织。近两年来，两个组织加强合作，达成了 EAN. UCC 联盟，以共同管理和推广 EAN. UCC 系统，意在全球范围内推广物理信息标准化。其中推广商品条形码技术是其系统的核心，它为商品提供了用标准条形码表示的有效的、标准的编码，而且商品编码的唯一性使得它们可以在世界范围内被跟踪。

EAN 开发的对物流单元和物流节点的编码，可以用确定的报文格式通信，国际化的 EAN. UCC 标准是 EDI 的保证，是电子商务的前提，也是物流现代化的基础。

三、国际物流标准的分类

国际物流标准根据其规定的不同内容分类如下：

（一）国际物流系统配合性、统一性标准

（1）专业计量单位标准。除国家公布的统一计量标准外，物流系统还有许多专业的计量问题，必须在国家及国际标准基础上，确定本身专门的标准，同时，由于物流的国际性很突出，专业计量标准需考虑国际计量方式的不一致性，也必须考虑国际习惯用法。

（2）国际物流基础模数尺寸标准。指基础模数尺寸指标标准化的共同单位尺寸或系统各标准尺寸的最小公约尺寸。在基础模数尺寸确定之后，各个具体的尺寸标准，都要以基础模数尺寸为依据，选取其整数倍数为规定的尺寸标准。由于基础模数尺寸的确定，只需在倍数系列进行标准尺寸选择其他的尺寸标准，这就大大减小了尺寸的复杂性。国际物流基础模数尺寸的确定一定要与国际物流系统衔接，具有一定难度和复杂性。

(3) 国际物流建筑基础模数尺寸。主要是指国际物流系统中各种建筑物所使用的基础模数，它是以物流基础模数尺寸为依据确定的，也可选择共同的模数尺寸。该尺寸是设计建筑物长、宽、高尺寸，门窗尺寸，建筑物柱间距、跨度及进深等尺寸的依据。

(4) 集装模数尺寸。这是指在物流基础模数尺寸基础上，推导出的各种集装设备的基础尺寸，以此尺寸作为设计集装设备三项尺寸的依据。在国际物流系统中，由于集装是起贯穿作用的，集装尺寸必须与各环节物流设施、设备、机具相配合，因此，整个物流系统设计时往往以集装尺寸为核心，然后，在满足其他要求前提下决定各设计尺寸。因此，集装模数尺寸影响和决定着与其有关各环节标准化。

(5) 国际物流专业名词标准。为了使物流各系统有效配合和统一，尤其在建立系统的情报信息网络之后，要求信息传递异常准确，这首先便要求专用语言及所代表的含义实现标准化，如果同一个指令，不同环节、不同国家有不同的理解，这不仅会造成工作的混乱，而且容易出现大的损失。所以，在国际物流中要注意一些基本的、常用的专业术语的标准化。

国际物流专业名词标准包括国际物流用语的统一化及定义的统一解释，还包括专业名词的统一编码、物流核算、统计的标准化。物流核算、统计的规范化是建立系统情报网，对系统进行统一管理的重要前提条件，也是对系统进行宏观控制与微观监测的必备前提。

(二) 分系统技术标准

(1) 运输车船标准。对象是物流系统中从事物品空间位置转移的各种运输设备，如火车、货船、拖挂车、卡车、配送车等。从各种设备有效衔接、货物及集装箱的装运，与固定设施的衔接等角度制定的车厢、船仓尺寸标准、载重能力标准、运输环境条件标准等。此外，从物流系统与社会关系角度出发，制定的噪音等级标准、废气排放标准等。

(2) 作业车辆标准。对象是物流设施内部使用的各种作业车辆，如叉车、台车等。包括尺寸、运行方式、作业范围、作业重量、作业速度等方面的技术标准。

(3) 传输机具标准。包括水平、垂直输送的各种机械式、气动式起重机、传送机、提升机的尺寸、传输能力等技术标准。

(4) 仓库技术标准。包括仓库尺寸、建筑面积、有效面积、通道比例、单位储存能力、总吞吐能力、温湿度等技术标准。

(5) 站台技术标准。包括站台高度、作业能力等技术标准。

(6) 包装、托盘集装箱标准。包括包装、托盘、集装系列尺寸标准、包装物强度标准、包装、托盘、集装箱重量标准以及各种集装、包装材料、材质标准等。

(7) 货架、储罐标准。包括货架净空间、载重能力、储罐容积尺寸标准等。

(三) 工作标准及作业规范

它是对各项工作制定的统一要求及规范化规定。工作标准及作业规范可明确划定各种岗位的职责范围、权力与义务、工作方法、检查监督方法、奖罚办法等，可使全系统统一工作方式，大幅度提高办事效率，方便用户的工作联系，防止在工作和作业中出现遗漏、差错，并有利于监督评比。具体规范化规定是：① 岗位责任及权限范围；② 岗位交换程序及工作执行程序，例如配运车辆每次出车规定应由司机进行的车检程序，车辆定期车检时间及程序等；③ 物流设施、建筑的检查验收规范；④ 货车、配送车辆运行时间表、运行速度限制等；⑤ 司机顶岗时间，配送车辆的日配送次数或日配送数量；⑥ 吊钩、索具使用，放置规定；⑦ 情报资料收集、处理、使用、更新规定；⑧ 异常情况的处置办法等。

第四节 国际物流的形成与发展

一、国际物流的形成

促使厂商进入国际物流领域的动力有许多方面，它们起到了推动器和发动机的作用。企业之所以要在全球范围内开展国际物流作业，其目的是为了生存和发展。概括来说，驱使国际物流作业形成有经济增长、供应链思想、区域化、技术以及解除管制等五个方面。

(一) 全球经济的增长

第二次世界大战以来，在许多工业化国家中，厂商的收入利润每年都按几十个百分点在增长。如今，主要的工业化国家的经济增长率已基本稳定甚至有所下降，并且，传统的营销战略已不能再支持大多数厂商的收入和赢利持续增长。但是，在工业化国家经济增长率下降的同时，由于新技术的开发，使制造业和物流业的生产率开始提高，造成过度的生产能力。在这种情况下，企业必须通过全球化向其他发达地区和发展中国家扩展，才能增加其收入、实现利润。但是，这类扩展需要把全球化制造和全球化营销能力综合起来，并通过综合物流的支持才能实现。于是，对发展和利润的追求就成为驱使企业进入国际市场，发展国际物流的根本动力。

(二) 供应链思想

随着合作竞争时代的到来，供应链管理的思想正越来越为企业广泛接受，这是国际物流发展的第二个动力。国际物流需要各国、各地区的供应商、制造商、物流服务商以及客户等各方面的通力合作才能完成，为了提高其效率，也正在越来越多地应用供应链管理。

从历史上看，企业经理们曾致力于企业内部如何降低采购成本和制造费用，因此在制定物流资源和产品来源的决策时，与其他渠道成员之间发生的费用往往被忽略了。厂商在传统上尽可能通过内部承担必要的活动来寻找对物流活动的控制，而这些内部活动通常会导致自营的仓库、运输车队和信息系统等的产生。这些内部活动虽然能实现最大限度的控制，但同时也增加了所需要的资金来支持物流作业。而现在，物流经理们发现，可以利用外部资源承担范围更广的物流活动以减少资金配置。这种业务外包的方法被证明对全球化扩展至关重要：厂商们愿意与全球化物流服务商一起构建供应链，这些物流服务商能以合理的成本在诸如各国整合运输和转运、国际仓储、物流单证以及便利作业等方面提供专门知识和物流服务，因此，通过有效的供应链管理，就能获得竞争中的整体优势。

（三）区域化

当企业发展达到一定规模，国内市场已经满足不了企业发展的需要时，其附近的一些国家或地区往往会成为企业最初的海外市场选择。为了促进地区贸易和保护贸易伙伴免遭外部的竞争，各国开始通过条约的方式使合伙形式组织化。当今世界正演化成为三个主要的贸易区：欧洲、北美和环太平洋地区。虽然各区域并不限制与其他地区的贸易，但它们之间达成的协定却在强烈地鼓励和促进区域内贸易。

在这些经济区的内部，各国通过互相降低关税、缩减海关手续、统一货运单证，以及支持公共运输和搬运系统等来便利区域内贸易。其最终目的是要使区域内国家间的物流作业如同在同一个国家内一样。在区域化的过程中，国家间行政区划的设定阻碍了贸易的发展。为适应政治上的要求，跨国企业既增加了时间成本也增加了物流成本，但并没有给最终消费者带来增值。尽管区域化的努力旨在便利区域内国家间的贸易，但政府的限制和要求在一定程度削弱了这种努力。然而，纯区域化的努力仍然促进着国际贸易和国际物流的发展。

（四）技术

通信技术和信息技术是鼓励国际物流发展的第四个动力。市场上的通信交流把外国产品展示给国际消费者，于是刺激了全球范围的物流需求。

技术发展引起的另一个扩张动力是如今的信息交换能力，计算机和通信网络的日益普及也不断增强着这种能力。从历史上来看，诸如订单、交付凭证以及海关表格之类的国际商业文件，通常属于硬拷贝文件，需要花费大量的时间传输，往往还含有许多误差。而随着现代科学技术的突破性发展，特别是 Internet 的出现和广泛使用，不仅可以加快订货需求的传输速度、生产进度、装运进度以及海关清关速度等，使整个国际物流作业周期大大缩短，而且极大地提高了国际物流作业的准确性。

（五）解除管制

在一些主要行业中解除管制是国际物流发展的第五个动力，其中金融业和运输业是解除管制的两个主要行业。

（1）解除对金融业的管制。政府通过法令规章和程序手续方面的变化促进了全球金融和外汇贸易的发展。它以诸如美国进出口银行之类的机构形式，或以多国政府发起的信用机构，如国际货币市场等，扩大和保证长期的进出口信贷，其作用大大超过了单一银行的能力。这种做法不仅提高了基金的可得性，而且还减少了单一银行的风险，增加了贸易潜力。另一因素是废除了金本位制，以支持单一货币。过去，由于固定汇率人为地将工业化国家的主要货币设定在高水平上面限制了贸易的发展。高汇率使得国际贸易费用昂贵，因为它人为地提高了货物的成本。而浮动汇率则有助于货币的自由流动，它与全球兴衰息息相关。

（2）解除对运输业的管制。20 世纪 80 年代以来，在全世界范围内发生了涉及多式联运所有权和经营权、私有化，以及沿海航行权和双边协定等三大变化。这些变化对国际贸易和国际物流产生了重大影响。从历史上来看，许多国家曾对国际运输所有权和经营权进行过限制，即承运人在传统上被限制在单一运输方式的范围内经营，几乎很少有共同定价和作业协定；尤其是班轮航线不能拥有和管理诸如汽车和铁路之类的路上运输作业。由于在这方面没有共同的物权、作业协定和定价协定，使涉及到若干当事人的国际航运变得相当复杂，因为国际装运交付通常需要多个承运人来履行和管理整个货运流程。此外，承运人在作业上普遍受到限制。例如，运输企业归外国人所有的承运人不能在内陆起运地和目的地之间的许多国家作业。此外，当承运人在外国进行收货或交付时仍然会受到种种限制。具体地说，是政府而不是市场力量来确定外国承运人所能承担的服务范围。如今，对这些领域的所有权利和经营权限制依然存在，但各国间的营销安排和联盟安排已大大地提高了运输的灵活性。刺激运输国际化的另一个因素是承运人私有化程度的提高。从历史上来讲，有许多国家承运人是由“本国”政府拥有和经营的，其目的是为了促进贸易并在战时能提供战略储备。政府作为承运人往往会对其本国企业进行营运补贴，同时又向“外国”企业征收附加费。于是，人为抬高的运价和拙劣的服务水准使政府承运人提供的装运服务往往变得既昂贵又不可靠，加之强硬联合和工作规章等限制又产生了低效率的运输作业。因此，高成本和低效率经营相结合导致许多政府承运人不得不亏本营运。

为了尽可能地改善运输服务，许多政府已对大型承运人进行了私有化，其他一些政府也在考虑中。在竞争性的市场环境中运营，迫使已经私有化的承运人必须改善服务、言行一致和竞争定价；而国际贸易则是促进这一结果的前提。在规章制度方面，沿海航行权和双边服务贸易协定中的变化是影响国际物流的又一个因素。沿海航运权在法律上要求两个国内港口之间的客货运输只能由国内承运人运输。显然，该项制度保护了国内运输业，但是在整体上降低了其运输设备的使用率。因此，目前各国都在放宽沿海航行权的限制以提高贸易效率。

双边服务贸易协定要求平衡各国登记批准在其国内起点港与终点港进行营运的承运人的数目。这些协定所起的作用是在特定的关键通关中限制提供服务的国际承运人的总数。此外，双边协定也会导致承运人提供重复服务，使低流量通道中的运输能力过剩。目前大多数人建议，传统的双边协定应该向多边协定方向发展，并分别考虑旅客运输和货物运输问题。由此可见，这种政府间的安排和合作将会促进并改善运输服务，同时降低运输费率。其最终效果将有利于国际贸易和国际物流的发展。

二、国际物流的发展与趋势

国际物流是一种新的物流形态，是现代物流系统中重要的物流领域。国际物流的概念虽然是最近才提出并得到人们的重视，但国际物流活动却是早已存在的。它是随着国际贸易和跨国经营的产生而产生，并随着它们的发展而发展起来的。

（一）发展阶段

（1）第一阶段：20 世纪 50 年代前。这一阶段基本上也就是第二次世界大战以前。这时候国际上已经有了不少的经济交往，但是，无论从数量来讲还是从质量来讲，都没有将伴随国际交往的运输放到主要地位。国际物流的供需都比较少，发展甚为缓慢。

（2）第二阶段：20 世纪 50 年代至 80 年代初。这一阶段物流设施和物流技术得到了极大的发展，建立了配送中心，广泛运用电子计算机进行管理，出现了立体无人仓库，一些国家建立了本国的物流标准化体系，等等。物流系统的改善促进了国际贸易的发展，物流活动已经超出了一国范围，但物流国际化的趋势还没有得到人们的重视。20 世纪 50 年代以后，国际间的经济交往越来越活跃，交易水平和质量要求也逐渐提高，在这种情况下，原有为满足运送必要货物的运输观念已经不能适应新的要求，系统物流就是在这个时期进入到国际领域的。20 世纪 60 年代开始形成了国际间的大规模物流，在物流技术上出现了大型物流工具，如 20 万吨的油轮，10 万吨的矿石船等。20 世纪 70 年代，由于石油危机的影响，国际物流不仅在数量上进一步发展，船舶大型化趋势进一步加强，而且，出现了提高国际物流服务水平的要求，大规模、高服务型物流从石油、矿石等物流领域向物流难度最大的中、小件杂货领域深入，其标志是国际集装箱及国际集装箱船的大发展，国际间各主要航线的定期班轮都投入了集装箱船，一下子把杂货、散货的物流水平提了上去，使物流服务水平获得了很大的提高。20 世纪 70 年代中后期，国际物流的质量要求和速度要求进一步提高，这个时期在国际物流领域出现了航空物流大幅度增加的新形势，同时出现了更高水平的国际联运。

（3）第三阶段：20 世纪 80 年代初到 90 年代初。随着经济技术的发展和国际经济往来的日益扩大，物流国际化趋势开始成为世界性的共同问题。美国密歇根州立大学教授鲍尔索克斯认为，进入20世纪80年代，美国经济已经失去了兴旺发展的势头，陷入了长期倒退的危机之中。因此，必须强调、改善国际性物流管理，降低产品成本，并且要改善服务，扩大销售，在激烈的国际竞争中获得胜利。与此同时，日本正处于成熟的经济发展期，以贸易立国，要实现与其对外贸易相适应的物流国际化，并采取了建立物流信息网络，加强物流全面质量管理等一系列措施，提高物流国际化的效率。这一阶段物流国际化的趋势局限在美国、日本和欧洲一些发达国家。

这一阶段的国际物流出现了两大发展趋势：一是在物流量基本不继续扩大的情况下出现了“精细物流”，物流的机械化、自动化水平提高，同时，伴随着新时代人们需求观念的变化，国际物流着力于解决“小批量、高频度、多品种”的物流，出现了不少新技术和新方法，这就使现代物流不仅覆盖了大量货物、集装杂货，而且也覆盖了多品种的货物，基本覆盖了所有物流对象，解决了所有物流对象的现代物流问题；二是伴随国际物流，尤其是伴随国际联运式物流出现的物流信息和首先在国防物流领域出现的电子数据交换（EDI）系统。信息的作用，使物流向更低成本、更高服务、更大量化、更精细化方向发展，许多重要的物流技术都是依靠信息才得以实现的，这个问题在国际物流中比国内物流表现得更为突出，物流的每一活动几乎都需要信息支撑，物流质量取决于信息，物流服务依靠信息。可以说，20世纪80年代、90年代国际物流已进入了物流信息时代。

（4）第四阶段：20世纪90年代初至今。这一阶段国际物流的概念和重要性已为各国政府和外贸部门所普遍接受。网络、条形码技术以及卫星定位系统在物流领域得到普遍应用，而且越来越受到人们的重视。这些高科技在国际物流中的应用，极大地提高了物流的信息化水平和物流服务水平，所以有人称“物流就是综合运输加高科技”。这一时期，贸易伙伴遍布全球，必然要求物流国际化，即物流设施国际化、物流技术国际化、物流服务国际化、货物运输国际化、包装国际化和流通加工国际化等等。世界各国广泛开展了国际物流方面的理论和实践方面的大胆探索。人们已经形成共识：只有广泛开展国际物流合作，才能促进世界经济繁荣；物流无国界。

（二）发展趋势

（1）物流技术高速发展，物流管理水平不断提高。国外物流企业的技术装备已达到相当高的水平。目前已经形成以信息技术为核心，以信息技术、运输技术、配送技术、装卸搬运技术、自动化仓储技术、库存控制技术、包装技术等专业技术为支撑的现代化物流装备技术格局。其发展趋势表现为：①信息化——广泛采用无线互联网技术、卫星定位技术（GPS）、地理信息系统（GIS）和射频标识技术（RF）、条形码技术等；②自动化——自动引导小车（AGV）技术、搬运机器人（robot system）技术等；③智能化——电子识别和电子跟踪技术，智能交通与运输系统（ITS）；④集成化——信息化、机械化、自动化和智能化于一体。其中，高新技术在物流运输业的应用与发展表现尤为突出。

（2）专业物流形成规模，共同配送成为主导。国外专业物流企业是伴随制造商经营取向的变革应运而生的。由于制造厂商为迎合消费者日益精化、个性化的产品需求，而采取多样、少量的生产方式，因而高频度、小批量的配送需求也随之产生。目前，在美国、日本和欧洲等经济发达国家和地区，专业物流服务已形成规模，它有利于制造商降低流通成本，提高运营效率，并将有限的资源和精力集中于自身的核心业务上。

共同配送是经长期的发展和探索优化出的一种追求合理化配送的配送形式，也是美国、日本等一些发达国家运用较广泛、影响面较大的一种先进的物流方式，它对提高物流运作效率、降低物流成本具有重要意义。从整个社会的角度来讲，实现共同配送主要有以下好处：减少社会车流总量，减少闹市卸货妨碍交通的现象，改善交通运输状况；通过集小化处理，有效提高车辆的装载率，节省物流处理空间和人力资源，提升商业物流环境进而改善整体社会生活品质。总而言之，共同配送可以最大限度地提高人员、物资、金钱、时间等物流资源的使用效率（降低成本），取得最大效益（提高服务），还可以去除多余的交错运输，并取得缓解交通、保护环境等社会效益。

（3）整体性供应链管理模式被重视。传统的管理模式习惯将组织分为不同部门，视每一个部门为一个成本中心来管理。但这种管理方式会引发组织内部的问题，如各自为政、因争夺公司资源而引发冲突等。这些做法最后将严重影响一个组织的生存。因此，新世纪的管理模式将是视组织为一个生命体，在生命体中有许多维持生命体永续活动的机制，如采购、生产、销售、配送等，这些机制需要有效联结来满足顾客要求。新的管理模式将各项组织活动视为一连串相关的活动进行管理，通过整体性的管理，经理人可以精确地安排每一项活动的进行，最后为组织争取到最大的利益。也因为管理者是以一种整体的观点来管理公司，该组织将可以更快地对外部环境做出反应，加快组织调整速度。

（4）全球化的第三方物流提供商兴起。随着产业全球化，生产地和消费地分离，两者间的距离越来越远。为了快速地将产品送达顾客手中，物流的重要性开始增加。此时，出现了一种可以整合上下游物流活动的企业形态，称之为全球化第三方物流服务提供者。此类型的公司可以从生产端开始，整合全球相关的物流配送活动，进而将产品准时地送达顾客指定的全球任何地点。第三方物流是物流专业化的重要形式，在发达国家，专业化物流占整个物流市场很大的比例，如在美国为55%，在日本为70%，在欧洲为75%。实践证明，独立的第三方物流要占社会的50%，物流产业才能形成。

从微观层次上看，第三方物流可以依托下游的零售企业，成为众多零售店铺的配送、加工中心，也可以依托上游的生产企业，成为生产企业（尤其是中小型企业）的物流代理。这种集成物流作用模式，使供应链的小批量库存补给更加经济，而且还创出比供方和需方采用自营物流服务系统运作更快捷、更安全，服务水准更高，成本更低廉的物流服务。从宏观层面上看，使用第三方物流意味着减少生产企业自身的配送中心，把更多的业务转交给社会配送中心。由于社会配送中心更专业化，更容易形成规模经济、形成更高的劳动效率，这样不但节省了企业运营成本，减少了社会交通拥挤，节约了能源，保护了环境，还使企业能更专注于自身的核心竞争力，集中发挥自己的特长。因此，全球化第三方物流服务提供者的兴起将会对全球化经济的未来发展产生重大影响。

（5）政府的贸易促进手段更加完善。在影响未来国际物流发展的因素中，政府的作用非常重要。其中，国际物流基础设施建设与法律制度的完善是政府首先要做的工作。以新加坡为例，新加坡的贸易审批程序非常快速与便捷，贸易商只要填一张电子表格，这份资料即会传送到贸易发展局24小时开放的大型计算机上，再以电子化资料转传到18个政府贸易审核机关。如果顺利的话，贸易商可以在15分钟之内拿到许可证书。据贸易商估计，电子化流程所节省的文件与时间效益，一年可达10亿美元之巨。又如，墨西哥政府近年来大力革新海关法规与流程，强化贸易通关系统功能，使海关程序从12个步骤简化到4个步骤，大大缩短了通关时间。

三、我国国际物流的发展

自实行改革开放政策以来，特别是进入20世纪90年代以后，中国对外贸易呈现跨越式发展，1994年对外贸易总额超过2000亿美元，1997年总额突破3000亿美元，2001年达到创记录的5097亿美元，位居世界第七位。1980～2000年间，中国对外贸易总额的年平均增长率为15%。中国经济的对外依存度也由1980年的12.6%，上升到2001年的43.9%。中国正日益融入世界经济体系，对外贸易已经成为中国经济迅速发展的重要引擎，对外贸易的发展带动了国际物流的发展，尤其是近几年中国国内物流热的升温，更促进了我国国际物流的发展。以下通过几个实例加以说明：

（一）天津港保税区建成北方规模最大的国际物流基地

天津港保税区于2001年5月13日宣布：在成立10周年之际，这家保税区已建成中国北方规模最大的国际物流基地。如今年总值达到47亿美元的进出口货物，在这里分拨、集装、仓储加工和双向流动。一批以国内外知名物流企业为骨干的现代物流企业群落和1000多家来自世界90多个国家（地区）及国内26个省、市、自治区的从事国际贸易的企业群已经形成。贸易往来涉及100多个国家、地区和上千种商品。

天津港在建港之初就确定了建立自由港区的发展方向，建立了保税区海关，使区域关具备了口岸关的功能；率先开展了国际商品展览展示，开拓了国际贸易服务功能；提出港区一体化物流运作模式，建立了国际货物分拨中心，实现了国际货物的直提直放；开通区内铁路，建成国际集装箱多式联运中心；开展了自由贸易区国际转口和过境贸易；争取实现地方人大立法，建立了良好的法制环境；提出并建立空港国际物流区，实现从海港物流向空港物流的拓展；解决了外汇、进出口等一系列政策“瓶颈”问题。这一切都为天津港保税区的迅猛发展提供了充分的条件和良好的环境。

天津港保税区良好的环境10年间换来的是94个国家和地区的3000余家企业来这里投资，累计吸引合同投资总额63.5亿美元，其中协议外资额44.3亿美元，到位外资22.1亿美元。世界500强企业就有26家落户区内。与此同时，保税区物流运作的优势开始显现：10年间，实现进出区货物总值达到了255.6亿美元，上缴关税和进出口增值税149.9亿元，年平均增长幅度分别为52.6%和148.7%。天津港保税区所产生的辐射力，已远及中西部地区以及蒙古和中亚诸国。

天津港保税区目前已经形成集进出口货物仓储、分拨、配送为一体，海陆空铁路运输为一身，并与信息网络有机结合的现代国际物流运作体系。保税区已兴建了10万平方米全息化管理的现代国际物流配送仓库，形成区内国际货物分拨配送体系；而且，区内已建成全国最大的进口汽车集散分拨中心，年分拨量近20000辆。保税区还积极引进著名跨国公司的总代理、总经销企业，在保税区建立区域配送分拨体系，推进信息技术产品、汽车、农产品等商品市场建设；区内已建成多家专业性和综合性进口商品市场。最近，中外合资的北方规模最大的、总面积达到40000平方米的进口汽车超市已开始兴建。此外，保税区利用依托海港的区位优势，在区内设立了保税工业园、保税科技产业发展中心、生物工程产业园等科研、加工基地，使保税区加工产业形成一定规模。

（二）珠海保税仓储物流业

1998年3月，一家名为珠海保税区良品计划仓储有限公司的日本小公司正式在珠海保税区落户，这是一家经营成衣分拣、包装、仓储、配送的物流公司，就是这家当时注册资金仅17.5万美元的“小公司”，当年就出口800多万美元，1999年出口3000多万美元。这短短两年时间所取得的惊人业绩，正是经济发展中的仓储物流业这个“蓄水池”所创造出来的。

在当时，中国的天津港保税区、上海外高桥保税区和深圳福田保税区，现已经发展成为了区域性的物流中心。天津港保税区辐射华北和西北，上海外高桥保税区辐射长江三角洲，深圳福田保税区辐射珠江三角洲。作为全国保税区种起步较晚的珠海保税区，给自己定位于辐射珠江口西岸和珠江中上游地区，发展成为区域性的物流基地，利用保税区的特殊条件及货物运作体制，使保税区兼具货物存储、展示、分拨的功能，让保税区成为一个货物集散中心，通过发挥保税区的保税仓储、物流分拨的功能，带动区域引进外资及技术的发展，由此对经济特区、各经济功能区的发展起到强大的辐射作用，产生洼地效应。

珠海保税区管委会与驻区海关在上级部门的支持下，积极配合市委、市政府抓住港口发展的契机，加大物流仓储业的招商引资力度，发挥保税区的功能优势，形成特色产业。最近，保税区成立了通关协调小组，在“流”字上下工夫，旨在降低进入成本和运营成本，扩大珠海物流量。实践证明，珠海保税区的定位及采取的措施带来的洼地效应是明显的。

位于珠海保税区东大门侧，由香港卫康发展有限公司投资的珠海保税区启恒仓储有限公司保税区仓库已竣工并正式投入运作，该公司抓住物流仓储大有可为的机遇，兴建办公用型仓库。在珠海保税区的支持和配合下，仅用了半年时间，创造了当年签约，当年基建并竣工的奇迹。在这幢占地8000平方米的仓库建好后，公司又决定增加购地8000平方米，再建一幢大型仓库，利用好保税区这个基地，进一步拓展国内外市场。

世界500强之一的西门子投资的爱科电子有限公司也落户珠海保税区，最近决定增资1750万美元，主要用于建造保税区的现代仓储物流中心。澳门正达行投资的好利塑料仓储物流中心仓库土建工程也正在紧张地施工，在保税区内投资的上市公司也准备将设在香港的仓库搬至珠海。这批企业的投入运作，将促使珠海保税区崛起成为珠江三角洲西部仓储物流基地，并起到辐射作用。

最近，珠海保税区还不断完善其硬件建设，将距离保税区2.5公里的洪湾重件码头改造为保税区的专用码头，以保证区内物流快速畅通，降低成本。有关专家认为，大力发展保税区的保税仓储物流产业，不仅将使区内加工企业实现“零库存”，而且可以实现“48小时交货制”，提高企业的国际竞争力。随着大批发展仓储物流企业在珠海保税区落户，仓储物流业作为该区特色产业的崛起已初具规模。可以预见，珠海保税区仓储物流业将具有非常美好的发展前景。

（三）广州国际物流展

2001年5月，在广州举办了国际物流展，展场面积超过12000平方米，共有200多家来自中国、德国、美国、日本、瑞典及中国港台地区的企业参展。为完善物流概念，广州国际物流展分为硬件（物流设备）与软件（物流管理与物流服务）两大部分，并推出了多个创举：首先，针对目前电子商务为物流带来的无穷商机，展会推出“物流与电子商务”的全新主题；其次，由于物流与交通密不可分，国际物流展与现代交通展同期举行，以更全面展示整个物流与交通业的最新科技与服务发展态势。

广州国际物流展主要设有三大展区：

（1）综合物流展区。第三方物流公司、物流中心、配送中心、快递公司、货运代理等集中展示，它们将根据客户的需要提供物流服务。

（2）物流信息技术展区。各参展公司展出了各种物流方案、卫星定位技术、物流电子商务平台、条形码识别技术及CAD/CAM管理软件等，旨在为客户提供现代化的物流解决方案和技术。

（3）物流工程装备展区。集中展示装卸系统、自动化仓储技术和设备、物料加工系统、包装系统、配送系统、运输系统等物流装备及技术，旨在为客户提供机械化、自动化、电子化的先进物流设备。

（四）中国台湾地区全球物流管理

近年来，随着国际分工的不断深入以及企业全球化的发展，加上 Internet 的出现及普及应用，以企业为主题的全球物流管理已悄然成型。亦即国际化的企业，由于国际分工的关系，在不同的国家（地区）依据比较优势的原理生产不同的零配件，再汇集在某一国（地区）的转运中心内从事组装工作，以利他日再输往他国（地区）或岛内销售。此一活动正是企业全球物流管理的精要所在，也是推动我国台湾地区成为亚太营运中心所具备的前瞻性目标。国际上已有知名的成功实例，如欧洲的阿姆斯特丹以及亚洲的新加坡。我国台湾地区为了实现亚太营运中心的发展目标，于 1997 年 8 月正式在高雄及台中地区设置加工出口区仓储转运专区，以陆、海、空相互连接，吸引跨国企业来台设立区域营运中心，以促进国际分工制造及国际物流的发展。预期引进的产业有高科技高附加值的电子、航天、生物科技，以及与物流相关的仓储、运输和其他关联性产业。从国际分工的角度来说，是由欧盟、美国、日本输入关键零配件，以及由亚太地区输入原材料、零配件、成品或半成品，并在我国台湾从事加工制造，最后再转运营销至世界各国和地区。

由于因特网以及国际信用卡的普及，国际间的商业交易，已由企业对企业（B to B）的传统贸易形态逐渐衍生出企业对个人（B to C）的无国界个人网络购物。此种新形态的国际贸易，对能满足少量多品种的新兴国际物流而言，既是新的挑战，也是新的商机。无论是在企业全球化下所引申出的全球物流管理，还是无国界贸易的网络购物所引申出的新型国际物流，对物流业者而言，都是方兴未艾。

尽管中国的国际物流得到了长足的发展，特别是加入了 WTO 以后，人们对国际物流的认识逐渐加深，国际物流的实际操作作业也日渐合理与规范。但是，由于历史上的种种原因，目前中国的国际物流的发展中还存在着诸如传统思维方式与发展国际物流的矛盾、物流基础设施建设不能满足现代物流管理的要求等问题。

本章小结

（1）物流指物品从供应地到需求地的实体流动和储存活动，而国际物流指的是货物及物品在不同国家和地区间的流动或转移。其总目标是为国际贸易和国际经营服务，同时，国际物流还是国际贸易产生和发展的基础，担负实现资源跨国界有效配置的功能，有利于维护国际经济的运行秩序。

（2）国际物流系统是指在一定的时间和空间里，由所需位移的物资、包装设备、装卸搬运机械、运输工具、仓储设施、人员和通信联系等若干相互制约的子系统所构成的具有特定功能的有机整体。国际物流系统除具有一般系统所共有的特点之外，它还是个“人机系统”，具有跨度性、可分性、动态性、复杂性、多目标性等特点。

（3）国际物流标准是为了消除贸易壁垒，促进国际贸易发展，在物流大系统内制定的各分系统间和各分领域间的工作标准。国际物流标准分为：国际物流系统配合性、统一性标准；分系统技术标准；工作标准及作业规范。

（4）厂商进入国际物流领域的动力来自五个方面：经济增长、供应链思想、区域化、技术以及解除管制。

（5）展望物流的未来发展趋势：物流技术高速发展，物流管理水平不断提高；专业物流形成规模，共同配送成为主导；整体性供应链管理模式被重视；全球化的第三方物流提供商兴起；政府的贸易促进手段更加完善。

（6）物流业在中国的跨越式发展。

关键词

物流　国际物流　国际物流系统　国际物流标准

思考题

（1）如何理解物流的概念？如何对物流进行分类？

（2）国际物流的概念、特点和作用分别是什么？

（3）简述国际物流系统的构成要素和特点。

（4）国际物流网络系统有哪两个子系统？简述国际物流实体网络和信息网络的构成和特点。

（5）如何定义国际物流标准，国际物流标准化在国际贸易中起了什么作用？

（6）如何对国际物流标准进行分类？

（7）回顾和总结国际物流过去形成和发展的脉络，分析国际物流的发展趋势。

（8）简述改革开放以来我国国际物流的发展状况。

第二章　国际贸易中的物流

本章主要介绍了国际贸易中的物流特征；国际贸易中的常用术语与贸易惯例；进出口贸易中的物流单证。

第一节　国际贸易中的物流特征

一、国际物流与进出口贸易的关系

进出口商品交易，是指交易双方以一定的方法和形式，并通过一定的程序，就某种进出口商品的买卖和交易条件进行协商洽谈，取得一致意见，最后达成协议、签订合同和履行合同的全过程。其中，交易磋商或谈判是达成交易的关键。

在进出口商品交易中，商品所有权由卖方转移到买方，称国际商流过程；货物实体又通过商品的运输、包装、储存、检验、接运、拨交，完成或实现进出口商品的空间位置转移，货物由卖方装运港运达买方的目的港，称国际物流过程。没有实现商品所有权转移的国际商流过程和实现货物实体位置转移的国际物流过程，也就没有国际商品流通，也就没有国际贸易的交往。因此，国际物流是国际贸易的一个必然组成部分，各国之间的相互贸易最终都将通过国际物流来实现。

国际物流的总目标就是为国际贸易和跨国经营服务，使各国物流系统相“接轨”。即选择最佳的方式和路径，以最低的费用利用最小的风险，保质、保量、适时地将货物从某国的供方运到另一国的需方，使国际物流系统整体效益最大，最终顺利完成国际交易。

而在国际物流活动中，为实现物流合理化，必须按照国际商务交易活动的要求来开展国际物流活动。并且，不仅要求降低物流费用，而且要考虑提高顾客服务水平，提高销售竞争能力和扩大销售效益，即提高国际物流系统的整体效益，而不仅仅是提高局部效益。

二、国际进出口贸易中的物流特点

由于国际进出口贸易中物流的跨越国界性，导致它主要表现出以下特点：

（一）完成周期较长

由于国际进出口贸易中的物流活动往往涉及多个国家或地区，系统的地理范围大，因而，物流作业往往需要以周或月为单位来衡量完成周期的长短，而不能以3~5天的转移时间或4～10天的完成周期来计算。

国际进出口贸易中的物流作业之所以需要较长的完成周期，是因为通信传输延迟、融通资金需要、特殊包装要求、远洋运输船期表、长途运输时间以及海关清关手续等因素综合作用的影响。通信传输是由于时间和语言的差异而延迟；融通资金是因为大多数国际贸易需要开信用证而延迟；特殊包装要求是为了保护产品免遭搬运作业和水分侵袭的损害，因为集装箱常常由于温度和气候条件使湿度很高。货物一旦被集装箱化，就必须按船期表如期装船，目的港必须要有合适的装卸设备。如果原产地和目的港位于交通流量较高的航线之内，或者如果驶往期望港口的船舶缺乏必要的设备的话，那么，这种进展过程可能需要长达30天的时间。一旦船舶处在运输途中，转移时间的范围在10～21天，海关清关手续至少要增加1天时间，使完成周期延长。虽然现在越来越普遍采用EDI传输技术，在货物还未抵达国际港口之前事先办好货物装运交付的清关手续，但上述过程所消耗完成周期的时间依然很长。上述活动的复杂性导致国际进出口贸易中的物流活动完成周期比典型的国内作业更长、更缺乏一致性，也更缺少灵活性。一致性的降低，增加了物流计划和物流工作的难度；灵活性的降低，会使企业在迅速满足客户需要方面存在困难；而完成周期的延长，会增加物流过程中的库存投资，占用大量资金，同时导致更高的存货需求，因为在任何时点上都有大量的货物处于转移当中。于是，在等待国际装运交付货物的到达和清关期间，需要不断地对存货和存货空间的需要进行评估。

（二）作业复杂程度高

国际进出口贸易中物流的复杂性主要体现在以下几个方面：

（1）语言方面。国际物流的一个显著的特点就是各国的物流环境存在着较大的差异，其中各国文化历史、风土人情以及政府管理物流的法律环境等物流软环境的差异尤其突出，使国际进出口贸易中物流的复杂性较高。例如，语言的差异会增加物流的复杂性。在地理上西欧比美国小得多，但由于它使用多国语言，有德语、英语、法语等，致使需要更多的存货来支持其市场营销活动，因此，每一种语言都需要相应的存货。尽管语言上的需要可以通过多语言包装使产品分散减少，但这并非是一个始终让人接受的战略。除了产品的语言外，国际物流作业对装运交付所经过的每一个国家都需要使用多语言的物流单证。尽管英语是通用的商业语言，但有些国家要求提供用当地语言翻译好的物流单证和海关文件。这就增加了国际作业的时间和劳动强度，因为在装运交付前必须将复杂的物流单证翻译完毕。当然，这类通信传输和物流单证上的困难可以通过标准EDI方式的交易得到克服。

（2）货物数目方面。这一现象部分地归因于上述讨论的语言差别，然而，货物本身也有可能存在着内在特点的差异，如性能特征、能源供应特点以及安全上的需要等。虽然它们有可能并不具有实质上的差异，但是国与国之间的这种细微区别也许会大大增加所需的库存单位数以及随之而来的大量的有关订货项目、运输方式、资金融通，以及政府控制等方面的单证和文件。

（3）存货的物权和地点方面。有效的全球存货管理无法事先确定存货的物权和实际地点。目前有许多厂商的做法是把存货管理的责任下放到许多地点，每一个存货管理地点试图通过示范性服务来证明其存货水平是正确的。这种个人主义理念导致了存货数量大大超过了供应链上的总需求。

（4）运输复杂性方面。在国际进出口贸易中，由于货物运送线路长、环节多、气候条件复杂，对货物运输途中的保管、存放要求高，因此海洋运输、航空运输尤其是国际多式联运是其主要运输方式，具有一定的复杂性。其中国际多式联运是由一个联运经营人使用一份多式联运的合同将至少两种不同的运输方式连接起来进行货物国际间的转移。

（三）系统一体化

国际物流的发展依赖于高效的国际化信息系统的支持。由于参与国际运作的物流服务企业及政府管理部门众多，如货运代理企业、报关行、对外贸易公司　海关、商检等机构，使国际物流的信息系统更为复杂，国际物流企业不仅要制作大量的单证而且要确保其在特定的渠道内准确地传递，因此耗费的成本和时间是巨大的。目前，在国际物流领域，EDI（电子数据交换）得到了较广泛的应用，它极大地提高了国际物流参与者之间的信息传输速度和准确性。但是，由于各国物流信息水平的不均衡以及技术系统的不统一，在一定程度上阻碍了国际信息系统的建立和发展。

（四）联盟

与承运人和专业化服务供应商的联盟对于国际进出口贸易中的物流作业来说十分重要。如果没有联盟，对于一个从事国际作业的企业来说，就必须与全世界的零售商、批发商、制造商、供应商以及服务供应商保持合同关系，而维持这种合同关系就需要花费大量的时间。国际联盟能够提供市场通道和专业人员，并且减少在全球物流作业中的潜在风险。

三、进出口贸易的主要流程

进出口贸易的交易过程由交易磋商、签订合同和履行合同三个阶段构成。它是一个商品的动态流转过程。

（一）交易磋商

交易磋商是指进出口企业为了出售或者购买某项货物与国外客户就各项交易条件进行洽商，以期达成协议的过程。交易磋商是以成立合同为目的的，一旦双方对各项交易条件协商一致，买卖合同即告成立。交易磋商的过程也就是合同成立的过程。交易磋商的形式可分为口头和书面的两种，以书面磋商为主。

整个交易磋商的一般程序可分为四个环节，即询盘、发盘、还盘和接受。其中，发盘和接受是达成交易不可缺少的两个基本环节。

（二）订立合同

在交易磋商过程中，一方发盘，另一方对该发盘表示接受，即双方取得意思一致，达成协议，交易即告成立，买卖双方就构成了合同关系。双方在磋商过程中的往返函电，即是合同的书面证明。但根据国际贸易惯例，买卖双方还要签订书面合同或成交确认书，以进一步明确双方的权利和义务。

在国际上，对货物买卖合同的形式，没有特定的限制。从事国际贸易的双方，可采用正式的合同、确认书、协议，也可采用备忘录等形式。此外，还有意向书、订单和委托订购单等。书面合同的内容一般包括三个部分：约首、本文和约尾。约首，即合同的首部，包括合同名称、合同编号、合同签订的日期和地点、订约双方名称和地址等。本文是合同的主要组成部分，是对各项交易条件的具体规定。约尾，即合同的尾部，通常载明合同使用的文字及其效力、合同正本的份数、附件及其效力，以及有正当权限的双方当事人代表的签字。

（三）履行合同

1．出口合同的履行

（1）准备货物。准备货物就是要根据出口合同的规定，按时、按质、按量准备好应交的货物，以便及时装运。

（2）报验。凡属出口合同约定或国家规定必须接受法定检验的出口商品，在货物备妥后，应向进出口商品检验检疫机构申请检验，只有经检验得到商检局签发的检验合格证书，海关才放行。

（3）落实信用证。在凭信用证交付的交易中，落实信用证是履行出口合同不可缺少的重要环节。落实信用证通常包括催证、审证和改证三项内容。催证是指通过信件、电报或其他电讯工具催促买方按合同规定及时办理开立信用证或付款手续并将信用证送达我方，以便我方及时装运货物出口，履行合同义务。审证是指信用证开到后，应对信用证内容逐项认真审核，信用证条款必须与合同内容相一致，不得随意改变，以保证及时装船，安全结汇。改证是指在买卖双方对信用证条款有异议时，由开证申请人提出，对信用证内容进行修改，在经开证行同意后，开证行发出修改通知书以信件、电报等电信工具通过原通知行转告受益人，经各方接受修改书后，修改方为有效。

（4）安排装运。在备妥货物和落实信用证以后，出口企业即应按买卖合同和信用证的规定，对外履行装运合同的义务。安排装运货物涉及的工作环节众多，其中以托运、投保、报关、装运和发装运通知等工作尤为重要。

(5) 制单结汇。货物装运后，出口企业应立即按照信用证的规定，正确缮制各种单据，并在信用证规定的交单到期日或以前，将各种单据和必要的凭证交指定的银行办理要求付款、承兑或议付手续，并向银行进行结汇。

2. 进口合同的履行

(1) 开立信用证。进口合同签订后，需按照合同规定填写开立信用证申请书向银行办理开证手续。信用证的内容应与合同条款一致。

(2) 安排运输和保险。凡以 FOB 或 BCA 贸易术语成立的合同，由买方安排运输，订立运输合同。FOB、FCA、CFR、CPT 条件下的进口合同，由买方负责向保险公司办理货物的运输保险。

(3) 审单和付款。银行收到国外寄来的汇票或单据后，必须合理审慎地审核信用证规定。

通过三个阶段的工作，买卖双方都达到了预期目标。即卖方按合同规定交付货物，收取货款；买方按合同规定支付货款，收取货物，构成了进出口商品交易的对流条件，围绕着货物的交付和货款的支付，出口方和进口方要做大量的准备和交易工作，并取得银行的保证，达到货物的交付和货款的支付顺利进行，完成进出口商品交易的流转。

第二节　国际贸易术语与贸易惯例

在国际贸易中，买卖双方一般相距遥远，其所交易的商品，通常需要经过长途运输，在买卖双方交接货过程中、需要办理进出口清关手续，安排运输与保险，支付各项税捐和运杂费用；此外，货物在装运过程中，还可能遭到自然灾害、意外事故及其他各种外来风险。有关上述责任应由谁负责，手续由谁办理，费用由谁负担，风险如何划分，就成为买卖双方在磋商交易、签订合同时，必须明确解决的问题。为此，在国际贸易的长期实践中，逐渐形成了适应各种需要的贸易术语。

贸易术语（Trade Terms）是指用一个简短的概念或外文缩写来表明买卖双方有关费用、风险和责任的划分，确定卖方交货和买方接货方面的权利和义务，也称价格术语（Price Terms）。它是国际贸易商品单价中一个必不可少的组成部分。采用不同的贸易术语，意味着买卖双方承担不同的责任、费用和风险，必然要影响到商品的价格。

一、主要的国际贸易术语

（一）国际贸易术语分类

国际商会的 *INCOTERMS* 2000 中共解释了 13 种贸易术语，并且将这些术语按卖方责任由小到大，交货地点与卖方所在地距离由近到远进行排列，以及按各种术语的共同特点分别归类，分为 E、F、C、D 四组术语。

（1）E 组为启运术语，只有 E. X. W. 一种，是指卖方在其所在地将货物提交给买方时，即履行了交货义务。

（2）F 组为主运费未付术语，共有 F. C. A. 、F. A. S. 和 F. O. B. 三种。这组术语，都是由买方负责租船订舱，指定承运人，卖方须将货物交给由买方指定的承运人。

（3）C 组是主运费已付术语，共有 C. F. R. 、C. I. F. 、C. P. T. 和 C. I. P. 四种这组术语，都是由卖方负责租船订舱，支付运费。在 C. I. F. 和 C. I. P. 下，卖方还需办理货运保险，支付保险费。此外，卖方须负责在装运港将货物装上船（C. F. R. 和 C . I. F. ）或在发运地将货物交给承运人监管（C. P. T. 和 C. I. P.），并负担货物装上船或交由承运人监管为止的一切费用和货物灭失或损坏的风险。按 C 组术语订立的合同属装运合同，在合同中规定交货期条款时，只能规定装运期或交货期，而不能规定到达目的港或目的地的期限。C 组术语有一个与其他组术语明显不同的特点，即买卖双方的费用划分点与风险划分点相分离。

（4）D 组为到达术语，共有 D. A. F. 、D. E. S. 、D. E. Q. 、D. D. U. 和 D. D. P. 五种。依这组术语，卖方须负担将货物送达约定目的港或目的地的一切费用和风险。因此，按 D 组术语订立的合同属于到达合同，在合同中规定交货期条款时，需规定货物到达目的港或目的地的期限。

（二）六种主要贸易术语的含义

在 *INCOTERMS* 规定的 13 种贸易术语中，FOB、CFR、CIF、FCA、CPT 和 CIP 是国际贸易中使用较多的贸易术语，关于这六种主要贸易术语的含义，买卖双方的义务，以及在使用中要注意的问题，现分别阐述如下：

1. 适用于海运及内河运输方式的三种贸易术语

（1）装运港船上交货——FOB（Free On Board）。采用 FOB 术语成交时，卖方承担的基本义务是在合同规定的装运港和规定的期限内，将货物装上买方指定的船只，并及时通知买方。货物在装船时越过船舷，风险即由卖方转移至买方。买方要负责租船订舱，支付运费，并将船期船名及时通知卖方。货物在装运港装船时越过船舷后的其他责任、费用也都由买方负责，包括获取进口许可证或其他官方文件，以及办理货物入境的手续和费用。如果买方指定了船只，而未能及时将船名、装货泊位及装船日期通知卖方，或卖方指定的船只未按时到达，或未能承载货物，或在规定期限终了前截止装货，买方要承担由此产生的一切风险和损失。但前提是货物已被清楚地分存或被指定为供应本合同之用。卖方要自负风险和费用领取出口许可证或其他官方文件，并负责办理出口手续。卖方还要自费提供他已按规定完成交货义务的证明。在买方要求下，并由买方承担风险和费用的情况下，卖方给予一切协助，以取得提单或其他运输单据。FOB 术语适用于海运及内河运输。

（2）成本加保险费、运费——CIF（Cost，Insurance and Freight）。采用这一贸易术

语时，卖方的基本义务是负责按通常的条件租船订舱，支付到目的港的运费，并在规定的装运港和装运期内将货物装上船，装船后及时通知买方。负责办理从装运港到目的港的海运货物保险，并支付保险费。货物越过船舷之后的风险，即由买方承担。在货物装上船之后，自装运港到目的港的通常运费、保险费以外的费用，也由买方负担。买方还要负担风险和费用取得进许可证或其他官方文件，办理进口手续并按合同规定支付货款。在交单义务方面，卖方需要提交商业发票或与之相等的电子单证。必要时提供证明所交货物与合同规定相符的证件，提供通常的运输单据，使买方得以在目的地受领货物，或通过转让单据出售在途货物。CIF 术语适用于海运及内河运输。

（3）成本加运费——CFR（Cost and Freight）。与 FOB 不同，在采用 CFR 条件下，与船方订立运输契约的责任由卖方承担。卖方要负责租船订舱，并支付到指定目的港的运费，包括订立运输合同时规定的由定期班轮可能收取的货物装到船上和在卸货港卸货的费用。但从装运港至目的地的货运保险仍由卖方负责办理，保险费由卖方负担。CFR 术语适用于海运及内河运输。

2．适用于一切运输方式的三种主要贸易术语

（1）货交承运人——FCA（Free Carrier）。采用这一交货条件时，买方要自费订立从指定地点启运的运输契约，并及时通知卖方。FCA 中卖方完成交货义务可分为两种情况：如合同中规定的指定交货地点为卖方所在处所，则当货物被装上由买方指定的承运人的收货运输工具上，卖方即完成交货义务；在其他情况下，当货物在买方指定的交货地，在卖方的送货运输工具上（未卸下），被交由买方指定的货运人处置时，卖方即完成了交货义务。这里所说的承运人，既包括实际履行运输义务的承运人，也包括代为签订运输合同的运输代理人。按 FCA 术语成交时，即使运输代理人拒绝承担承运人的责任，卖方也要按买方的指示，把货物交给运输代理人。FCA 术语适用于包括多式联运在内的各种运输方式。

（2）运费付至——CPT（Carriage Paid To）。采用 CPT 术语成交，卖方要自负费用订立将货物运往目的地指定地点的运输契约，并且负责按合同规定的时间将货物交给承运人，即完成交货义务。卖方在交货后要及时通知买方。买方自货物交付承运人处置时承担货物灭失或损坏的一切风险。CPT 术语适用于一切运输方式。

（3）运费、保险费付至——CIP（Carriage and Insurance Paid To）。与 CPT 术语相比较，在采用 CIP 术语时，卖方除了承担在 CPT 术语下同样的义务外，还须对货物在运输途中灭失或损坏的买方风险取得货物保险，订立保险合同，并支付保险费。CIP 术语适用于包括多式联运在内的各种运输方式。

二、有关贸易术语的国际惯例

由于国际贸易是国家之间的贸易，各国的法律规定、贸易习惯和做法各不相同，对贸易术语的解释也存有差异，往往引起买卖双方的争议。为避免各国在解释上存有的分歧而产生纠纷，必须要有对贸易术语统一的解释和规则，这就是国际惯例。它是在国际贸易长期实践中形成的一些具有普遍意义的习惯做法和解释，虽然它不同于法律，对交易双方都无强制性，但如果买卖双方在合同中明确规定采用某惯例时，该惯例对买卖双方就都具约束力。在有关贸易术语的统一解释或规则中，影响较大的是以下三种。

（一）《1932 年华沙—牛津规则》

1928 年，国际法协会在波兰华沙举行会议，以英国贸易习惯及判例为基础，制定了有关 C. I. F. 买卖合同的统一规则，称为《1928 年华沙规则》（*Warsaw Rules* 1928）。后经 1930 年纽约会议、1931 年巴黎会议和 1932 年牛津会议修订，定名为《1932 年华沙—牛津规则》（*Warsaw—Oxford Rules* 1932），共 21 条，一直沿用至今。

《1932 年华沙—牛津规则》主要说明 C. I. F. 买卖合同的性质和特点，并对 C. I. F. 术语下买卖双方的责任、费用和风险划分及所有权转移方式等问题作了较详尽的解释。

（二）《1941 年美国对外贸易定义修正本》

1919 年，美国九大商业团体制定了《美国出口报价及其缩写条例》（*The U. S. Export Quotations and Abbreviations*）。其后，在 1941 年美国第 27 届全国对外贸易会议上，对该条例作了修订，称为《1941 年美国对外贸易定义修正本》。该修正本对 Ex（Point of Origin）、F. O. B. 、F. A. S. 、C. & F. 、C. I. F. 、Ex Dock 等六种贸易术语作了解释和规定，其中 F. O. B. 术语又细分为六种，与国际贸易中一般使用的 F. O. B. 术语有明显分歧。这一修正本为美国商会、美国进口商协会和全国对外贸易协会所组成的联合委员会所采用，在美洲国家中具有一定影响。

（三）《2000 年国际贸易术语解释通则》

国际商会自 20 世纪 20 年代初就开始对重要的贸易术语作统一解释的研究，并于 1936 年提出了一套解释贸易术语的具有国际性的统一规则，定名为 *INCOTERMS* 1936。随后，国际商会为适应国际贸易实践的不断发展，曾先后 6 次对 *INCOTERMS* 作了修订和补充。最近的一次修改是在 1999 年，国际商会公布了《2000 年国际贸易术语解释通则》（简称 *INCOTERMS* 2000）。目前，*INCOTERMS* 2000 已被世界各国广泛采纳，成为了最有影响力和最具权威的有关国际贸易术语的国际惯例。

第三节　进出口贸易中的物流运输单证

随着经济全球化的发展及国际贸易逐步扩大，原来的“钱货两清”的方式转变为“凭单付款”方式。根据国际商会拟订的《国际贸易条件解释通则》规定，卖方只要交来相符的单据，就表明卖方已经交货，已经履约，买方就有责任支付货款。由于是凭单付款，因此单据在国际贸易中所起的作用举足轻重。

国际贸易中的单据种类繁多，按其在交易中的作用不同，可分成两大类：第一类是基本单据，即指在交易中必不可少的单据，如交易中使用的商业发票和运输单据、舱单等；第二类是附属单据，即指进口商根据进口地当局的规定、货物性质的不同或其他需要，而要求出口商特别提供的单据，如海关发票、领事发票、产地证、卫生证以及附属于商业发票的单据，如包装单、尺码单、检验证等。以下我们主要介绍几种常用的基本单据。

一、海运提单

海运提单，简称提单作为运输单据中最主要的单据，是表明货物运输如何办理的文件。它是承运人或其代理人（轮船公司）签发的证明托运的货物已经收到，或装载船上，约定将该项货物运往目的地，并保证凭以交货的物权凭证，因此它是重要的商业单据。

（一）海运提单的关系人

承运人和托运人是运输合同的当事人，因而也是提单的基本关系人。承运人也称船方，根据不同情况，可能是船舶所有人，即船东，也可能是租船人。信用证要求的运输单据，包括提单，必须是具名的承运人或其代理人出具的。托运人也称货方，根据不同情况，可能是发货人（卖方），也可能是收货人（买方）。信用证项下提单上的托运人应是信用证的受益人。

根据提单抬头人的不同和背书转让，会出现以下关系人：收货人、抬头人，可能是受让人、持有人或记名提单载明的指定人。收货人有在目的港凭单向承运人提取货物的权利；受让人，是经过背书转让接受提单的人，也是提单的持有人。受让人不仅有向承运人要求提货的权利，同时也承担了托运人在运输契约上的义务，所以受让人的权利不优于前手；持有人，是经过正当手续持有提单的人。如不记名提单经过记名背书转让或空白背书经过交付的受让人。持有人可凭提单领取货物。被通知人，是收货人的代理人。空白抬头提单须注明被通知人，以便承运人在货到目的港时，通知办理报关、提货手续。

（二）海运提单的内容

完整的提单包括正面关于商品装运情况的记载和背面的运输条款。

1. 正面内容

（1）托运人填写部分：①船名和船舶国籍；②承运人名称和主要营业所；③装运港或承运人接受货物的地点和收货日期；④卸货港或目的地；⑤托运人名称和地址；⑥收货人名称和地址，收货人名称即提单的抬头，可以有各种不同的做法；⑦货物描述，包括名称，主要标志、包装、件数、重量或体积；如货物的外表情况有异状，应予注明。

(2) 承运人及其代理人填写部分：①运费。承运人可以不写明具体金额，而只写"应按契约规定的条件照付"或"运费预付"或"货到目的地支付"等字样；②提单签发日期和地点，承运人签字盖章。

(3) 契约文字（提单正面一般都印有契约文字）：①装船条款，说明承运人收到货物，已装在船上；②内容不知悉条款，说明承运人只对货物的表面状况进行核实，对包装物内的数量、品质质量等概不负责；③承认接受条款，托运人接受了提单就作为接受了提单上的一切记载，包括背面的契约条文；④签署条款，说明签发本提单一式几份，凭其中一张提货后其余均失效。如果两个以上的提单持有人同时要求提取同一批货物时，承运人或其代理人应当将这批货物暂时扣留不交，依法确定谁是提货权利人，再行交货。

2. 背面内容

提单背面的运输条款规定了承运人的义务、权利和责任的豁免，是承运人与托运人双方处理争议时的依据，全是用小号铅字印出，根据《UCP 500》规定，银行不审核这些条款。

背面条款内容一般有：①定义，解释承运人，运输合同、货物、船舶、发货人、收货人等项的含义；②首要条款，指明提单按什么法律解释；③责任和责任期限；④免责条款，对何种情况和原因造成的损失，承运人不承担责任；⑤绕航条款，承运人在何种情况下可以绕航；⑥转运、转船条款；⑦承运人对甲板货物、危险货物的责任；⑧装货、卸货、交货条款；⑨索赔与赔偿条款；⑩留置权条款；⑪管辖权条款，载明双方发生争议时由何国法院审理等。

二、装箱单

装箱单又叫包装单，用于说明商品包装的内在详细情况，包括花色、规格等。装箱单是进口国海关验货、公证行检验、进口商核对货物的依据。

装箱单可以合并在发票上，也可以单独制作，但信用证上有要求者不应合并。若每件货物的花色、品种不同，须在装箱单上逐件载明。如果整批货物的花色相同而重量不同，可用重量单来代替装箱单。装箱单的内容应与货物实际包装相符，并与发票、提单所列一致。

三、结算单据

(一) 发票

在国际贸易中，往往会遇到各种名称的发票，根据其不同的性质和用途可作如下分类：

1. **说明商品交易的发票**

商业发票，是卖方向买方开立的出售商品的价目清单和总说明，也是收款的主要依据。商业发票是必不可少的，是最常见的发票。

厂商发票，也叫制造商发票，须在发票本文中加强证明制造商的文句，可用出口国货币表示价格。如出口商就是制造商，则出口商可在发票上申明："上述产品由我公司制造，本公司即是制造商"。

2. **依据某些进口国家规定提供的发票**

（1）领事发票。出口商根据某些进口国的要求，由进口国驻在出口国的领事签证或出具的发票，称为领事发票。其作用可作为核税的依据，或审核有无倾销情况。如出口国无该进口国的领事馆，而信用证上有规定时，应修改信用证。由于获得领事发票对出口商来说，既费时又增加费用，给国际贸易带来了许多不便，所以，目前除中南美洲有些国家仍沿用这种办法以外，其他国家都已废止使用，而以海关发票来代替。

（2）海关发票。海关发票是进口国海关当局规定的进口报关必须提供的特定格式的发票。海关发票的作用与领事发票相似，也是便于进口国家海关审查货物的原产地，作为审核计税依据，以及审核进口货物的价格有无倾销可能。但办理海关发票的手续与领事发票不同，海关发票可以根据有关国家规定的格式自行印制，而领事发票必须向领事馆索取；海关发票只规定应由出口商的个人名义正式手签，有的还要求出口商以外的见证人签字，且需缴纳签证费用。

（3）形式发票。这是一种非正式发票，它是买卖双方在交易未达成前，卖方应买方的要求，将拟报价出售货物的名称、规格、价格条件、单价等开立的一种发票，仅供买方接受时的参考或供其申请进口许可证或批汇之用。它不能作为付款的依据，对买卖双方都无约束力。在正式交易达成后，卖方仍需开立正式的商业发票。

（4）商业发票是国际贸易中卖方必须向买方提供的主要单据之一。商业发票没有统一的格式，概括起来，其内容可以分为首文、本文和结文三个部分：①首文包括：一是注明"发票"字样，通常发票上只打"Invoice"；二是出口商的名称和地址；三是进口商的名称；四是发票日期，银行可以接受日期早于开证日期的单据；五是合同号码，包括有时买卖双方各自编号，也都应注明。有些受益人还在发票上注明信用证开证行名、信用证号码、货物出运日期、起讫港、船名等内容，以供核查。②本文包括：一是唛头。唛头是货物的识别标志。如果信用证上规定了唛头，则发票必须符合信用证的规定，并与提单以及其他单据上的唛头一致。二是货物的描述与数量。发票上的货物描述必须逐字与信用证规定相同。而在其他单据上，货物描述可以使用统称，但不得与信用证上货物描述有所抵触。三是包装和重量，表现在发票上应与提单、包装单、重量单等单据上相应内容保持一致。四是价格条件。在 FOB 价之后，应体现装运港名称；在 CFR 和 CIF 价后，还应体现目的港名称。这些也应与信用证规定一致。此外，如信用证需要在发票上将运费、保费分别列出，则该项运费、保费应分别符合运输单据和保险单据上所列金额。五是单价和发票金额。在信用证条款中规定有单价的，发票上的单价必须符合信用证的规定。发票金额还应与汇票金额相等。当发票金额超过信用证金额时，银行有两种处理办法：其一，拒绝接受超过信用证金额的商业发票；其二，接受超过信用证金额的发票，但银行付款或议付的金额不超过信用证金额，超过信用证金额的部分可用支票托收货款。③结文。结文是出口商的签字与盖章。在信用证方式下，签字人必须是受益人。在需要作特殊说明时，如信用证托收的说明，产地的说明，等等，应在结文部分注明。有些信用证要求有进出口许可证号，出具汇票文句，等等，也应该相应注出。

（二）其他结算单据

以上所介绍的贸易中使用的各种单据都是交易中不可缺少的交易凭证。除此之外，国际贸易中因交易方的结算方式不同而使用不同的结算单据。

目前，国际结算的基本方式有汇款结算方式、托收结算方式和信用证结算方式。因交易方采用的结算方式的不同，可使用的相应的结算单据主要有汇票、信用证、保函等。尽管每种结算方式都有各自的特点，但这并不影响各种结算方式的结合使用，相应地自然带来各种结算单据的结合使用。一般只有金额大或情况复杂的交易，才采用多种结算方式结合使用。

本章小结

（1）国际贸易是由商流和物流共同组成的，发展国际物流是发展国际贸易的必要条件，发展国际贸易又是发展国际物流的前提。

（2）进出口商品交易，是指交易双方以一定的方法和形式，并通过一定的程序，就某种进出口商品的买卖和交易条件进行协商洽谈，取得一致意见，最后达成协议、签订合同和履行合同的全过程。整个交易过程由交易前的准备工作、交易磋商、签订合同和履行合同四个阶段构成。其中，交易磋商或谈判是达成交易的关键。

（3）国际进出口贸易中的物流的特征：完成周期长；作业程度复杂；系统一体化要求较高；与承运人和专业化服务供应商的联盟对于国际进出口贸易中的物流作业来说十分重要。

（4）贸易术语（Trade Terms）是指用一个简短的概念或外文缩写来表明买卖双方有关费用、风险和责任的划分，确定卖方交货和买方接货方面的权利和义务，也称价格术语（Price Terms）。在有关贸易术语的统一解释或规则中，影响较大的是三种：《1932年华沙—牛津规则》、《1941年美国对外贸易定义修正本》和《2000年国际贸易术语解释通则》（*INCOTERMS* 2000）。

（5）进出口贸易中的几种物流单证包括海运提单、装箱单和发票等结算单据。

关键词

国际贸易与国际物流 国际贸易术语 国际贸易物流单证

思考题

(1) 何谓进出口商品交易，其与国际物流的关系是什么？为什么？

(2) 国际进出口贸易中物流的特征是什么？

(3) 国际商会的 *INCOTERMS* 2000 中共有多少种贸易术语，并列举其中最常用的六种加以说明。

(4) 请列举至少三种进出口贸易中的物流运输单证，并分别说明其包括的内容。

第三章　国际区域物流

本章主要介绍了国际区域物流的概念及其形成；国际区域物流平台的构成要素及构建的原则；国际区域物流平台系统化及其评价标准；我国区域物流平台构建中亟待解决的问题。

第一节　国际区域物流的概念

国际区域物流是指国际贸易中区域之间及区域内部的一切物流活动，包括运输、仓储、装卸、流通加工和信息传递等功能实体性的流动，以及物流过程中各个环节的货物运动。它侧重于城市之间、城乡之间的从供应者到需求者的物品的运输与集散一体化的过程，目的是运用区域概念和战略的手法解决有关大范围物流的各种主要问题，实现区域物流的最佳化。区域物流体系对于提高该区域物流活动的效率、保障物品的有效流通具有不可缺少的作用。它是国民经济活动的动脉，是联系生产和消费的纽带，是社会发展和人民生活水平提高的基础条件。

国际区域物流系统对提高该地区企业物流活动的效率、保障当地居民的生活福利环境有着非常重要的作用。研究区域物流，应该根据地区的特点，从地区的利益出发，组织好物流活动。如建设一个大型物流中心，这对提高当地物流效率、降低物流成本等很有作用，但也会引起由于供应点集中而出现的交通堵塞、废气噪音、交通事故、影响周边环境等消极问题。因此物流中心的建设不单是物流问题，还要从城市建设规划、地区开发计划等出发，统筹规划，妥善安排。目前，世界经济发展的共同点是社会分工和国际合作的加强，同时每一个城市及周边地区都形成小的经济区域。城市经济区域的发展有赖于物流系统的建立和运行。因此，城市物流是区域物流研究的一个重点。

作为经济宏观调控者的国家而言，主要应考虑物流基础设施的建设，制定各种物流政策和法规，开发物流新技术，培养物流专门人才，清除部门分割、地区分割所造成的物流障碍等。

第二节　国际区域物流的形成

20 世纪 90 年代以来，由于现代交通和通讯技术的发展、世界贸易的大发展以及资本国际流动的不断增加等因素的影响，全球经济一体化速度加快，经济全球化已经成为世界经济发展不可逆转的历史趋势。

在经济全球化的形势下，由于各地区在发展水平上存在着巨大差异，因此，一些区域性经济组织便应运而生。这些区域组织在经济体制、管理方式以及发达程度等方面往往存在着共性，或者是邻国、地理位置相近，独自存在、自成体系发展有一定的局限，结成一体、相互补充、共同发展。根据世界贸易组织的统计，到目前为止，世界上已出现了144个各种类型的区域性经济集团或组织，其中三分之一是1990年以后组建的，这说明世界经济区域化的发展速度正在加快，区域经济的发展出现了一种新的态势。这些区域经济组织中影响较大的有欧盟、北美自由贸易区和亚太经济合作组织等。

1992年形成的欧洲统一市场，是欧洲共同体为了推进经济与政治联盟而确立的经济区域化目标。这一目标规定，1992年12月31日以前把欧洲经济共同体建成一个没有内部疆界的地域，在该地域内保证商品、人员、劳务和资本的自由流通。欧洲统一市场的进一步发展是形成经济与政治一体化的欧洲联盟。欧盟中的12个国家（亦称欧元区），从1999年1月1日起已实行用欧元计价，2002年1月1日起各成员国货币停止流通，正式使用欧元现钞。美国、加拿大、墨西哥三国建立的北美自由贸易区，从1994年起运作，该自由贸易区有3.63亿人口，国民生产总值达6万亿美元，约为世界生产总值的29%，其贸易总额比欧共体高25%。亚太经济合作组织自1989年建立以来，发展很快，特别是2001年上海APEC会议的成功举行，表明亚洲、太平洋地区经济一体化由构想转为实际行动，2020年之前实现自由、开放的贸易和投资目标。

同时，各个国家在现行的贸易制度下通过一系列的贸易和投资优惠安排，在划定的区域内实现商品的无障碍流动，提高地区经济的开放程度，更好地融入国际间的经济交流，不断推动国际区域物流更快发展。总而言之，正是由于各个区域组织的建立，区域经济的快速发展，促进了区域贸易的发展，同时推动了区域物流的发展。

第三节　国际区域物流平台的构建

物流系统是支持社会扩大再生产的血脉，是一个跨行业、多部门、各种运动形式交集的活动。这些活动要求有一个有效的、完备的物流基础条件的支撑，这个基础条件即为物流平台。它涉及铁道、水运、公路、仓库、场站、管理体制、信息水平等相关因素。对区域物流平台的构建，依靠市场的自发行为是不够的，容易造成重复、无序及资源浪费。因此，需要地方政府及早统筹规划，依靠政策、管理和制度系统化地统筹构建一个协调发展、物畅其流的区域物流平台。

一、国际区域物流平台的构成要素及构建的原则

国际区域物流平台是物流的载体，包括着诸多复杂的因素。其建设需要从以下方面进行统筹规划、协调发展。第一是基础设施类，包括机场、铁路、道路与航路网络、管

道网络、仓库、物流中心、配送中心、站场、停车场、港口与码头等。第二是设备类，包括物流中心、配送中心内部的各种运输工具、装卸搬运机械、自动化作业设备、流通加工设备、信息处理设备及其他各种设备。第三是标准类，比如物流术语标准、托盘标准、包装标准、卡车标准、集装设备标准、货架标准、商品编码标准、商品质量标准、表格与单证标准、信息交换标准、仓库标准、作业标准等。第四，要强调物流信息网络的建设。利用国际互联网、企业内部局域网、公用的经济信息网、计算机在线经营管理系统以及移动通讯、GPS（全球卫星定位系统）等现代通讯和计算机网络技术，建立区域物流的信息网络。

国际区域物流先进与否，更多的体现在其载体及基础设施等区域物流平台的构建上。西方经济发达国家物流业是相当成熟的，其物流基础设施已经近乎完善。在发达国家，我们可以看见完善的高速公路系统、快速或者高速铁路系统、高密度的航空运输系统、宽阔的停车及装卸作业场所、大型自动化配送中心或物流中心以及配送中心或物流中心中设置的高架立体仓库、自动分拣系统、自动导向车系统，有标准化的可流通托盘、发达的计算机信息系统、卫星通信系统等等。这些都是高级物流阶段在区域平台中的体现。

国际区域物流平台是一个包括诸多因素的复杂网络体系，实现统筹管理、协调发展相当不易，其构建实际上是各构成要素的项目建设，应在服务于战略规划的基础上逐个项目实施。在构建区域物流平台的过程中，需要遵循以下几个方面的原则：

（1）统一原则。就是要注重参与现代物流的各部门、各环节之间从适应物流需要的角度出发，统一设备规格、技术性能和信息标准。

（2）系统规划、协调发展的原则。强调组织物流的各部门及运输、储存、装卸、包装、流通加工、配送、信息处理各环节的运输过程中，必须加强信息交流，在时间和空间上互相衔接。

（3）物流平台的兼容性原则。区域物流平台的构建，是结合区域经济优势及其发展特点进行的，区域间的市场经济的互补性决定了区域间物流平台应有较好的兼容性。

（4）整体效能原则。区域物流平台作为一个系统化、一体化的物流支撑体系，其优劣应以整体效能为评价标准，应在保证整体效能最大化的前提下，追求各子系统的局部利益最大。这就要求在发展过程中，统筹兼顾，协调发展。因此，需要把握主要矛盾和矛盾的主要方面，解决好物流平台中各相关环节的“瓶颈”问题。

（5）硬件设施的原则。铁路、公路、场站、码头、仓库等硬件基础设施属固定物，其建设具有阶段性。在任何阶段的建设中，都应依据规划超前建设，即满足需要、留有余地、适度超前。

二、国际区域物流平台系统化及其评价标准

区域物流系统化是将区域物流诸环节（或各子系统）有机联系起来，视为一个大系统，运用系统学原理进行整体设计、组织实施和管理，以最佳的结构、最好的配合，充分发挥系统功效，实现物流合理化。区域物流系统化是区域物流平台构建的较高层次及理想目标，其研究的对象是城市干线道路、城市的集配中心、城乡结合通道、企业的仓库以及区域间通道等区域物流设施联合组成的物流网络体系。将区域物流网络体系系统化、最优化是现代物流区别于过去物资储运的物品流通阶段的最大特点。区域物流平台主要是为宏观区域物流管理服务，它能支持企业物流的经营运作。对于区域物流平台是否达到系统化的标准，应从以下几个方面进行综合评价：

（1）网络通达与否。按照客户对物资所提出的数量、时间、地点等要求，及时运输和配送物资是衡量物流部门服务质量的一个重要标志。在进行区域物流平台的设计时，必须充分考虑运输网络布局、配送中心选址、运输工具配合、运输路线等级改造、仓储及装卸自动化、物流信息平台建设等等因素，确保区域间良好的联络性和区域内充分的通达性。

（2）物流活动的一体化。现代物流活动不是流通环节各相关要素的分散运动、独立运输，而是各相关要素的联合运动。物流活动一体化是现代物流区别于传统物资流通的主要特征。现代物流将过去相对独立的运输、装卸、仓储、包装、流通加工、配送等环节有机地联系起来，强调整体的最优化。区域物流平台的构建应以切实有利于物流活动一体化的实现为准则。

（3）物流信息的电子化、互联网络化。构建完善的区域物流系统，应以运用移动通信、车辆跟踪定位、计算机在线经营管理系统和国际互联网、公用经济信息网、企业内联网等在内的计算机网络技术为基础，建立区域计算机物流信息网络体系和EDI系统，以实现物流信息共享和商流、物流、信息流集成化应用目标。

（4）网络运行的高效化。物流活动属于经济活动的范畴，物流部门都有自己的经营目标，因此，无论是专门从事物流经营的物流企业，还是生产企业，都要在完成物流任务的前提下，希望投入的越少越好。这就是说，在区域物流平台构建时，必须把提升物流服务质量，缩短物质流通时间，减少在途物流仓储积压量，提高物流经济效益的目标放在首位。

国际区域物流平台的构建是为现代物流发展服务的，从基础设施项目来看，交通运输体系（包含了大部分物流平台要素）、物流仓储系统、物流信息交换以及传输网络建设的完善程度、整体效能优化与是否存在局部环节的“瓶颈”效应对一个国家或区域物资流通的快捷性有着重要的影响。从物流设施、设备的标准化和现代化来看，完善的区域物流平台应有利于物流各个环节的衔接性，有利于企业，尤其是专业从事物流经营

的第三方物流企业的组建和健康发展，有利于现阶段我国现有的物资流通行业内从事流通渠道经营的经济组织的重新整合。现代物流是联系生产厂家和各种消费者之间的桥梁，它的唯一产品就是“现代物流服务”。区域物流平台的构建成功与否充分反应在通过平台的“现代物流服务”的产品效率是否最高，成本是否最低。

三、我国国际区域物流平台构建中亟待解决的问题

当前，尽管我国的区域物流业已有所发展，但还受到许多制度、管理等客观环境的限制以及技术上的缺陷，导致区域平台难以有效构建，或是平台水平不高，难以支撑现代物流系统的高效运行。作为在这个平台运作的生产企业、销售企业、流通企业等经济个体想更好地发展物流，却举步维艰。所以，在区域平台构建中，不能忽视这些限制或缺陷。

（一）我国国际区域物流构建中的制度和管理问题

（1）区域物流管理体制改革。区域物流管理体制改革在很大程度上决定地区高效、经济的物流体系的发育和完善。打破条块分割、建立其科学合理的管理体制，为物流企业的发展创造良好的环境是区域物流体系健康发育的当务之急。中国已经有少数地区开始了此项改革。

（2）区域物流产业发展的组织与支持。主要是通过区域物流结点的规划建设形成高效的、有规模效应的、能实现联合运输和区域经济的物流支撑体系，积极提供财政扶持，加强建设用地支持，引导社会资金投入，大力培育重点企业，积极培养和引进现代物流人才，加强物流行业自律和市场监管，加强现代物流发展的统计和监测。

（3）国有物资企业的转型与提升。由于历史的原因，中国大量的物资企业是传统的国有企业，它们虽然拥有大量的物流资源，但其业务内容多数仍是代理存储、库存管理、搬运和运输等，很少有物流企业能够做到提供综合性的物流服务，而且普遍面临设备陈旧老化、管理落后、生产率低等问题。因此，如何实现国有物资企业的转型与提升，使其成为充满活力的市场主体，成为区域物流体系中重要的骨干力量，对于健全和完善区域物流体系的建设有着重要的意义。

（4）区域物流保障体系建设。在区域平台构建中，政府的政策与法制建设的作用主要体现在物流基础设施建设的政策与法规上，即与物流服务有关的政策与法规，以及有关产品的生产加工与流通的政策与法规等。积极推进现代物流标准化建设，采取多种形式开展在职培训。此外，与物流业发展相关行业的政府职能部门，在鼓励生产企业、商业企业、流通企业积极发展物流经营的同时，更应在发挥现有的物流设施作用的基础上，规划区域物流平台发展，明确短、中、长期发展目标。同时，应妥善协调好相关行业部门，做好物流平台相关设施发展的衔接工作，使物流平台达到系统化、集成化。

（5）区域物流信息支撑环境建设。主要包括信息交换环境的建设、交通与通信信

息传递、大型区域性物流信息交换市场媒体建设等。目前，中国一些企业也在物流信息市场媒介的建立方面进行了探索，例如中运网、上海航运市场等物流市场信息媒介机构为物流信息的交换创造了良好的环境。但是，面对经济全球化的形势，要实现中国物流产业的跨越式发展，这些工作是远远不够的，其力量和作用的范围也是有限的，需要政府的大力组织和支持以尽快构筑起系统的信息交换平台，形成良好的物流市场信息交换环境。

（二）我国国际区域物流构建中的技术缺陷

（1）缺乏系统性整合。现代物流的关键在于系统化的管理，对组成物流系统的公路、铁路、水运、空运、仓库、货站、港口、堆场等分属不同行业、不同领域的各个环节综合协调管理是相当复杂的，但对于物流平台的构建又是必需的。不同领域都有涉及相关物流部分的工作计划及长期规划，它们基本上是以分立的形态开展的，缺乏系统性、一体化的考虑，尤其是公路、铁道、水运、空运交汇而形成的综合性结点，更是不受重视，这将会给未来物流产业的协调发展带来严重的后果。

（2）非标准性设施减少竞争力。物流的本质是将各个分散的流通环节集成化，追求整体系统的优化，使原有的流通渠道提速、节能。当前，由于组成物流系统的各个主要领域处于分立、互斥的局面，各种运输方式之间竞相发展，各自为政，难以实现互相兼容。对物流系统内部各子系统的设施、机械装备、专用工器具及同一子系统内如包装、装卸、堆码、运输等方面的工作标准应统一，从管理的源头上消除行业非通用性标准，加大国家及国际标准在各个行业的推行工作，才能更好地实现物畅其流。

（3）积极做好区域物流资产的整合工作。区域内现有的综合运输网络、生产企业、流通企业、商业批零经营体是长期经济建设和改革开放的成果，直接或间接地参与着物资流通过程，有着丰富的物流平台资源。发展现代物流，要在现有的基础上进行，对现有的物流资产依据现代物流的发展需要进行整合，改变过去粗放式的分工运作管理模式。

一般一个区域物流体系的建设规模大、耗资多，涉及的企业经济主体、行业、商品种类范围广，对城市、区域的社会经济发展往往有深远的战略意义和影响。因此，从区域划分的政策性、综合性、长期性、地方性的特点出发，我们必须运用区域规划和区域经济发展的理论为指导，积极探索中国物流产业的发展模式。只有通过物流运作的技术平台、政策平台、基础设施平台等的建设和完善，才能建成货物跨国流动的无障碍区域，有助于跨国公司生产性或流通性投资资金的进入，从而将该区域建成跨国生产中心、跨国采购中心、跨国分拨中心，实现货畅其流。

本章小结

（1）国际区域物流是指国际贸易中区域之间及区域内部的一切物流活动。区域物流体系对于提高该区域物流活动的效率、保障物品的有效流通具有不可缺少的作用。

(2) 由于各个区域组织的建立，区域经济的快速发展，促进了区域贸易的发展，同时推动了区域物流的发展。

(3) 物流平台是物流的基础和载体，其构建需要从基础设施类、设备类、标准类和物流信息网络等方面进行统筹规划。

(4) 区域物流平台构建时的原则：统一原则；系统规划、协调发展的原则；物流平台的兼容性原则；整体效能原则；硬件设施的原则。

关键词

国际区域　物流　区域物流平台

思考题

(1) 什么是国际区域物流？简述国际区域物流的形成。

(2) 什么是国际区域物流平台？如何构建区域物流平台？其构建原则是什么？

(3) 国际区域物流平台系统化的评价标准有哪些？

(4) 我国国际区域物流构建中存在哪些问题？

第四章　国际物流业务——货物运输

国际货物运输是国际物流中非常重要的部分，本章主要讲述了国际货物运输的方式。包括：国际货物海上运输、国际货物陆上运输、国际货物航空运输、国际货物多式联运、国际邮政运输、国际特快专递等运输方式，以及有关国际展览物流的知识。

第一节　国际货物运输

一、国际货物运输的概念和特点

（1）国际货物运输的概念。国际货物运输是指，在国家与国家、国家与地区之间的货物运输。国际货物运输包括国际贸易物资运输和国际非贸易物资（如展览品、援外物资、个人行李、办公用品等）运输。由于国际货物运输主要是国际贸易物资运输，非贸易物资的运输往往只是贸易物资运输部门的附带业务。所以，国际货物运输通常又被称为国际贸易运输，对国家来说就是对外贸易运输，简称外贸运输。

（2）国际货物运输的特点。①国际货物运输是一项涉外工作，政策性强；②路线长，环节多；③涉及面广，情况复杂多变；④时间性强；⑤风险大。

国际货物运输由于运输距离较长，涉及面广，中间环节多，情况复杂多变，加之时间性又很强，所以风险比国内运输要大。为了转嫁运输风险的损失，一般进出口货物和工具都要办理运输保险。

二、国际货物运输方式

国际货物运输方式见图4－1：

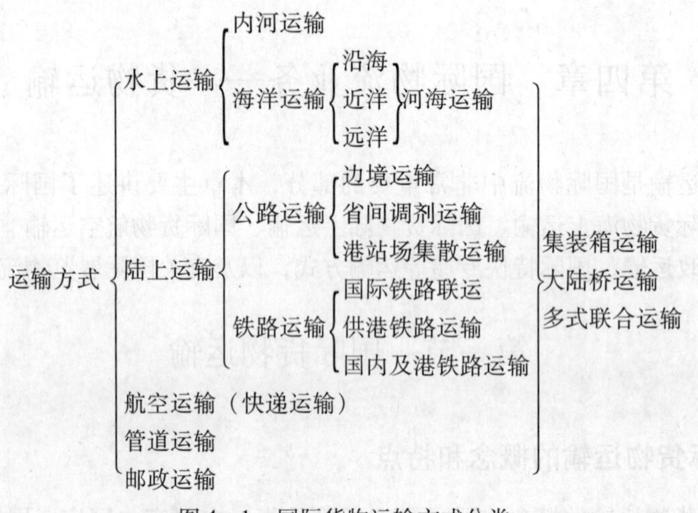

图 4－1　国际货物运输方式分类

三、国际货物运输方式的选择

组织国际物流，必须正确选择运输方式和管理组织方式。国际物流的运输方式除了一般的海运、铁路运输、公路运输、空运、管道运输及邮政传递外，还有一些有特点的方式，如多式联合运输、大陆桥运输等。应从以下方面考虑国际物流对运输方式的选择。

（1）运输成本。这是国际物流对运输方式选择上的首要考虑的因素，其原因是运距太长，运费负担较重。据统计，在外贸的价格中，物流费有时可占出口货价的较高比例。对于煤炭、矿石等低价值货物，这一比例或许更高。

在国际物流中，大型专用船舶的运输成本较低，定期班轮则较高，包轮则更高。一般而言，海运成本低于陆运成本，但如果海运有大迂回则利用大陆桥在运载成本方面有一定的优势。

（2）运行速度。国际物流速度也很重要，主要有两个原因，一是运距长，需时日较多，资金占用时间长，加快速度有利于解放占用的资金；二是市场价位，由于速度慢错过了好的价位使经济效益下降。所以，缩短物流时间会有一系列的好处。

在各种物流形式中，航空货运有不容争议的高速度。在洲际运输中，用大陆桥运输取代海运，会获得提高物流速度的显著效果。

（3）物流的特点及性质。货物的特点及性质有时对物流方式选择起决定作用。经常是由于国际物流方式的限制，有些货物无法进入国际物流中而失去了市场时机。一般来说，各种包装杂货可以选择各种物流方式，而诸如水泥、石油、沥青、危险品等，选择范围则较窄，如在国际物流中，选择汽车或飞机运输水泥显然是不恰当的。

（4）货物数量。由于国际物流距离长，使大数量货物运输受到了限制，因为国际物流距离往往超出了汽车等运输工具的经济里程，大数量货物也不可能选择航空运输，因为航空运输不具备那样大的运输能力，更不用讲价格了。

（5）物流基础设施条件。由于国家之间发展的不平衡，一个国家中可以选择的物流方式，到另一个国家便不能采用，原因是另一个国家缺乏采用这种方式的必要基础设施。在选择时，如不考虑这个问题，是无法形成有效的物流系统的。最典型的例子是，大型船和集装箱，如缺乏必要的水域条件、港口条件，大型船无法作业，则不管如何便宜，也不能选择大型船；如果没有大型集装箱装运码头和集装箱集疏的腹地条件，则也不可能大量选择集装箱方式。

四、国际货物运输对象

国际货物运输对象较多，需按不同对象作分类处理。

1．从货物形态的角度分类

（1）包装货物：为了保证货物在装卸运输中的安全和便利，必须使用一些材料对它们进行适当的包装，这种货物就叫做包装货物。按货物包装的形式和材料，通常可分为：箱装货物、桶装货物、袋装货物、捆装货物和其他坛装、罐装、瓶装、卷筒装、编筐装等多种形态的包装。

（2）裸装货物：不加包装而成件的货物称为裸装货物。如钢材、生铁、有色金属和车辆及一些设备等。它们在运输过程中需要采取防止水湿锈损的安全措施。

（3）散装货物：指某些大批量的低值货物，不加任何包装，采取散装方式，以利于使用机械装卸作业进行大规模运输，把运费降到最低的限度，这种货物称为散装货物，包括干质散装货物和液体散装货物。

2．从货物性质的角度分类

（1）普通货物。①清洁货物：指清洁、干燥货物，如茶叶、纺织品、粮食等；②液体货物：指盛装于桶、瓶、坛内的流质或半流质货物，如油类、酒类、普通饮料等；③粗劣货物：指具有油污、水湿、扬尘和散发异味等特性的货物。

（2）特殊货物。①危险货物，指具有易燃、爆炸、毒害、腐蚀和放射性危害的货物；②易腐、冷藏货物；③贵重货物；④活的动植物。

3．从货物重量的角度分类

按照货物的重量和体积比例的大小来划分，可分为重量货物和体积货物两种。如海运货物根据国际上统一的划分标准，凡1吨重量的货物，体积小于40立方英尺或1立方米则称重量货物；凡1吨重量的货物，体积大于40立方英尺或1立方米，就是体积货物，也称为轻泡货物。

4. **从货物运量大小的角度分类**

(1) 大宗货物，指该批（票）货物的运量很大者，如化肥、粮食、煤炭等。

(2) 件杂货物，指大宗货物之外的货物。

(3) 长大笨重货物，指运输中，凡单件重量超过限定数量的货物称为重件货物或超重货物，如火车头、钢轨、石油钻台等。

此外，还有从货物价值的角度来分，分为高值货物、低值货物和贵重货物。还有从货物运输工具与载量关系来分，即整箱货物、拼箱货物和零担货物。

五、运输代理人

（一）运输代理人的性质

国际间的运输业务范围遍布国内外广大地区，涉及面广，头绪多，而且情况复杂，任何一个运输承运人或货主都不可能亲自处理每一项业务，有些工作需要委托代理人代为办理，为了适应这种需要，在国际货物运输领域里就产生了从事代理业务的国际货运代理行。他们接受委托人的委托，代办或代理各种运输业务并按其提供的劳务收取一定的报酬，即代理费、佣金或手续费。随着国际贸易和运输的发展，这种运输代理行业也就迅速广泛地发展起来了。当前，代理行业已渗透到运输领域的各个角落，成为国际货物运输业不可缺少的重要组成部分。

（二）运输代理人的种类

按照代理业务的性质和范围的不同，可将运输代理分为租船代理、船务代理、货运代理和咨询代理四大类。

(1) 租船代理。租船代理又称租船经纪人，它是以船舶为商业活动对象而进行船舶租赁业务的人，它的业务活动是在市场上为租船人寻找合适运输船舶或为船东寻找货运对象，它以中间人身份使船租双方达成租赁交易，从中赚取佣金。因此，根据他所代表的委托人身份的不同又分为船东代理人。有些租船代理人还兼办船舶买卖、船舶代理业务。

(2) 船务代理。船务代理人是指接受承运人的委托，代办与船舶有关的一切业务的人。船务代理业务范围很广，主要包括船舶进出港业务、货运业务、船舶供应和船舶服务方面等业务以及其他服务性业务等。

船务代理关系根据委托方式的不同，一般分为航运代理、长期代理两种。前者指委托人的委托和代理人的接受均以每船一次为限，后者则是指在船方和代理人之间签订有长期（一年至五年或更长时间）代理协议的船务代理。

(3) 货运代理。货运代理是指接受货主的委托，代表货主办理有关货物报关、交接、仓储、调拨、检验、包装、转运、订船业务的人。他与货主的关系是委托和被委托关系，在办理代理业务中，他是以货主的代理人身份对货主负责并按代理业务项目和提供的劳务向货主收取代理费。

（4）咨询代理。咨询代理是专门从事咨询工作，按委托人的需要，以提供有关咨询情况、情报、资料、根据和信息服务而收取一定报酬的人。这类代理人不仅拥有研究人员和机构，而且与世界各贸易运输研究中心有广泛的联系，所以信息十分灵通，例如设计经营方案、选择合理经济运输方式和路线、核算运输成本、研究解释规章法律以及调查有关企业财政信誉等等，均可根据委托，提供专题报告和资料情报。

第二节　国际货物海上运输

一、海上货物运输的特点和运输工具

目前，其运量在国际货物运输中，运用最广泛的是海洋运输。目前，其运量在国际货物运输总量中占80%以上。海洋运输之所以被如此广泛运用，是因为它与其他国际货物运输方式相比，主要有下列明显的优点：

（1）通过能力大。海洋运输可以利用四通八达的天然航道，它不像火车、汽车受轨道和道路的限制，故其通过能力很大。

（2）运费低。按照规模经济的观点，因为运量大，行程远，分摊于每件货运吨的运输成本就少，因此运价相对低廉。

（3）运量大。海洋运输船舶的运载能力，远远大于铁路和公路运输车辆。如一艘万吨船舶的载重量一般相当于一个车皮的载重量。

海洋运输虽有上述优点，但也存在不足之处。例如，海洋运输受气候和自然条件的影响大，行期不易准确，而且风险较大。此外，海洋运输的速度也较慢。

二、提单

提单是在托运人向承运人缴付货物后，由承运人填发给托运人的用以证明货物运输合同的存在和货物已由承运人接管并装上船的凭证，也是承运人保证交货的凭证。

提单是托运人向承运人签订运输合同的证明。提单制成后，承运人与托运人的权利与义务均按提单上记载的事项确定。提单又是货物所有权的凭证。各国法律和有关国际公约都认为提单是货物所有权的凭证，谁拥有提单，谁就有权要求承运人缴付货物，享有占有和处分货物的权利。

各国国内法和有关国际公约一般都认为，提单作为正式证件，必须能够说明货物的托运人、承运人、收货人各自的职责，以及货物的外表、性质、数量、重量等具体事项。

《海牙规则》规定提单要载明唛头、数量和货物的表面状况三项内容。《汉堡规则》规定，提单除其他事项外，必须包括下列 15 项内容：①货物的一般性质，识别货物所需的唛头；②货物的外表状况；③承运人的名称和主要营业场所；④托运人名称；⑤托运人制订的收货人的名称；⑥海上运输合同制订的装运港及承运人在装运港接管货物的日期；⑦海上运输合同规定的卸货日期；⑧提单正本的份数；⑨提单的签发地点；⑩承运人或其代表的签字；⑪收货人应付运费的金额和有关的说明；⑫关于受何种公约约束的声明；⑬关于舱面货的声明；⑭双方协定的货物在卸货港交付的日期；⑮双方对赔偿责任限额的协定。

三、海洋运输船舶的经营方式

按照海洋运输船舶经营方式的不同，可分为班轮运输和租船运输。

1. 班轮运输

班轮运输是在不定期船运输的基础上逐渐发展起来的，它是当今国际海洋运输中不可缺少的运输方式之一。

班轮运输的特点如下：

（1）沿着固定的航线和港口来运输，并按船舶按照固定的船期表相对固定的运费率收取运费，因此，它具有“四固定”的基本特点。

（2）由船方负责配载装卸，装卸费包括在运费中，货方不再另付装卸费，船货双方也不再计算滞期费和速遣费。

（3）船、货双方的权利、义务与责任豁免，以船方签发的提单条款为依据。

（4）班轮承运货物的品种、数量比较灵活，货运质量较有保证，且一般采取在码头仓库交接货物，故为货主提供了更便利的条件。

2. 租船运输

又称为不定期船运输。它与班轮运输的方式不同，即没有预定的船期表，船舶经由的航线和停靠的港口也不固定，需按船租双方签订的租船合同来安排，有关船舶的航线和停靠的港口、运输货物的种类以及航行时间等，都按承租人的要求，由船舶所有人确认而定，运费或租金也由双方根据租船市场行市在租船合同中加以约定。租船运输的方式包括：

（1）定程租船。又称航次租船，它是由船舶所有人负责提供船舶，在指定港口之间进行一个航次或数个航次，承运指定货物的租船运输。定程租船就租赁方式的不同可分为：单程租船、来回航次租船、连接航次租船、包运合同。

（2）定期租船。它是船舶所有人将船舶出租给承租人，供其使用一定时期的租船运输，承租人也可将此期租船充做班轮或定期租船使用。

第三节　国际货物陆上运输

一、国际铁路货物运输概述

在国际货物运输中铁路运输是一种仅次于海洋运输的主要方式，海洋运输的进出口货物也大多是靠铁路运输进行货物集中和分散的。

铁路运输有许多优点，一般不受气候条件的影响，可保障全年的货物运输，而且运量较大，速度较快，有高度的连续性，运转过程中可能遭受的风险也较小。办理铁路货运手续比海洋运输简单，而且发运人和收货人可以在就近的始发站（装运站）和目的站办理托运和提货手续。

目前世界铁路总长度为140万千米左右，从地理分布上看，美洲铁路约占世界铁路总长的一半，欧洲占1/3左右，而非洲、澳洲和亚洲总共占1/6左右。

二、国际铁路货物联运

（一）国际铁路货物联运的概念与优点

1. 国际铁路货物联运的概念

国际铁路货物联运是指在两个或两个以上国家铁路运送中，使用一份运送单据，并以连带责任办理货物的全程运送，在由一国铁路向另一国铁路移交货物时，无需发、收货人参加。由于国际铁路货物联运是通过几个国家不间断地运送或不同的运输方式运到目的地，其特点是：涉及面广，运输条件即车、票、证都必须符合有关国际联运的规章和规定，办理手续也较复杂。

国际铁路货物联运是在国际上通过有关国家之间的协商，订立国际铁路货物联运协定或协议，使得相关国家铁路在货物运输组织上相互衔接，为国际贸易货物的交流提供了一种经济便捷而又安全的运输方式。自建国以来，我国与欧亚有关国家开展的国际铁路货物联运，在我国对外政治、经济和文化交流中发挥着重要的作用。

2. 国际铁路货物联运的优点

（1）简化手续，方便收、发货人。虽然货物在全程运送中要经过多个国家，涉及到多次交接甚至多次换装等作业，但作为发货人只需在始发站办理一次性托运手续，即可将货物运抵另一个国家的铁路到站，发货人或收货人无须在国境站重复办理托运的繁琐手续。

（2）便于在国际贸易中充分利用铁路运输的优势。铁路运输具有成本较低，运输连续性强，运输风险小和不易受天气、季节变化的影响等优势。实行国际铁路联运后，参加联运国铁路连成一体，形成国际铁路运输网络，便于发货人根据货物的运输要求，充分利用铁路运输优势和选择运输路径，既可加快其送达速度，又能节省有关费用支出。

(3) 可及早结汇。发货人利用国际联运办理完出口货物的托运手续后，即可凭车站承运后开具的有关联运凭证和其他商务单证办理结汇，而无须等到货物到达目的地后才能办理。这样既能保证发货人收取货款，又加速了资金的周转，便于国际贸易的开展，对贸易双方均有利。

(4) 促进铁路沿线外向型经济及铁路运输企业的发展。通过开展国际联运，为铁路沿线的外向型经济的开发提供了有利的条件，特别是亚欧第二大陆桥的贯通，为沿线的我国东部地区及中亚国家的经济发展又提供了一次良好的机遇。

(二) 国际铁路联运出口货物运输

国际铁路联运出口货物运输组织工作，主要包括计划的编制、货物的托运、承运、装车、运送和交付。货物的托运与承运的过程即为承运方（铁路）与托运方（发货人）缔结运输合同的过程。托运是发货人向铁路提出委托运输的行为；承运则是铁路接受发货人所提出的货物运输的委托的行为。

发货人按车站指定日期将货物搬入车站或指定货位，经车站根据运单的记载事项查核实货，确认符合国际联运的有关规定后即予以接收。在发货人付清一切应付运送费用后，车站在所提交的运单上加盖车站日期戳。运单在加盖车站日期戳后，即标志承托双方以运单为凭证的运输合同开始生效，参加联运国铁路对货物负有从始运地运送至运单上指定的目的地的一切责任。

国际联运出口（整车）货物的运输流程如图 4－2 所示：

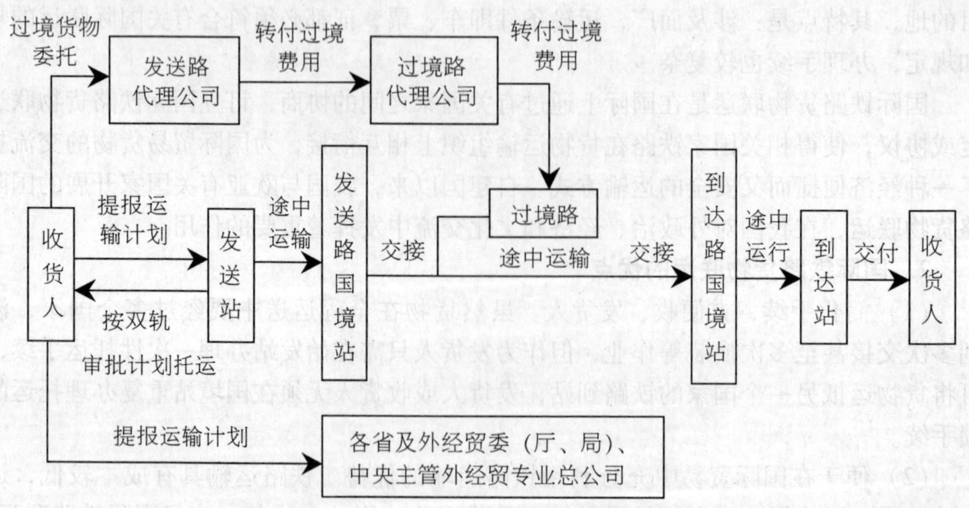

图 4－2 国际联运出口（整车）货物的运输流程

（三）国际铁路联运进口货物运输

进口货物国际铁路联运，均需办理报关、报验、铁路货物单证的交接等工作。

（1）进口合同资料工作。合同资料是国境站核放货物的重要依据，也是向各有关部门报关、报验的凭证。各进出口公司在对外合同签字后，要及时将一份合同中文抄本寄给货物进口口岸的分支机构。对于由外运公司分支机构接收的分拨小额订货，必须在抄寄合同的同时，按合同内容填附货物分类表。合同资料包括：合同的中文抄本和它的附件、补充书、协议书、变更申请书、变更书和有关确认函电等。

（2）进口货物的现场核放工作。进口货物的交接首先是票据的交接，对方交接所将进口货物票据交中方交接后，我现场工作人员主动到中方铁路办公处索取我方公司所代理单位的进口货物票据。然后抄制进口货物明细单，查验合同所附带有关进货的材料是否齐全。接着按海关要求填报进口货物报关单，并连同合同及有关证明批件向海关申报放行货物。

（3）进口货物的交付。联运进口货物到达到站后，铁路根据运单或随附运单的进口货物通知单所记载的实际收货人，发出货物到达通知，通知收货人提取货物。收货人接到通知后，必须向车站领取货物并附运送费用。在收货人付清一切应付运送费用后，铁路必须将货物连同运单一起交付收货人。

（四）国际铁路联运协定

国际上关于多边国际铁路联运协定有两个，一个是《国际铁路货物运送公约》，又称《伯尔尼货运公约》，简称为《国际货约》，是欧洲各国在1893年瑞士伯尔尼铁路代表会议制定的；另一个是《国际铁路货物联运协定》，简称《国际货协》，是原苏联和东欧各国年缔结的，中国、蒙古、朝鲜、越南先后于1953年、1955年参加了这一协定。

三、大陆桥运输

（一）大陆桥运输概述

大陆桥运输是指利用横贯大陆上的铁路或公路运输系统，把大陆两端的海洋连接起来的中间桥梁。一般是以集装箱为运输单位，所以也可以叫做“大陆集装箱运输”。

这种运输方式以集装箱为核心，采用水运、铁运、汽运相结合的联合运输方式，它有以下几个优点：

（1）简化作业手续。大陆桥运输手续简便，可以一次托运，一票到底，一次结汇。货物委托给一个货物运输代理人，即可帮其办理国际集装箱运输的全程手续。可采用“门到门”的方式，货主一旦委托后，便由承运人负责全程运输，因而对货主来讲是大大简便了，这是货主乐于采用这种方式的重要原因。

（2）资金周转速度快、成本低。由于“大陆桥”运输系统健全，结汇速度快，比海运资金周转快，从成本看，可降低 3%～5%，极大地减少了行程的迂回，简化了中间环节和包装，降低了运输费用。

（3）物流速度快。“大陆桥”与海运比，不仅运输里程大大缩短，且装卸集装箱时间也大大减少，再加上铁路运输速度本身就高于海运，因而物流速度就大大加快，时间显著缩短。

（4）物流风险小，时间保证程度高，采用大陆桥运输，气候、季节的影响小，而采用海运，常由于气候等自然因素出现风险，延迟船期。

（5）运输质量好，由于采用集装箱货物运输，在装卸搬运过程中，只需换装集装箱，而不需搬动箱内的货物，从而大大保证了货物的运输安全，并为简化货物包装、节约包装材料和费用创造了条件。

目前，世界上有许多条大陆桥，最主要的有三条：西伯利亚大陆桥、美国大陆桥和加拿大大陆桥。

（1）西伯利亚大陆桥。西伯利亚大陆桥即远东—欧洲大陆桥，是当今世界上最长的一条大陆桥运输线，由俄罗斯方面担任总经营人，签发货物过境许可证，签发统一全程联运提单，承担全部联运提单，承担全部联运责任，以用户委托、承运的接力方式实行联运。

（2）北美大陆桥。北美大陆桥包括美国大陆桥和加拿大大陆桥。美国大陆桥运输始于 1967 年，它包括两条路线，一条是连接太平洋与大西洋的路线，另一条是连接太平洋与墨西哥湾的路线，1979 年开通使用；它与美国大陆桥平行并连接太平洋与大西洋的路线。

（3）新亚欧大陆桥。是第二条在亚欧大陆上的欧亚大陆桥，该大陆桥的中国和哈萨克斯坦区段于 1992 年 12 月 1 日正式开通。亚欧第二大陆桥连接大西洋和太平洋两大经济中心带，将给中亚地区的振兴与发展创造新的契机，并已逐步成为我国中西部地区与中亚、中东和欧洲地区之间的新的经济带。东起我国连云港，经陇海铁路到新疆，出阿拉山口至鹿特丹，且横贯西亚各国、波兰、俄罗斯、德国、荷兰等 30 多个国家和地区，全线 10800 米。比西伯利亚大陆桥缩短千米，节省运费 30%，与海运相比，可节省运输时间 60% 左右。

（4）美国的小陆桥运输和微型陆桥运输。所谓小陆桥运输，也就是比大陆桥的海—陆—海运输缩短一段海上运输，成为陆—海，或海—陆联运方式的运输。美国小陆桥是在 1972 年由美国的船公司和铁路公司联合创办的，它是将日本或远东至美国东部大西洋口岸或美国南部墨西哥湾口岸的货运，由原来的全程海运改为由日本或远东装船至美国西部太平洋口岸或南部墨西哥湾口岸，以陆上铁路或公路作为桥梁把美国东海岸与西海岸和墨西哥湾连接起来。小陆桥运输避免绕道巴拿马运河，可以享受铁路集装箱专用优惠价，降低了运输成本，缩短了运输时间。

在小陆桥运输的基础上，又进一步发展产生了微型陆桥运输。所谓微型陆桥运输，就是没有通过整条陆桥，而只利用了部分陆桥区段，是比小陆桥更短的海陆运输方式，又称为半陆桥运输。美国微型陆桥运输是指从日本或远东至美国中西部地区的货运，由日本或远东运至太平洋港口后，再换装铁路或公路续运至美国中西部地区。微型陆桥运输由于在时间费用等方面优越性更大，因而近几年来发展迅速。

（二）大陆桥运输进出口业务的办理程序

（1）进口运输业办理程序。大陆桥运输业务按交货点不同，外运公司的地位及承担的责任和欧洲业务也不同。如 FOR 欧洲某铁路车站交货（For railway station）或工厂交货（Ex works）的货运。外运公司接到中国买方的委托后，即以收货人全权代理人身份负责组织安排全程运输。分公司作为总公司的分承运人接到总公司发来的发箱电传后，即与当地收货人联系安排到箱报关、完税及核放等工作。如 CIF 或 CFR 中国过境或内陆城市交货的运输，外安排到箱报关、完税及核放等工作。如运公司接收国外货运代理的委托，以分承运人的身份办理中国境内的运输工作，直至将货物送至货主手中或通知货主到外运箱站提货。

（2）出口运输业务办理程序。大陆桥出口运输业务分整箱和分箱两种：①整箱货物运输：接受发货人委托；进行配箱、配载；装箱制单，同时通知发货人将货物运至外运公司集装箱堆场，并签发收据；然后将全套单据送海关办理随车发运的海关关封；最后请车发运。②拼箱货物运输：拼箱是指不同货类、不同收货人、不同到站的货物合装于一个集装箱内的运输。

四、国际公路货物运输

（一）国际公路货物运输的概念

国际公路货物运输是指国际货物借助一定的运载工具、沿着公路作跨及两个或两个以上国家或地区的移动过程。目前世界各国的国际货物运输一般以汽车作为运输工具，所以它实际上也就是国际汽车货物运输。它既是一个独立的运输体系，也是车站、港口和机场集散物资的重要手段。

（二）国际公路运输的优点

公路运输的优点是运量少，机动灵活；直达性能好，可以实现“门到门”的运输；适应性较强，受地理、气候条件影响小且运行范围广，可以穿街巷、进山区、到工厂、下田间，直接把物资运到仓库、商店、工矿企业和乡村田头；可以广泛地参与到与其他运输方式的联运中，是港口、机场、铁路、车站物资集散的必要手段。

目前世界公路总长约 2000 万千米，其中有高级路面约 450 万千米，高速公路 15 万多千米。世界公路分布很不均匀，主要集中在北美、西欧、南亚和东亚地区。以公路网密度论，西欧密度最高，其中英法两国每百平方千米土地上皆拥有160千米以上的公路，意大利和德国次之，每百平方千米土地分别拥有100千米和62千米的公路。美国国土广大，但由于公路里程在全球最长，达630万平方千米，其公路网密度仍达65千米/百平方千米。故北美（包括美国和加拿大南部）、西欧、南亚构成了全球的三大公路系统。其他公路较密集的地区有：俄罗斯（欧洲部分）和东欧、东亚（其中日本公路网密度高达米/百平方千米）、澳大利亚东南部、巴西东南沿海和阿根廷潘帕斯平原。

为了统一公路运输所使用的运输单证和承托双方的责任和权利，联合国所属欧洲经济委员会负责起草了《国际公路货物运输合同公约》，并于1956年5月19日在日内瓦由欧洲的法国、英国等17个国家参加的会议上一致通过，1961年7月2日生效。该公约共12章51条，就公约的适用范围、承运人和托运人责任、合同的签订与履行、索赔与诉讼以及连续承运人履行合同等作了较详细的规定。

五、“浮动公路”运输

“浮动公路”运输又称车辆渡船方式。这种方式利用一段水运衔接两端陆运，衔接方式采用将车辆开上船舶，以整车货载完成这一段水运，到达另一港口后，车辆开下继续利用陆运的联合运输方式。这种联合运输的特点是在陆运水运之间，不需要将货物从一种运输工具上卸下，再转换到另一种运输工具上，而仍利用原来的车辆作为货物的载体。其优点是两种运输之间有效衔接，运输方式转换速度快，而且在转换时，不触碰货物，因而有利于减少和防止货损，也是一种现代运输方式。

受地理环境结构的影响，公路运输在国际贸易运输中的地位不及海运，也不及铁运，但在边境贸易中，公路运输占有重要地位，在国际公路干线网络密集的欧洲国家间，公路运输在国际贸易货运中的地位尤为突出。

第四节 国际货物航空运输

航空运输是一种现代化的运输方式，与海洋运输、铁路运输相比较，具有交货迅速，节省包装，减少保险和储存费用，保证运输质量且不受地面条件限制等优点。在国际贸易中，航空运输特别适合于易腐商品、鲜活商品和季节性强的商品运输。

一、国际货物航空运输的经营方式

国际航空运输有班机运输、包机运输、集中托运和航空急件传送等方式。

（1）班机运输。班机是指在固定的航线上定期航行的航班。这种飞机有固定始发站、到达站和途经站。一般航空公司都使用客货混合型飞机。一些较大的航空公司也在某些航线上开辟有全货机航班运输。由于班机有固定的航线，始发和停靠港，并定期开航，收发货人可以准确地掌握启运和到达时间，保证货物能够安全迅速地运送到世界各地投入市场，所以颇受贸易界的欢迎。

（2）包机运输。当货物批量较大，而班机不能满足需要时，一般就采用包机运输，包机运输分为整机包机和部分包机。整机包机是指航空公司按照事先约定的条件和费率，将整架飞机租给租机人，从一个或几个航空站装运货物至指定目的站的运输方式。它适合于运输大宗货物。部分包机是指由几家航空货运代理公司或发货人联合包租整架飞机，或者由包机公司把整架飞机的舱位分租给几家航空货运代理公司。部分包机适于1吨以上不足整机的货物运输，运费率较班机为低，但运送时间较班机要长。

（3）集中托运方式。集中托运方式是指航空货运代理公司把若干批单独发运的货物组成一整批，向航空公司办理托运，填写一份总运单将货物发运到同一到站，由航空货运代理公司在目的地的指定代理人负责收货、报关，并将货物分别拨交予各收货人的一种运输方式。这种集中托运方式在国际航空运输业中开展比较普遍，也是航空货运代理的主要业务之一。

（4）航空急件传送方式。航空急件传送是目前国际航空运输中最快捷的运输方式。它不同于航空邮寄和航空货运，而是由一个专门经营此项业务的机构与航空公司密切合作，设专人用最快的速度在货主、机场、收件人之间传送急件，特别适用于急需的药品、医疗器械、贵重物品、图纸资料、货样及单证等的传送。

二、航空运输的承运人

（1）航空运输公司。航空运输公司是航空货物运输业务中的实际承运人，负责办理从启运机场至到达机场的运输，并对全程运输负责。

（2）航空货运代理公司。航空货运代理公司可以是货主的代理，负责办理航空货物运输的订舱，在始发机场和到达机场的交、接货与进出口报关等事宜，也可以是航空公司的代理，办理接货并以航空承运人的身份签发航空运单，对运输全程负责，亦可两者兼而有之。

三、航空运单

航空运单是航空运输货物的主要单据，它是一种运输合同，是由航空承运人或其代理人签发的一份重要的货物单据。它不是物权凭证，因此是不可预付的单据。货物运到目的地后，收货人凭承运人的到货通知提取货物。航空运单的性质和作用主要有：承运合同，货物收据，运费单账，报关单据，保险证书，承运人内部业务的依据。在发货人或其代理和承运人或其代理履行签署手续并署明日期后，运单即开始生效。当货物交给运单上所记载的收货人之后，运单效力即告终止，亦即承运人完成了全程运输责任。

航空运单依签发人的不同可分为主运单和分运单。前者是由航空公司签发的，后者是由航空货运代理公司签发的，两者在内容上基本相同，法律效力也无不同。

四、航空运价

航空运价是承运人为货物航空运输所收取的报酬。它只是货物从始发机场至到达机场的运价，不包括提货、报关、仓储等其他费用。航空运价仅适用于单一方向。航空运价一般是按货物的实际重量（公斤）和体积重量（以 366 立方英寸体积折合 1 公斤）两者之中较高者为准。针对航空运输货物的不同性质与种类，航空公司规定有特种货物运价、货物的等级运价、一般货物运价和集装设备运价等不同的计收方法。

第五节　国际货物多式联运

一、国际多式联运的概念与优点

（一）国际多式联运的概念

国际多式联运是在集装箱运输的基础上产生和发展起来的一种综合性的连贯运输方式，它一般是以集装箱为媒介，把海、陆、空各种单一运输方式有机地结合起来，组成一种国际间的连贯运输。《联合国国际货物多式联运公约》对国际多式联运所下的定义是："按照多式联运合同，以至少两种不同的运输方式，由多式联运经营人把货物从一国境内接运货物的地点运至另二国境内指定交付货物的地点。"

根据以上描述，构成多式联运应具备以下几个条件：①要有一个多式联运合同，明确规定多式联运经营人（承运人）和托运人之间的权利、义务、责任、豁免的合同关系和多式联运的性质。②必须使用一份全程多式联运单据，即证明多式联运合同以及证明多式联运经营人已接管货物并负责按照合同条款交付货物所签发的单据。③必须是至少两种不同运输方式的连贯运输。这是确定一票货运是否属于多式联运的重要特征。为了履行单一方式运输合同而进行的该合同所规定的货物接送业务则不应视为多式联运，如航空运输中从仓库到机场的这种陆空组合则不属于多式联运。④必须是国际间的货物运输，这是区别于国内运输和是否符合国际法规的限制条件。⑤必须由一个多式联运经营人对全程的运输负总的责任。这是多式联运的一个重要特征。由多式联运经营人去寻找分承运人，实现分段的运输。⑥必须是全程单一运费费率。多式联运经营人在对货主负全程责任的基础上，制定一个货物发运地至目的地的全程单一费率，并以包干形式一次向货主收取。

（二）国际多式联运的优点

国际多式联运最大的好处是它能集中发挥各种运输方式的优点，使国际货物运输既快又安全。同时它简化了手续，减少了中间环节，加快了货运速度，降低了运输成本，并提高了货运质量，为实现“门到门”运输创造了有利条件。

二、国际多式联运经营人的性质与责任

（一）国际多式联运经营人的性质

多式联运经营人不是发货人的代理或代表，也不是参加联运的承运人的代理或代表，而是多式联运的当事人，是一个独立的法律实体。对于货主来说，它是货物的承运人，但对分承运人来说，它又是货物的托运人。它一方面同货主签订多式联运合同，另一方面它由于分承运人以托运人身份签订各段运输合同，所以它具有双重身份。在多式联运方式下，根据合同规定，联运经营人只重视货物运输的总承运人，对货物负有全程运输的责任。

国际上承办多式联运业务的一般都是规模较大的货运公司或货运代理，具有一定的运输手段，如车辆、仓库，并与货主和各类运输公司都有密切的业务关系。国际上称这种企业为“无船公共承运人”。

（二）国际多式联运经营人的责任

国际多式联运经营人的责任期间，是从接收货物之时起到交付货物之时为止。在此期间，对货主负全程运输责任，但对负责范围和赔偿限额方面，根据目前国际上的做法，可分为以下三种类型：①统一责任。在统一责任制下多式联运经营人对货主负不分区段的统一责任。即货物的灭失或损失，包括隐蔽损失（即损失发生的区段不明），不论发生在哪个区段，多式联运经营人按一个统一原则负责，并一律按一个约定的限额赔偿。②分段责任。按分段责任制（又称网状责任制），多式联运经营人的责任范围以各区段运输原有责任危险，如海上区段按《海牙规则》，航空区段按《华沙公约》办理。在某些区段上不适用上述公约时，则按有关国家的国内法处理。这种责任制的特点是各种法规的责任大小和赔偿限额不统一，对发展多式联运不利。③修正（双重）统一责任。修正（双重）统一责任制，是介于上述两种责任制之间的责任制，故又称混合责任制，也就是在责任范围方面与统一责任制相同，在赔偿限额方面与部分责任制相同。

三、国际货物多式联运公约

1980 年 5 月 24 日，联合国在日内瓦召开国际多式联运公约会议，通过了《联合国国际货物多式联运公约》，规定待这个国家批准或加入一年之后生效。公约分为总则、单据、联运经营人的赔偿责任、发货人的赔偿责任、索赔和诉讼、补充规定、海关事项和最后条款等八个部分、共 40 条。

四、经营国际多式联运业务的基本条件

国际多式联运是综合运用多种运输方式以完成国际货物运输的一种运输组织形式，多式联运经营人、通达国内外的各种运输方式和进出口货物是构成国际多式联运的三大要素，也是开展国际多式联运必备的条件。而作为经营国际多式联运业务的国际多式联运经营人，在经营该项业务中，除了应具备多式联运所需要的技术能力、对自己所签发的多式联运单据确保其流通性并作为有价证券在经济上有令人信服的担保信誉外，还必须具备以下基本条件：①具有开展多式联运的集装箱货运站；②拥有国内外联运网点；③实行单一的多式联运费率；④具有较完善的多式联运组织制度。

第六节　国际货物其他运输方式

一、国际邮政运输

（一）国际邮政运输的概念

国际邮政运输是指通过各国邮政运输办理的包裹、函件等。每年全世界通过国际邮政完成的包裹、函件等数量相当庞大，因此它是国际物流的一个重要组成部分。

世界各国的邮政业务均由国家办理，而且均兼办邮包运输业务，我国邮政业务由邮电部负责办理。国际上，各国邮政之间订有协定和公约，通过这些协定和公约，使邮件包裹的传递畅通无阻，四通八达，形成全球性的邮政运输网，从而使国际邮政运输成为国际贸易中普遍采用的运输方式之一。

（二）国际邮政运输的特点

国际邮政运输（International Parcel Post Transport）是国际贸易运输不可缺少的渠道。根据它的性质和任务，概括起来主要有以下几个特点：

（1）具有广泛的国际性。国际邮政是在国与国之间进行的，在多数情况下，国际邮件需要经过一个或几个国家周转。各国相互周转对方的国际邮件，是在平等互利、相互协作配合的基础上，遵照国际邮政公约和协定的规定进行的。为确保邮政运输的安全、迅速、准确地传送，在办理邮政运输时，必须熟悉并严格遵守本国和国际间的邮政各项规定和制度。

（2）具有国际多式联运性质。国际邮政运输过程一般需要经过两个或两个以上国家的邮政局和两种或两种以上不同的运输方式的联合作业才能完成。但从邮政托运人角度来说，它只要向邮政局照章办理一次托运，一次付清足额邮资，并取得一张包裹收据（Parcel Post Receipt），全部手续即告完成。至于邮件运送、交接、保管、传递等一切事

宜均由各国邮政局负责办理。邮件运抵目的地，收件人即可凭邮政局到件通知和收据向邮政局提取邮件，手续非常简便。所以，国际邮政运输就其性质而论，可以说是国际多式联合运输的一种方式。

（3）具有“门到门”运输的性质。各国邮政局如星斗密布于全国各地，邮件一般可在当地就近向邮政局办理，邮件到达目的地后，收件人也可在当地就近邮政局提取邮件。所以邮政运输基本上可以说是“门到门”运输。它为邮件托运人和收件人提供了极大的方便。国际邮政运输的主要任务是通过国际邮件的传递，沟通和加强各国人民之间的通讯联系，促进相互间的政治、经济、文化交流。但是，它不可能运送国际贸易中的大量货物，这是存在差别的。

二、国际特快专递

（一）国际特快专递的概念

国际特快专递业务是指国家与国家（或地区）间互寄的信函、文件资料和物品等采用最快发运方式，特别处理手段，以揽收和直投为主的一种时间性很强的业务，是国际邮政业务的一种。

国际特快专递业务的服务方式以专人上门揽收为主，实行门到门、桌到桌的商业业务服务。由专门机构处理，以最快发运方式，按邮件封面收寄地址中最具体的地点投交。收件人接收时要签章并注明收到日期、时间。为保证特快专递邮件的时限，尽量缩短局内处理和运输的时间，各国多采用“集散式”运输体系并利用夜航运输。

（二）国际特快专递业务

（1）国际特快专递业务分为“定时业务”和“特需业务”两种。定时业务是指对邮件的收寄、处理、发运、投递均按照事先与寄件人（单位）确定的办法、时间进行处理，寄件人（单位）使用定时业务，应提前向邮局申请，并双方签订合同，商定办理交寄邮件的时间、地点、频次以及每次交寄的数量等。特需业务是指寄件人（单位）随时交寄的特快邮件，寄件人（单位）事先不必与邮局签订合同，可根据需要随时到邮局办理业务。

（2）办理国际特快专递的程序。办理特快专递与空运普货门到门服务，基本程序和需要办理的手续是一样的，所需的运输单证也是基本相同的，都要向航空公司办理托运手续，都要与收、发件人及承运人办理交接手续。国际快件要向海关办理进出口报关手续，并提供相应的报关单证，都需要给目的地速递公司或代理队 FAX/EMAIL 预告，及附随货清单。

三、国际展览物流

国际展览物流多以展览会出现。展览会名称虽然繁多，其基本词是有限的，例如，英文里的 Fair，Exhibition，Exposition，Show；中文里的集市、庙会、展览会、博览会；其他名称都是这些基本词派生出来的。下面简介一下展览物流的种类。

(一) 展会种类

(1) 集市。在固定的地点，定期或临时集中做买卖的市场。集市是由农民（包括渔民、牧民等）以及其他小生产者为交换产品而自然形成的市场。集市有多种称法，比如集、墟、场等。在中国古代，常被称做“草市”。在中国北方，一般称做集。在两广、福建等地称做“墟”。在川、黔等地称做“场”，在江西称做“好”。还有其他一些地方称谓，一般统称做“集市”。集市可以认为是展览会的传统形式。在中国，集市早在周朝就有记载。目前在中国农村。集市仍然普遍存在，集市是农村商品交换的主要方式之一，在农村经济生活中起着重要的作用。在集市上买卖的主要商品是农副产品、土特产品、日用品等。

(2) 庙会。在寺庙或祭祀场所内或附近做买卖的场所，所以称做“庙会”。常常在祭招日或规定的时间举办。庙会也是传统的展览形式。因为村落不大可能有较大规模的寺庙，所以庙会主要出现在城镇。在中国，庙会在唐代已很流行。庙会的内容比集市要丰富，除商品交流外，还有宗教、文化、娱乐活动。庙会也称做“庙市”、“香会”。广义的庙会还包括灯会、灯市、花会等。目前，庙会在中国仍然普遍存在，是城镇物资交流、文化娱乐的场所，也是促进地方旅游及经济发展的一种方式。

(3) 展览会。从字面上理解，展览会也就是陈列、观看的聚会。字面只表示了形式而未体现内容。展览会是在集市、庙会形式上发展起来的层次更高的展览方式。在内容上，展览会不再局限于集市的贸易或庙会的贸易和娱乐，而扩展到科学技术、文化艺术等人类活动的各个领域。在形式上，展览会具有正规的展览场地、现代的管理组织等特点。在现代展览业中，展览会是使用最多、含义最广的展览名称，从广义上讲，它可以包括所有形式的展览会；从狭义上讲，展览会可以指贸易和宣传性质的展览，包括交易会、贸易洽谈会、展销会、看样订货会、成就展览等。展览会的内容一般限一个或几个相邻的行业，主要目的是宣传、进出口、批发等。

(4) 博览会。中文的博览会指规模庞大、内容广泛、展出者和参观者众多的展览会。一般认为博览会是高档次的，对社会、文化以及经济的发展能产生影响并能起促进作用的展览会。但是，在实际生活中，“博览会”有被滥用的现象。不时可以在街上看到由商店举办的“某某博览会”。“展览会”和“博览会”在汉语中是名词，《辞源》和一些古汉语词典中无记载。

“展览会”基本词的含义与中国的不大相同，下面作一些简单的说明。“Fair”在英文中是传统形式的展览会，也就是集市与庙会。Fair 的特点是“泛”，有商人也有消费者，有农产品也有工业品。集市和庙会发展到近代，分支出了贸易性质的、专业的展览，被称做“Exhibition”（展览会）。而继承了“泛”特点的，规模庞大的、内容繁杂的综合性质的展览仍被称为“fair”。但是在传入中国时则被译成了“博览会”。因此，对待外国的“博览会”，要认真予以区别：是现代化的大型综合展览会，还是传统的乡村集市。

(5) Exhibition。在英文中“Exhibition”是在集市和庙会基础上发展起来的现代展览形式，也是被最广泛使用的展览名称，通常作为各种形式的展览会的总称。Exposition起源于法国，是法文的展览会。在近代史上，法国政府第一个举办了以展示、宣传国家工业实力的展览会，由于这种展览会不做贸易，主要是为了宣传，因此，Exposition便有了“宣传性质的展览会”的含义。由于其他国家也纷纷举办宣传性质的展览会，并由于法语对世界一些切区的影响，以及世界两大展览会组织：国际博览会联盟和国际展览会局的总部均设在法国，因此，不仅在法语国家，而且在北美等英语地区，Exposition被广泛地使用。

(6) Show。在英文中“Show”的原意是“展示”，但是在美国、加拿大等国家，Show已替代Exhibition。在这些国家，贸易展览会大多称做“Show”，而宣传展览会被称做“Exhibition”。

“展览会”作为一个概念，《辞海》下的定义是：“用固定或巡回方式公开展出工农业产品、手工业制品、艺术作品、图书、图片以及各种重要实物、标本、模型等供群众参观、欣赏的一种临时性组织。”这一定义似乎并不准确，值得探讨。

就贸易性质的展览会而言，有个美国商人下了这样的定义：在最短的时间里，在最小的空间里，用最少的成本做出最大的生意。但是这个所谓的定义更像是一个描述。作者尝试下的定义为：在固定或一系列的地点、特定的日期和期限里，通过展示达到产品、服务、信息交流的社会形式。其中信息所包含的内容很多，比如宣传成就，宣传政策，普及科技知识、建立公司形象、了解市场发展趋势，甚至以不正当手段获取情报等。

(二) 展览的内容与形式

展览的分类应考虑两个方面：一是展览的内容，包括展览的内容性质等；二是展览的形式，包括展览规模、时间、地点等。

1. 展览的内容

(1) 展览的内容。它可分为综合展览和专业展览两类。综合展览指包括全行业或数个行业的展览会，也被称做横向型展览会，比如工业展、轻工业展；专业展览指展示某一行业甚至某一项产品的展览会，比如钟表展。专业展览会的突出特征之一是常常同时举办讨论会、报告会，用以介绍新产品、新技术等。

(2) 展览的性质。它可分为贸易和消费两种性质。贸易性质的展览是为产业即制造业、商业等行业举办的展览。展览的主要目的是交流信息、洽谈贸易。消费性质的展览基本上都展出消费品，目的主要是直接销售。展览的性质由展览组织者决定，可以通过参观者的成分反映出来：对工商办开放的展览是贸易性质的展览，对公众开放的展览是消费性质的展览。具有贸易和消费两种性质的展览被称做是综合性展览。经济越不发达的国家，展览的综合性倾向越重；反之，经济越发达的国家，展览的贸易和消费性质分得越清。

2. **展览的形式**

(1) 展会规模。它可分为国际、国家、地区、地方展，以及单个公司的独家展。这里的规模是指展出者和参观者所代表的区域规模，而不是展览场地的规模。不同规模的展览有不同的特色和优势。

(2) 展览时间。它的划分标准比较多：定期和不定期。定期的有一年四次、一年两次、一年一次、两年一次等，不定期展则是视需要而定，长期和短期。长期可以是三个月、半年、甚至常设，短期展一般不超过一个月。在发达国家，专业展览会一般是三天。在英国，一年一次的展览会占展览会总数的3/4。展览日期受财务预算、订货以及节假日的影响，有旺季、淡季。根据英国展览业协会的调查，3~6月及9~10月是举办展览会的旺季，12月至来年1月以及7~8月为举办展览会的淡季。

(3) 展览场地。大部分展览会是在专用展览场馆举办的。展览场馆最简单的划分是室内场馆和室外场馆。室内场馆多用于展示常规展品的展览会，比如纺织展、电子展等；室外场馆多用于展示超大超重展品，比如航空展、矿山设备展。在几个地方轮流举办的展览会被称做巡回展。比较特殊的是流动展，即利用飞机、轮船、火车、汽车作为展场的展览会。

本章小结

(1) 国际货物运输方式：国际货物海上运输、国际货物陆上运输、国际货物航空运输、国际货物多式联运、国际邮政运输、国际特快专递。

(2) 国际货物运输方式的选择主要从以下几个方面考虑：①运输成本；②运行速度；③物流的特点及性质；④货物数量；⑤物流基础设施条件。

(3) 大陆桥运输最主要的三条大陆桥：西伯利亚大陆桥、美国大陆桥和加拿大大陆桥。

关键词

货物运输　大陆桥　海运　陆运　空运　多式联运　展览物流

思考题

(1) 简述国际货物运输的方式。

(2) 国际物流对运输方式的选择应考虑哪些方面？

(3) 简述国际货物运输的种类。

(4) 试比较各种运输方式的优缺点。

第五章　国际物流业务——报关与货运代理

本章介绍：国际物流中的海关业务的性质、基本内容，海关业务中的报关业务的内容、程序，海关业务中的通关制度，货运代理业务的作用、分类、设立国际货运代理企业的条件以及我国货运代理的现状。

第一节　国际物流中的海关业务

一、海关业务的性质

《中华人民共和国海关法》第2条规定："中华人民共和国海关是国家的进出关境的监督管理机关。"此规定明确限定了海关作为特定的行政管理机关的特点，即海关行政管理的内容是进出境运输工具、货物、物品及其相关进出境行为，并且海关对相关行为的管理是严格界定在进出境环节之内的，与进出境活动入关的任何行为均不属于海关管辖范围之内。

海关是国家主权的象征，体现着国家的权利和意志。海关作为特定的行政管理和执法部门，对相关进出境工具、货物、物品及相关进出境行为进行管理的主要依据是《中华人民共和国海关法》及其他相关进出境监督管理相关的法律、行政法规，如《宪法》、《对外贸易法》、《刑法》、《货物进出口管理条例》、《外汇管理条例》等。现行《海关法》是2000年7月进行修订，并于2001年1月1日开始实施的。海关事务属于中央立法事权，立法权归属全国人大及其常务委员会以及国务院，除此之外，海关总署可根据法律和国务院的法规、决定、命令，制定规章，作为执法依据的补充。但省、自治区、直辖市人民代表大会和人民政府部门制定的海关法律规范，其制定的地方法规、地方规章亦不是海关执法依据。

二、海关业务的基本内容

《海关法》明确规定海关业务的主要内容有以下四项：征收关税和其他税费，即征税；编制进口贸易海关统计资料；监管进出境的运输工具、货物、行李物品、邮递物和其他物品，即货运监管；查缉走私。

（一）征税

进出口税费是指代表国家队准许进出口的货物、进出境物品征收的一种间接税，包括关税、增值税、消费税、船舶吨税和海关监管手续费等进出口环节中海关征收的税、费，其中增值税、消费税、船舶吨税属于海关代征的进口环节税。依法征收关税和其他税、费是《海关法》明确规定的海关重要任务之一，亦是赋予海关的重要权力之一，也是国家保护国内经济、实施财政政策、调整产业结构、发展进出口贸易的重要手段。

关税是国家财政收入的重要来源，也是国家宏观经济调控的重要工具。关税的征收主体是国家，《海关法》明确将征收关税的权力授予海关，由海关代表国家行使征收关税的职能。海关征税工作的基本法律依据是《海关法》、《进出口关税条例》等。海关通过执行国家制定的关税政策，对进出口货物、进出境物品征收关税，起到保护国内工农业生产、调整产业结构、组织财政收入和调节进出口贸易活动的作用。

（二）编制进出

海关统计资料是以实际进出口货物作为通缉和分析的对象，通过收集、整理、加工处理进出口货物报关单或经海关核准的其他早报单证，对进出口货物的不同指标进行统计和分析，全面、准确地反映对外贸易的运行态势，及时提供统计信息和咨询，反映国家对外贸易方针、政策实行的实际情况，以便实施有效的统计监督，促进对外贸易的发展。根据有关规定，我国现在采用海关统计数据作为国家正式对外公布的进出口统计数据。

我国海关的统计制度规定，对于引起我国境内货物资源储备增加或减少的进出口货物，均列入海关统计。对于部分不能列入海关统计的进出境货物和物品，则根据我国对外贸易管理和海关管理的需要，实施单项统计。

海关统计是国家进出口货物贸易统计，是国民经济统计的组成部分。是国家制定对外贸易政策、进行宏观经济调控的、实施海关严密高效管理的重要依据，是研究我国对外贸易发展和国际经济贸易关系的重要资料。

（三）监管

海关监管是指海关根据《海关法》及相关法律、法规规定的权利，对进出境运输工具、货物、行李物品、邮递物和其他物品及相关进出境行为，使用不同管理制度而采取的一种行政管理行为，其目的在于保证一切进出境行为活动符合国家政策和法律的规范，以维护国家主权、利益和国内市场的稳定以及公平竞争。监管是海关最基本的任务，是其他任务的基础和根基，海关的其他任务都必须依赖于监管工作的顺利执行。在监管环节，海关监管需要负责执行和监督国家各项对外贸易制度的实施，如进出境国家管制制度、外汇管理制度、出入境商品检验检疫制度、文物出口管理制度等，从而在政治、经济、文化道德、公众健康等方面维护国家利益。

根据监管的对象不同，海关监管分为海关对货物的监管、对物品的监管核、对运输工具的监管三大体系，且每个体系都有其独特的管理程序和方法。

（四）查缉走私

查缉走私是海关为保证顺利履行进出境监督管理职能而采取的保障措施。查缉走私是指海关依照法律赋予的权力，在海关监管区附近的沿海沿边规定地区，为预防、制止、打击走私行为，以实现对走私活动的综合治理而采取的各项行动。

走私是指违反海关法及有关法律、行政法规，逃避海关监管，偷逃应纳税款，逃避国家有关进出境的禁止性管理，非法运输、携带、邮寄国家禁止、限制进出口或者依法应当缴纳税款的货物、物品进出境，或者未经海关许可并且未缴应纳税款、交验有关许可证件，擅自将保税货物、特定减免税货物及其他海关监管货物、物品、进境的境外运输工具在境内销售的行为。走私在主观上逃避监管，并以偷逃关税、牟取暴利为目的，扰乱宏观经济秩序，冲击民族工业，腐蚀干部群众，毒化社会风气，引发违法犯罪，对国家危害性极大，必须予以严厉打击。

新修订的《海关法》第5条规定："国家实行联合缉私、统一处理、综合治理的缉私体制。海关负责组织、协调、管理查缉走私工作"，从法律上明确了海关打击走私的主管机关，查缉走私是海关的一项重要任务。为了强化海关打私职能，海关总署组建了侦察走私犯罪公安机构，专司打击走私犯罪，依法查缉涉税走私案件和发生在海关监管区的走私武器、弹药、伪造的货币、文物、贵重金属、珍贵动物及制品、珍稀植物及制品、淫秽物品、固体废物和毒品等非涉税走私犯罪案件，接受海关调查部门、地方公安机关和犯罪案件的侦察、拘留、执行逮捕和预审工作。海关通过查缉走私，能够有效地制止和打击一切非法进出境货物、物品的行为，维护国家进出口贸易的正常秩序，保障社会主义现代化建设的顺利进行，维护国家关税政策的有效实施，保证国家关税和其他税、费的依法征收，保证海关职能作用的发挥。

此外，公安机关（包括公安边防部门）、工商行政管理、税务、烟草专卖等执法部门也有查缉走私的权利，但这些部门查获的走私案件，必须按照法律规定，统一交由海关处理。各部门查获的不构成走私的案件，一律交海关作行政处罚；各执法部门查获的走私罪嫌疑案件，一律送海关侦查船舶犯罪公安机构、地方公安机关并依据案件管辖分工和法定程序办理；各部门查获的走私货物、物品和价款，一律交海关依法处理，海关按照国家有关规定，足额及时上缴国库。

以上海关四项基本职能构成了海关对进出境活动的相辅相成的监督管理体系，监管职能是基础，征税、查缉走私、贸易统计等职能一方面体现了监管职能的要求，同时也为实现监管职能提供了有力保障。

海关的组织机构是国务院根据改革开放的形势以及经济发展战略的需要而设立的。改革开放以来，随着对外经济贸易和科技文化交流与合作的发展，以及各地初步形成的外向型经济发展格局，海关机构不断扩大，机构的设立从沿海沿边口岸深入扩大到内陆和沿江、沿边海关业务集中的地点，并形成了集中统一管理的垂直领导体制。这种领导体制对于海关从全局出发，坚决贯彻执行党的路线、方针、政策和国家的法律、法规以及贯彻海关“依法行政、为国把关、服务经济、促进发展”的工作方针提供了保证。

三、海关业务中的报关业务

所谓报关是指货物在进出境时，由进出口货物的收、发货人或其代理人，按照海关规定格式填报《进出口货物报关单》，随附海关规定应交验的单证，请求海关办理货物进出口手续。

（一）报关的基本内容

由于进出境运输工具、货物、物品的性质不同，海关对其监管的要求亦不同。三者的报关形式、报关程序和报关要求亦有所区别。

（1）进出境货物报关的基本内容。进出口货物是国际贸易中的基本元素。根据《海关法》规定，为了保证货物进出口行为的合法性，提高进出口通关效率，进出口货物收发货人或其代理人在进出口货物时，应在海关规定的期限内，以纸质报关单或电子数据报关单方式向海关报告其进出口货物的情况，并随附有关单据，申请海关审查并予以放行，并对所申报内容的真实性、准确性承担相应法律责任。与进出境运输工具申报不同，进出口货物的申报是以货物本身为中心的，包括进出口商品的基本情况，进出口贸易的成交方式，货物进出境的运输方式，以及对特定货物适用于不同的海关管理办法和进出境国家管制的办法。

（2）进出境运输工具报关的基本内容。进出境活动中，进出境运输工具承担着承运进出境人员、货物、物品进出境的作用。根据我国《海关法》的有关规定，所有进出我国边境的运输工具必须经由设有海关的港口、空港、车站、国界孔道、国际邮件交换局（站）及其他可办理海关业务的场所申报进出境。根据海关监管的要求，进出境运输工具负责人在进入或驶离我国边境时均应如实向海关申报运输工具所载旅客人数、进出口货物数量、装卸时间等基本情况。

为了确保运输工具及其所在货物、物品合法进出境，根据海关监管的要求，及海关对不同种类运输工具的监管方法不同，运输工具负责人保管室递交的单证不同，所要申明的具体内容亦不同。但总体而言，运输工具进出境报关时须向海关申报的主要内容有：进出境运输工具所运货物情况；运输工具所载邮递物品、行李物品的情况；运输工具进出境的时间、航次；运输工具服务人员名单及其所用物品的情况；运输工具所载旅客的情况；运输工具从事进出境运输的合法证明文件以及其他需要向海关申报清楚的情况，如有不可抗力原因，被迫在未设关地点停泊、降落或者抛掷、起卸货物、物品等。进出境运输工具负责人就以上工具向海关申报后，经海关确认符合海关监管条件，海关做出放行决定，至此，该运输工具方可上下旅客、装卸货物或者驶入内地、离境出口。

（二）报关单证和报关期限

经海关审查批准予以注册、可直接或接受委托向海关办理运输工具、货物、物品进出境手续的单位叫“报关单位”。报关单位的报关员需经海关培训和考核认可，发给报关员证件，才能办理报关事宜。报关员需在规定的报关时间内，备有必须的报关单证办理报关手续。

1. 报关单证

海关规定，对一般的进出口货物需交验下列单证：

（1）进出口货物报关单（一式两份），是海关验货、征税和结关放行的法定单据，也是海关对进出口货物汇总统计的原始资料。为了及时提取货物和加速货物的运送，报关单位应按海关规定的要求准确填写，并需加盖经海关备案的报关单位的“报关专用章”和报关员的印章签字。

（2）进出口货物许可证或国家规定的其他批准文件。凡国家规定应申领进出口许可证的货物，报关时都必须交验外贸管理部门（包括经贸部、经贸部属各地的特派员办事处及各地经贸委、厅、局）签发的进出口货物许可证。凡根据国家有关规定需要有关主管部门批准文件的还应交验有关的批准文件。

（3）提货单、装货单或运单。这是海关加盖放行章后发还给报关人凭以提取或发运货物的凭证。

（4）发票。它是海关审定完税价格的重要依据，报关时应递交载明货物真实价格、运费、保险费和其他费用的发票。

（5）装箱单。单一品种且包装一致的件装货物和散装货物可以免交。

（6）减免税或免检证明。

（7）商品检验证明。

（8）海关认为必要时应交验的贸易合同及其他有关单证。

2. 报关期限

《海关法》规定，出口货物的发货人或其代理人应当在装货的24小时前向海关申报。进口货物的收货人或其代理人应当自运输工具申报进境之日起向海关申报。逾期罚款，征收滞报金。如自运输工具申报进境之日起超过三个月未向海关申报，其货物可由海关提取变卖。如确因特殊情况未能按期报关，收货人或其代理人应向海关提供有关证明，海关可视情况酌情处理。

（三）进出口货物报关程序

作为完整过程，进出口货物在进出境环节的报关程序一般包括：

（1）报关前准备：即进出口货物收发货人接到提货通知或被其出口货物后，应该自行或委托报关企业办理报关业务。如为委托报关，应按照有关规定办理委托报关手续，签订报关委托书。

（2）准备报关单证：即进出口货物的收发货人根据进出口货物的情况，准备向海关递交的报关单证。一般而言，包括进出口货物报关单、进出口货物的货运单证、进出口货物的商业单证、进出口货物应缴的各类国家管制证件，同时要按照要求完成报关单的预录入工作。

（3）向海关递交报关单证：此行为意味着报关法律行为的开始，报关企业应对其所申报的内容负责。

（4）陪同查验：单据递交以后，在海关认为必要的情况下，报关人员要配合海关官员进行对货物的查验。

（5）缴纳各项税费：属于应纳税、应缴费范围的进出口货物，报关人应在海关法律规定的期限内缴纳税费。

（6）办理放行后相关手续：进出口货物经过海关放行后，报关人可以安排装卸货物。同时，为了证明进出口行为的合法性，进出口货物的收发货人可以向海关申请签发有关的《货物进出口证明书》。

对上述程序我们可以用图 5－1 表示：

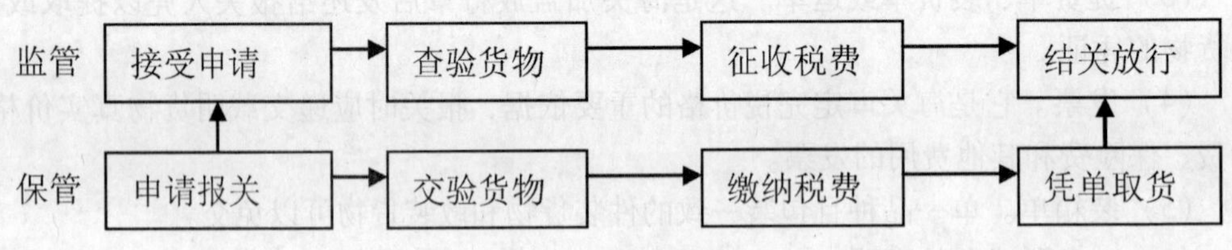

图 5－1 进出口货物报关程序

四、海关业务中的通关制度

（一）一般进出口通关制度

一般进出口通关制度是指货物在进出境环节完纳进出口税费，并办结了各项海关手续后，进口货物可以在境内自行处置，出口货物运离关境可以自由流通的海关通关制度。所谓一般贸易进出口货物，主要是指经批准有权经营进出口业务的企业单边对外订购进口或者接受境外客户单边出口订货的正常贸易进出口货物，包括专业外贸公司、工贸公司自营进口在国内销售，代理进口交收货部门自用或销售、自营生产、采购出口；代理境内其他企业、事业单位出口的一切进出口货物。《海关法》规定，货物或运输工具进出境时，其收、发货人或其代理人必须向进出境口岸海关请求申报，交验规定的证件和单据，接受海关人员及其所报货物和运输工具的查验，依法缴纳海关税、费和其他由海关代征的税款，然后才能由海关批准货物和运输工具的放行。这一要求和接受办理进出境通关手续的整个过程，通常称为报关。具体来说，我们可以从海关和收、发货人两条线来看进出境货物的通关程序。从海关方面看，海关对一般进出口货物的监管，其业务程序是接受申报、查验货物、征收税费、结关放行；作为进出境货物收、发货人，相应的报关手续应为：提出申报、接受查验、缴纳税费、凭单取货或装船出运。收、发货人或其代理人，在申报前要做好向海关申报的准备，包括填好报关单，办妥许可文件、证明文件，取得货运单据等。

使用一般进出口通关制度的进出口货物可以永久留在境内或境外。但因本项制度包含着应缴进出口税费和在进出境环节办结各项海关手续的两重含义，因而不包括虽将永久留在关境内或关境外，但可享受特定减免税优惠的货物。

（1）进出口货物的通关过程和放行后的状态反映了该项通关制度的特征：①必须在进出境环节完纳进出口税费；②进出口交验相关的进出境国家管制许可证件；③货物在提取或装运前办结海关手续；④货物进出口后可自由流通，即报关人可自由处置办结了海关手续的货物。

（2）通关制度适用的货物种类在不具备享受特定减免税优惠的情况下，下列货物适用一般进出口通关制度：①以一般贸易方式成交进出口的货物；②以易货、补偿、寄售等方式成交进出口的货物；③以加工、储存、使用为目的临时进出口，因故或因需转为实际进出口的货物；此类货物原本可按保税或暂准进出口通关制度办理海关手续，但因其改变“临时”进出口状态后转为实际进出口，因此需要按本项通关制度办理海关手续；④其他方式进出口货物，如捐赠物资、超过限额的经贸往来赠送品、进料加工贸易中对方有价提供的机器设备、加工贸易的产品等。

（3）一般进出口货物通关的基本手续，通常由进出境环节向海关申报、陪同海关查验、缴纳进出口税费和提取或装运货物等四个基本环节构成。海关通关作业制度改革后，海关作业模式、组织形式、事权分工等均有广泛的革新，但并未改变报关人报关作业的基本环节及顺序：①申报前看货取样根据《海关法》第 27 条规定，对进口货物，收货人经海关同意可以看货取样；②如实申报，交验单据进口货物的收货人、出口货物的发货人应按规定的方式（纸质报关单或电子数据报关单），真实、准确、完整填报与货物有关的各项内容并随附各种有关单证。

（二）申报

（1）申报。狭义上的报关是指货物运输工具和物品的所有人或其代理人在货物、运输工具、物品进出境时，向海关递交规定的单证并申请查验、放行的手续。申报与否，包括是否如实申报，是区别走私与非走私的重要界限之一。因此，《海关法》对货物、运输工具的申报，包括申报的单证、申报时间、申报内容都作了明确的规定，把申报制度以法律的形式固定下来。

申报是进出境货物通关的第一个环节。目前海关接受的申报方式主要有三种：口头、书面和电子数据交换（EDI）申报，其中后两种是常用方式。国家为了保证申报行为的合法性，《海关法》对进出口货物的申报资格、申报时间、申报单证和申报内容等方面均有明确规定。

海关在接受申报时，将严格审核有关单证。因审核单证是海关监管的第一个环节，是海关是否接受申报的前提。海关经过审核单证可以检查进出境的货物、运输工具和物品是否符合《海关法》以及其他政策、法令。因此，报关员在准备单证时，必须注意所报单证是否齐全、正确、有效；是否违反国家的有关法令规定。如此，不仅为海关监管的查验和放行环节打下了基础，也为海关的征税、统计、缉私工作提供了可靠的单证和资料。

（2）报关地。根据现行海关法规的规定，进出口货物的报关地点有以下三个原则：①进出境地原则。在一般正常情况下，进口货物应当由收货人或其代理人，在货物的进境地向海关申报，并办理有关进口海关手续；出口货物应当由发货人或其代理人，在货物的出境地向海关申报并办理有关出口海关手续。②转关运输原则。由于进出口货物的批量、性质、内在包装或其他一些原因，经收发货人或其代理人申请，海关同意，进口货物也可以在设有海关的指运地，出口货物也可以在设有海关的启运地向海关申报，并办理有关进出口海关手续。这些货物的转关运输，应当符合海关监管要求；必要时，海关可以派员押运。③指定地点原则。经电缆、管道或其他特殊方式输送进出境的货物营运单位应当按海关的要求定期向指定的海关申报并办理有关进出口海关手续。这些以特殊方式输送进出境的货物，输送路线长，往往需跨越几个海关甚至几个省份；输送方式特殊，一般不会流失，有固定的计量工具，如电表、油表等。因此，上一级海关的综合管理部门协商指定其中一个海关管理，经营单位或其代理人可直接与这一海关联系报关即可。

（3）申报时间与期限。指货物运到口岸后，法律规定收发货人或其代理人向海关报关的时间限制。

（4）进口货物的申报时间与期限。根据《海关法》第 18 条、第 21 条的规定，进口货物的报关期限为自运输工具申报进境之日起 14 日内。进口货物的收货人或其代理人超过 14 日期限未向海关申报的，由海关征收滞报金。进口货物滞报金期限的起算日期为运输工具申报进境之日起第 15 日；邮运的滞报金起收日期为收件人接到邮局通知之日起第 15 日。转关运输滞报金起收日期有两个：运输工具申报进境之日起第 15 日、货物运抵指运地之日起第 15 日。两个条件只要达到一个，即征收滞报金。如果两个条件均达到，则要征收两次滞报金。

（三）出口退关手续

出口货物退关是指已申报出口的货物，在海关查验放行后，因故未能装入出境运输工具，出口申请人申请办理退运出海关监管区而不再出口的行为。申请退关货物发货人应当在退关之日起2日内向海关申报退关，经海关核准后方能将货物运出海关监管场所。已征出口税的退关货物，可在缴纳税款之日起一年内，提出书面申请，陈述理由连同纳税收据向海关申请退税。对海关接受申报并放行后，由于运输工具配载等原因，全部和部分货物未能装载上原申报的运输工具的，出口货物发货人应向海关递交《出口货物报关单更改申请》。其中对全部为出口的，海关审批后，按退关处理，重新办理出口报关手续。对部分货物未出口的，海关对原申报出口的货物全部退关处理，再对实际出口的货物办理申请报关手续。

五、海关业务中的保税业务

随着我国进一步对外开放，保税货物有很大发展。所谓保税货物，是指经海关批准未办理纳税手续先行进境，在境内储存、加工、装配后复运出境的货物。保税货物具有以下三个特征：①保税货物必须经过海关批准；②保税货物进境时未办理纳税手续，因此是未经结关的货物，必须置于海关监管之下；③保税货物入境后经储存、加工、装配后，最终应该出境，如最终决定留在境内，则必须按照一般贸易货物不办进口纳税手续。

我国海关管理的保税货物一般分为三类：加工生产类、储存出境类和特准缓税类保税货物。保税货物属海关监管货物，未经海关允许，任何单位和个人不得开拆、提取、交付、发运、调换、改装、转让或更换标记。

对于来料加工、来件装配项下的进口原材料、零配件、元器件、辅料、包装物料，免征进口税。经营单位需自对外签订的合同批准之日起1个月内向海关办理的登记备案手续，经审核后，由海关发给《对外加工装配进出口货物登记手册》，进口货物凭手册办理报关手续，接受海关查验，海关放行后，经营或加工单位可提取加工和发运。加工装配进口的料、件、设备及加工成品，均为保税货物，自进口之日起，到成品出口之日或设备按海关规定期限解除监管止，应接受海关监管。加工装配的成品，必须全部复出口，不可转为内销，即不准外商在境内提取。经营加工装配的企业，必须按海关规定将生产过程中的用料情况、出口加工成品及库存情况向海关和当地税务部门报核，并于合同到期或最后一批加工成品出口后1个月内向海关办理核销手续。保税货物通关的基本程序见图5-2：

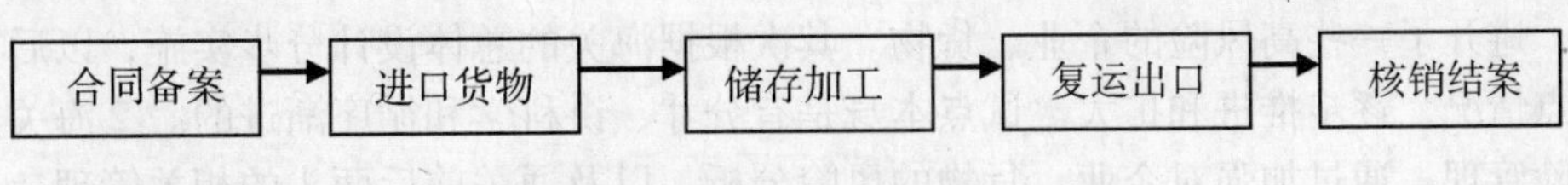

图5-2　保税货物通关的基本程序图

（一）无纸通关和上海大通关工程

1. 无纸通关

进入 20 世纪 90 年代，我国海关所面临的经济形势发生了很大变化。党的“十四大”提出了建立社会主义市场经济体制的目标，十四届三中全会，又把建设社会主义市场经济体制的改革目标和基本原则更加具体化和系统化，使我国各地的开放和现代化建设事业进入了一个新的发展阶段。与此同时，现代科学技术的发展和运用，特别是信息技术的迅速发展，使国际贸易的贸易方式、运输方式呈现多样化，生产方式、管理方式体现出科学化，国际竞争更加激烈。如何提高贸易效率，降低贸易成本，增强国际竞争力，已成为人们共同关心的课题。因此，中国海关近几年一直致力于科技创新和制度创新，加快海关现代化建设，而“无纸通关”正是一项集科技创新和制度创新于一体的新的现代通关措施。

（1）根据目前的世界经济形势和我国的实际国情，逐步推行无纸通关的必要性：

第一，我国“入世”后，必须按照国际规则办事。我们的主要贸易伙伴已普遍使用无纸通关，世贸组织和世界海关组织亦积极倡导无纸通关方式。尽快与国际通行做法相衔接，有利于提高通关效率、完善海关监管，促进国际贸易和国际合作。

第二，在经济全球化形势下，如何提升企业的国际竞争力，扩大市场份额，已成为我国经济发展面临的十分严峻和紧迫的问题。增强企业的国际竞争力，就国际贸易而言，关键在于提高贸易效率，降低贸易成本。贸易效率决定市场，市场决定企业生存和发展。当前形势下，我国原有通关模式已不能适应企业，尤其是生产高新技术产品的企业对通关效率的要求，在一定程度上影响了企业的国际竞争力的提升，必须对其进行改革。

第三，从国内形势来看，我国的对外贸易，特别是出口，对国民经济影响重大，国民生产总值对出口依存度已达 23%，出口被誉为拉动中国经济增长的三驾“马车”之一。但近年来，我国出口面临严峻形势，由此更有必要千方百计扩大出口。无纸通关可以在提供贸易效率、降低贸易成本等方面有力地支持对外贸易的开展。

（2）无纸通关既是管理手段的创新，也是管理制度的创新。相对而言，制度创新比手段创新更难，也更重要。由于目前信息技术和网络技术的发展，技术创新难度不是很大。但是，制度创新则需解决一系列法律、政策问题，以及管理思想、管理方法问题，难度更大。自无纸通关过程中实行的海关手续的后推、前移，主要是制度上的创新，使企业带来了最大便利：①无纸通关，可首先在部分海关、部分企业和部分贸易方式进行试点，避开了一些高风险的企业、货物。其次根据海关的总体设计分步实施，以后再根据试点情况，逐步推进和扩大。试点本身是有分寸、讲科学和循序渐进的。②海关加强了风险管理。通过加强对企业、货物的风险分析，以及通关前后两头的相关管理，来化解无纸通关给海关带来的风险。此外，原来通关作业流程中被分离出来的工作，都被转移到海关其他的业务环节中。而对这些业务环节的管理要求，在《海关作业改革指导方案》中已经作了明确规定。海关强化了审单中心的审单工作，强化了现场检放工作。实际上，原有的管理并没有因无纸化而削弱或消失，而是得到转移和加强。

2. **上海大通关工程**

“大通关”是“提高口岸工作效率工作”的简称，即在货物进出口通关的过程中，通过运用现代管理、信息化和高科技手段，对单证流、货物流、资金流和信息流进行整合，使之合理、规范、畅通，以最短的时间、最低的成本，为企业提供最好的服务，体现政府行政监管的能力和效率。

20世纪90年代以来，我国对外贸易发展迅猛，对外贸易和利用外资的规模不断扩大，并对我国的贸易投资环境的改善提出了新的要求，特别是对我国口岸的通关效率提出了更高的要求。上海作为中国大陆第一大口岸、港口，年吞吐量已位居世界大港之列。要加快其建设国际经济、金融、贸易和国际航运中心的步伐，就必须进一步提高通关效率，完善投资贸易环境。为此，2000年11月上海市政府作出了关于提高上海通关效率，提高上海口岸竞争能力的重大决策，即运用电子化手段，构建口岸物流管理和电子商务运用环境，在2003年2月前实现“大通关”。

“大通关”信息技术平台是“大通关”工程的核心部分。该项目的建设将依据国家有关的法律法规，借鉴国际上成功的通关模式，运用先进的C－XML技术，实现EDI数据和WEB数据间的转换，并对现行涉及“大通关”的工作流程进行合理改革，将货物通关中的单证流和货物流分开审验，利用网络平台对物流、信息流、资金流进行整合，在严格执法和科学管理的前提下，全面改善通关环境，迅速提高通关效率。传统意义上的货物通关是指进出境运输工具的管理人、货物的收发货人及其代理人、物品的所有人向海关申请办理进出口货物的进出口手续，海关即检验检疫机构及其对呈交的单证和申请进出口的货物依法进行审核、查验、征缴税费、批准进口或者出口的全过程。然而在通关实践中，特别对于工商企业来说，通关往往要超越上述范围，除上述海关和检验检疫机构以外，还涉及以下诸多部门：税务局、外汇管理局、银行、保险公司、海防空承运人、代理公司、报关行、进出口公司、仓储、货运场站、机场、港口以及其他相关企业和管理部门所办理的手续，以及所有设计和支持货物能够被及时地放行和缴付的工作都被称为“通关”。

第二节　国际物流中的货运代理业务

一、国际货运代理的发展

随着公共仓库在港口、城市的建立，海上贸易的扩大，国际货运代理业务逐步发展，国际货运代理的作用越来越重要。

1926 年 5 月，16 个国家的国际货运代理协会在维也纳成立了国际货运代理协会联合会，简称“菲亚塔”，英文缩写代号 FIATA，其总部设在瑞士苏黎世。成立的目的是保障和提高国际货运代理在全球的利益。目前“菲亚塔”已联合了 130 多个国家 35000 多个货运代理，1985 年中国贸易总公司加入了该组织。

在 1984 年以前，中国对外贸易运输总公司是我国各进出口公司唯一的货运总代理，承担全国对外贸易的运输组织工作。随着我国改革开放政策的不断深入，对外贸易体制和交通运输体制进行了改革，实行了互相兼营和多家经营的政策，允许多家经营国际货运代理业务。

1988 年 6 月外经贸部颁发《审批国际货物运输代理企业有关问题的规定》，国务院于 1995 年 6 月 6 日颁发《中华人民共和国国际货物运输代理业务的规定》。近 10 年来，国际货运代理业务在我国得到迅速的发展，经外经贸部批准成立的国际货运代理企业及国际货运代理业已形成一定的规模，成为对外贸易运输不可缺少的重要组成部分。

二、国际货运代理的作用

国际货运代理有以下作用：

（1）能够提供优质服务。为委托人办理国际货物运输中某一个环节的业务或全程各个环节的业务，手续方便简单。

（2）能够安全、迅速、准确、节省、方便地组织进出口货物运输。根据委托人托运货物的具体情况，选择合适的运输方式、运输工具、最佳的运输路线和最优的运输方案。

（3）能够就运费、包装、单证、结关、检查检验、金融、领事要求等提供咨询，并对国外市场的价格、销售情况提供信息和建议。

（4）货运代理不仅能组织协调运输，而且影响到新运输方式的创造、新运输路线的开发以及新费率的制定。

（5）能够把小批量的货物集中成为大批量货物进行运输，既方便了货主，也方便了承运人，货主因得到优惠的运价而节省了运输费用，承运人接收货物时省时、省力，便于货物的装载。

（6）能够掌握货物全程的运输信息，使用现代化的通信设备随时向委托人报告货物在途的运输情况。

总之，国际货运代理是整个国际货物运输的组织者和设计师，特别是在国际贸易竞争激烈、社会分工越来越细的情况下，它的地位越来越重要，作用越来越明显。

三、国际货运代理的分类

国际货物运输委托代理关系至少涉及委托人、代理人双方当事人，委托代理关系内容和委托人授予代理人的权限范围、委托代理人办理的事项、代理人服务的地域范围等密切相关。这些因素都可用做划分国际货运代理类型的标准。

1. 以委托人为标准划分国际货运代理

（1）货主的代理。这是指接受进出口货物收、发货人的委托，为了托运人的利益办理国际货物运输及相关业务，并收取相应的报酬的国际货运代理。此种代理按照委托人的不同，还可进一步划分为托运人和收货人的代理两种类型。按照货物的流向，则可进一步划分为进口代理、出口代理、转口代理三种。

（2）承运人的代理。这是指接受从事国际运输业务的承运人的委托，为了承运人的利益办理国际货物运输及相关业务，并收取相应报酬的国际货运代理。此代理按照承运人采取的运输方式的不同，可进一步划分为水运承运人、空运承运人、陆运承运人、联运承运人的代理四种类型。承运人可按照承运人委托事项的内容，进一步划分航线代理、转运代理和揽货代理三种基本类型。

2. 以委托人委托的代理人数量为标准划分国际货运代理

（1）独家代理。这是指委托人授予一个代理人在特定区域或特定运输方式或服务类型下，独家代理其从事国际货物运输业务和/或相关业务的国际货运代理。

（2）普通代理，又称多家代理。这是指委托人在特定区域或特定运输方式或服务类型下，同时委托多个代理人代理其从事国际货物运输和/或相关业务的国际货运代理。

3. 以委托人授予代理人权限范围为标准划分国际货运代理

（1）全权代理。这是指委托人包括委托代理人办理某项国际货物运输业务和/或相关业务，并授予其根据委托人自己一直灵活处理相关事宜权力的国际货运代理。

（2）一般代理。这是指委托人委托代理人办理某项具体国际货物运输业务和/或相关业务，要求其根据委托人的意志处理相关事宜的国际货运代理。

4. 以委托人委托办理的事项为标准划分国际货运代理

（1）综合代理。这是指委托人委托代理人办理某一票或某一批货物的全部国际运输事宜，提供配套的相关服务的国际货运代理。

（2）专项代理。这是指委托人委托代理人办理其一票或某一批货物的某一项或某几项国际运输事宜，提供规定项目的相关服务的国际货运代理。此代理按照委托人委托事项的不同，可进一步划分为订舱、仓储、交货、装卸、转运、提货、报关、报检、报验代理等类型。

5. 以代理人的层次为标准，划分国际货运代理

（1）总代理。这是指委托人授权代理人作为在某个特定地区的全权代表，委托其处理委托人在该地区的所有货物运输事宜以及相关事宜的国际货运代理。在此代理形式下，总代理人有权根据委托的要求或自行在特定区域选择、认定分代理人。

（2）分代理。这是指总代理人选定的在总代理区域内的具体区域代理委托人办理货物运输以及其他相关事宜的国际货运代理。

6．以运输方式为标准，划分国际货运代理

（1）水运代理。这是指提供水上货物运输服务及相关服务的国际货运代理。此代理可具体划分为海运代理和河运代理两种类型。

（2）空运代理。这是指提供航空货物运输服务及相关服务的国际货运代理。

（3）陆运代理。这是指提供公路、铁路、管道运输等货物运输服务及相关服务的国际货运代理。此代理可进一步划分为道路运输、铁路运输和管道运输代理等种类。

（4）联运代理。这是指提供联合货运服务及相关服务的国际货运代理。此代理可进一步划分为海空联运、海铁联运、空铁联运等类型。

四、设立国际货运代理企业的条件

根据《中华人民共和国国际货物运输代理业管理规定》，国务院对外经济贸易合作主管部门负责对全国的国际货运代理业实施监督管理。根据其规定，只有具备了一定的条件才有资格申请设立国际货运代理企业从事国际货运代理业务。

（一）设立内资国际货运代理企业的条件

（1）有与其从事的国际货物运输代理业务相适应的专业人员：至少要有5名从事国际货运代理业务3年以上的业务人员，其资格由业务人员原所在企业证明，或者取得对外经济贸易合作部门颁发的国际货物运输代理资格证书。

（2）有固定的营业场所：以自有房屋、场地作为经营场所的，应提供产权证明。以租赁房屋、场地作为经营场所的，应提供租赁期限在1年以上的租赁契约。

（3）有必要的营业设施：设立国际货物运输代理企业，应当拥有一定数量的电话、传真机、计算机、装卸设备、包装设备和短途运输工具。

（4）有稳定的进出口货源市场：在本地区进出口货物运输量较大，货运代理行业具备进一步发展的条件和潜力，并且申报企业可以揽收到足够的货源。

有与经营的业务项目相适应的注册资金：国际货物运输代理企业的注册资本最低限额应当符合下列要求：①经营海上国际货物运输代理业务；②经营航空国际货物运输代理业务；③经营陆路国际货物运输代理业务或者国际快递业务，注册资本最低限额为200万元人民币；④经营两项以上业务的，注册资本最低限额为其中最高一项的限额。

（二）设立外商投资国际货物运输代理企业的条件

申请设立外商投资国际货物运输代理企业除了必须具备《中华人民共和国国际货

物运输代理业管理规定》规定的条件外，还须具备国家有关外商投资企业的法律、法规所规定的条件和以下条件：

1. **投资者的申请资格**

（1）中国合营者至少有一家是从事国际货物运输代理业务1年以上的国际货运代理企业或获得进出口经营权1年以上的企业，或从事相关的交通运输或仓储业务1年以上的企业，且符合上述条件的中方合营者在中方中为第一大股东。

（2）外国合营者至少有一家是经营国际货运代理业务3年以上的企业，且符合上述条件的外方合营者在外方中为第一大股东。

（3）中外合营者在申请之日前3年内没有违反行业规定的行为。

（4）运输码头、港口、机场等可能对国际货运代理带来不公平竞争的企业。

（5）拟在中国投资设立第二家国际货运代理企业的同一外国合营者（包括其关联企业）在中国境内投资设立的第一家国际货运代理企业经营已满两年。

2. **其他条件**

（1）注册资本最低限额为100万美元。

（2）具有至少5名从事国际货运代理业务3年以上的业务人员。

（3）有固定的经营场所。

（4）有必要的通讯、交通、装卸、包装等营业设施。

五、我国国际货运代理业的现状

我国国际货运代理业起步较晚，历史较短，但由于国家重视，政策鼓励，规范发展，发展十分迅猛。到2002年10月为止，我国已有国际货运代理企业3500多家，从业人员近30万人。其中，国有国际货运代理企业占60%，外商投资国际货运代理企业占30%，沿海地区国际货运代理企业占70%，内陆地区占30%。从事国际航空货运代理业务的企业有361家，超过10%。从分布区域上看，其遍布全国各省、自治区、直辖市，分布在30多个部门和领域，国有、集体、外商投资、股份有限等多种经济成分并存，已成为我国对外贸易运输事业的重要力量，对于我国对外贸易和国际运输事业的发展，乃至整个国民经济的发展作出了不可磨灭的贡献。目前，我国80%的进出口贸易货物和中转业务，90%的国际航空货物运输业务都是通过国际货运代理企业完成的。

由于我国国际货运代理行业历史较短，长期以来独家经营，绝大多数国际货运代理企业成立不足10年，服务功能较少，不能提供有关法律和规章允许的所有服务。从资产规模、经营规模角度来看，大型、集团型国际货运代理企业数量较少，中小型国际货运代理企业占70%以上。多数国际货运代理企业缺乏精通有关业务的专业人才。业务人员有待进行普遍的规范化培训。

为了维护国际货运代理行业经营秩序，保护国际货运代理企业合法权益，促进我国国际货运代理行业的健康发展，早在 1994 年对外经济贸易合作部（现改名为商务部）就做出了筹建中国国际货运代理协会的决定，并于2000 年3 月开始筹备。2000 年9 月6 日，中国国际货运代理协会（China International Freight Forwarders Association —CIFA）在北京正式成立，2000 年11 月在民政部获准登记。根据2001 年2 月2 日对外经济贸易合作部《关于成立中国国际货运代理协会有关事项的通知》，中国国际货运代理协会的宗旨是维护我国国际货运代理行业利益，保护会员企业正当权益；促进我国国际货运代理行业健康发展，更好地为我国对外经济贸易事业服务。业务范围如下：协助政府主管部门依法规范国际货运代理企业经营行为，整顿行业秩序；开展行业市场调研，编制行业统计；组织行业培训及行业发展研究；承担政府主管部门委托的部分职能；为会员企业提供信息咨询服务；代表全行业加入国际货运代理协会联合会，开展同业国际交流。

本章小结

本章介绍了国际物流业务中的报关与货运代理。其中涉及以下的海关业务：

(1) 海关作为特定的行政管理和执法部门，对相关进出境工具、货物、物品及相关进出境行为进行管理。

(2) 海关业务的基本内容，包括征税、监管、查缉走私、编制进出口海关统计资料。

(3) 海关业务中的报关业务，包括报关的基本内容、报关单证和报关期限、进出口货物报关程序。

(4) 海关业务中的通关制度，包括一般进出口通关制度、申报、出口退关手续。

(5) 海关业务中的保税业务，包括加工生产类、储存出境类和特准缓税类保税货物。

(6) 随着公共仓库在港口、城市的建立，海上贸易的扩大，国际货运代理业务逐步发展。由于国际贸易在世界范围内的发展，国际货运代理的作用越来越重要。

关键词

海关　报关　通关　保税　货运代理

思考题

(1) 简述海关业务的基本内容。

(2) 国际物流业务中海关业务的保税业务是怎样分类的？

(3) 简述国际货运代理业务设立的条件。

第六章　国际物流业务——理货与包装

本章主要讲述了国际物流业务中的理货与包装。介绍了：①理货业务的概念、工作的意义及理货工作；②包装业务的意义和基本要求、种类、包装技术，以及包装模式等内容。

第一节　国际物流理货业务

一、理货的概念

理货是随着水上贸易运输的出现而产生的。最早的理货工作是计数。现在，理货的工作范围已经发生变化。理货是指船方或货主根据运输合同在装运港和卸货港收受和交付货物时，委托港口的理货机构代理完成的在港口对货物进行计数、检查货物残损、指导装舱积载、制作有关单证等工作。

二、理货工作的意义

（1）外轮理货在一定程度上能够影响到船舶和货物的安全。在装船过程中，理货人员对货物积载负有监督指导的责任，而且要准确地反映在货物积载图上，因此理货工作的好坏对保障航行安全和货物在运输途中的安全，具有十分重要的意义。

（2）外轮理货是对外贸易和国际海上货物运输中不可缺少的一项工作。它履行判断货物交接数字和状态的职能，对承、托双方履行运输契约，船方保质保量地完成运输任务，都具有重要意义。

（3）外轮理货是国家对外的一个窗口。理货人员在外轮上，工作时间长，接触船员广，他们的言行和工作代表了一个国家理货人员的素质，反映了一个国家和民族的精神面貌。

（4）外轮理货在一定程度上能够影响到国家对外贸易的顺利进行和发展。出口货物，理货把最后一道关；进口货物，理货把第一道关。因此，它对于买卖双方履行贸易合同，按质按量地交易货物，促进贸易双方的相互信任，以及船公司经营航线的积极性，都具有重要意义。

三、理货工作的内容

（一）理货单证

理货单证是指理货机构在理货业务中使用和出具的单证。理货单证是反映船舶载运货物在港口交接当时的数量和状态的实际情况的原始记录，因此，它具有凭证和证据的性质。理货机构一般是公正性或证明型的机构，理货人员编制的理货单证，其凭据或证据就具有法律效力。

1. 理货单证的作用

（1）承运人与托运人或提单持有人之间办理货物数量和外表状态交接的证明。

（2）承运人、托运人、提单持有人以及港方、保险人之间处理货物索赔案件的凭证。

（3）船舶发生海事时，处理海事案件的主要资料，这里主要是指货物积载图的作用。

（4）港口安排作业，收货人安排提货的主要依据。这里主要是指货物实际积载图和分舱单的作用。

（5）买卖双方履行合同情况的主要凭证。

（6）理货机构处理日常业务往来的主要依据。

（7）船舶在航行途中，保管照料货物的主要依据。

2. 理货单证的种类

（1）理货委托书（application for tally）。

（2）计数单（tally sheet）。这是指理货员理货计数的原始记录。

（3）现场记录（on-the-spot record）。这是指理货员记载货物异常状态和现场情况的原始凭证。

（4）日报单（daily report）。这是指理货长向船方报告各舱货物装卸进度的单证。

（5）待时记录（stand-by time record）。这是指记载由于船方原因造成理货人员停工待时记录的证明。

（6）货物溢短单（overlanded/shortlanded cargo list）。这是指记载进口货物件数溢出或短少的证明。

（7）货物残损单（damaged cargo list）。这是指记载进口货物原残损情况的证明。

（8）货物积载图（stowage plan）。这是指出口货物实际装舱部位的示意图。

此外，还有分港卸货单、货物分舱单、复查单、更正单、分标志单、查询单、货物丈量单合同或证明书等单证。

（二）分票和理数

（1）分票。分票是理货员的一项基本工作。分票就是依据出口装货单或进口舱单分清货物的主标志或归属，分清混票和隔票不清货物的归属。分票是理货工作的起点，理货员在理数之前，首先要按出口装货单或进口舱单分清货物的主标志，以明确货物的归属，然后才能根据理货数字，确定货物是否有溢短、残损，进行处理。分票也是提高货物运输质量的重要保障。

卸船时，如理货人员发现舱内货物混票或隔票不清应及时通知船方人员验看，并编制现场记录取得船方签认，然后指导装卸工组按票分批装卸。

（2）理数。理数是理货员的一项最基本的工作，是理货工作的核心内容，也是鉴定理货质量的主要尺度。理数就是在船舶装卸货物的过程中，记录起吊货物的钩数，点清钩内货物数，计算装卸货物的数字，称为理数（Count），亦称计数。

理数的方法有：发筹理数、划钩理数、挂牌理数、点垛理数、抄号理数、自动理数等。其中自动理数是一种用科学仪器作为工具的理数方法。目前在世界上最普遍使用的理数工具，就是在运输带上安装一个自动计数器。最近，在美国已开始在起重机上安装自动计数器，这将给理货工作带来方便，是理货工作朝着科学化、现代化方向迈出的一大步。

（3）溢短货物。溢短货物是指船舶承运的货物，在装运港以装货单数字为准，在卸货港以进口舱单数字为准，当理货数字比装货单或进口舱单数字溢出时，称为溢货（over），在短少时，称为短货（short）。船舶装卸货物时，装货单和进口舱单是理货的唯一凭证和依据，也是船舶承运货物的凭证和依据。理货结果就是通过装货单和进口舱单进行对照，来确定货物是否溢出或短少。货物装卸船后，由理货长根据计数单核对装货单或进口舱单，确定实际装卸货物是否有溢短。

（三）理残

凡货物包装或外表出现破损、污损、水湿、锈蚀、异常变化等现象，可能危及货物的质量或数量，称为残损（damaged）。理残是理货人员的一项主要工作。其工作内容主要是对船舶承运货物在装卸时，检查货物包装或外表是否有异常状况。理货人员为了确保出口货物完整无损，进口货物分清原残和工残，在船舶装卸过程中，剔除残损货物，记载原残货物的积载部位、残损情况和数字的工作叫理残，亦称分残。

意外事故残损是指在装卸船过程中，因各种潜在因素造成意外事故导致货物残损。这类残损责任比较难以判断，容易发生争执，对此理货人员就不要轻易判断责任方。

自然灾害事故残损是指在装卸船过程中，由于不可抗拒因素造成自然灾害给货物带来的残损。如突降暴雨，水湿货物，对此理货人员要慎重判断责任方。

（四）绘制实际货物积载图

装船前，理货机构从船方或其代理人取得配载图，理货人员根据配载图来指导和监督工人装舱积载。但是由于各种原因，在装船过程中经常会发生调整和变更配载。理货长必须参与配载图的调整和变更事宜，在装船结束时，理货长还要绘制实际装船位置的示意图，即实际货物积载图。

（五）签证和批注

理货机构为船方办理货物交接手续，一般是要取得船方签认的，同时，承运人也有义务对托运人和收货人履行货物收受和交付的签证责任。当然，如理货机构是个公证机构，那么它的理货结果就可不经船方签证而生效。但目前我国还没有这样做。因此我们讲，船方为办理货物交付和收受手续，在理货单证上签字，主要是在货物残损单、货物溢短单、大副开具的收据和理货证明书上签字，称为签证。签证是船方对理货结果的确认，是承运人对托运人履行义务，是划分承、托运双方责任的依据，是一项政策性和实践性较强的业务。它关系到船公司、托运人和收货人的经济责任和经济利益，也关系到理货机构的声誉和影响。前者不仅仅要求船方在理货单证上签字，而且要在理货结果准确无误的前提下，提请船方签字。签证工作一般在船舶装卸货物结束后、开船之前完成。我国港口规定，一般在不超过船舶装卸货物结束后两小时内完成。

在理货或货运单证上书写对货物数字或状态的意见，称为批注。按加批注的对象不同，批注可分为船方批注和理货批注两类。批注的目的和作用，一是为了说明货物的数字和状态情况，二是为了说明货物的责任关系。

（六）复查和查询

（1）复查。处理卸港理货数字与舱单记载的货物数字不一致，国际航运习惯做法是，船方在理货单上批注“复查”方面的内容，即要求理货机构对理货数字进行重新核查。所以，理货机构采取各种方式对所理货物数字进行核查，以证实其准确性，称为复查。复查的另一个含义，还包括理货机构主动进行的复查，即当理货数字与舱单记载的货物数字差异比较大时，为确保理货数字的准确性，在提请船方签证之前，往往要对所理货物进行复核。复查的方式有重理、复查、查单、查账、调查、询问、查询。

（2）船舶卸货发生溢出或短少，理货机构为查清货物溢短情况，向装港理货机构发出查询文件或电报，请求进行调查，且予以答复；或在船舶装货后，发现理货、装舱、制单有误，或有疑问，理货机构向卸港理货机构发出查询文件或电报，请求卸货时予以注意、澄清，且予以答复；或船公司向理货机构发出查询文件或电报，请求予以澄清货物有关情况，且予以答复。以上统称为查询。

第二节　国际物流包装业务

一、货物包装的意义和基本要求

（一）货物包装的意义

商品包装是保护商品在流通过程中品质完好和数量完整的重要举措。在国际贸易中，经过适当包装的商品，有利于储存、保管、运输、装卸、计数、销售和防止盗窃等工作的进行，有利于消费者的挑选和携带。包装良好的商品，还有利于吸引顾客，扩大销路，增加销售，多创外汇。此外，商品的包装还在一定程度上反映出一个国家的生产水平、科学技术和文化艺术水平。

（二）货物包装的基本要求

（1）科学、牢固、安全。包装的用料和设计必须科学、牢固，既符合商品的特性，又适应对外贸易长途运输，适应各种不同的运输方式和沿途气候条件变化的要求，以保护商品的品质安全和数量完整。

（2）适合国外市场的需要和规定。包装的用料和设计，应力求适应国外市场的销售习惯和消费习惯，适应进口国家对于包装、装潢的合理规定，以利于扩大我国出口商品的销路，增加售价，提高我国的对外贸易信誉。

（3）省工、省料、省运费。包装的用料和设计，要符合节约的原则，在选用材料与改进包装等方面，都要从节约物料、降低成本及节省运费的角度考虑。

二、包装的种类

进入国际贸易的商品，可以分为裸装货（nuded cargo）、散装货（bulk cargo）和包装货（packed cargo）。

国际贸易中的商品包装，按其在流通过程中作用的不同，可以分为运输包装和销售包装两种。

（一）运输包装

运输包装又称大包装或外包装，它的作用主要在于保护商品的品质和数量，便于运输、储存、检验、计数、分拨，有利于节省运输成本。运输包装的方式主要有单件运输包装和集合运输包装。

1. 单件运输包装

单件运输包装是根据商品的形态或特性将一件或数件商品装入一个较小容器内的包装方式。制作单件运输包装时，要注意选用适当的材料，并要求结构造型科学合理，同时还应考虑不同国家和地区的气温、湿度、港口设施和不同商品的性能、特点、形状等因素。

单件运输包装的种类有：①按照包装外形来分，习惯上常用的有包、箱、桶、袋等；②按照包装的质地来分，有软性包装、半硬性包装和硬性包装；③按照制作包装所采用的材料来分，一般常用的有纸质包装，金属包装，木制品包装，塑料包装，棉麻制品包装，竹、柳、草制品包装，玻璃制品包装和陶瓷包装。

2. **集合运输包装**

集合运输包装是将一定数量的单件商品组合成一件大的包装或装入一个大的包装容器内。集合运输包装的种类有：

(1) 集装箱。集装箱一般由钢板、铝板等金属制成，多为正方形，可以反复使用周转，它既是货物的运输包装，又是运输工具的组成部分。目前国际上最常用的海运集装箱规格为8英尺×8英尺×8英尺和8英尺×8英尺×4英尺两种。

(2) 集装包（袋）。集装包（袋）是用合成纤维或复合材料编织成抽口式的包，适于装载已经包装好的桶装和袋装的多件商品。每包一般可容纳1~1.5吨重的货物。

(3) 托盘。托盘是在一件或一组货物下面所附加的一块垫板。为防止货物散落，需要用厚箱板纸、收缩薄膜、拉伸薄膜等将货物牢固包扎在托盘上，组合成一件“托盘包装”。每一托盘的装载量一般为1~1.5吨。此外，还有插入式托盘。

（二）销售包装

销售包装又称小包装或内包装。它是随着商品进入零售环节和消费者直接见面的包装，实际是一种零售包装。

在销售包装上，除附有装潢画面和文字说明外，有的还印有条码的标志。由于许多国家的超级市场多使用条码技术，进行自动扫描结算，如商品包装上没有条码，即使是名优产品也不能进入超级市场，有的国家甚至规定，商品包装上无条形码标志的即不予进口。

三、包装技术

产品的种类繁多，性能各异，产品包装必须针对产品的类别、性能及其形态等，采用正确的包装方法、相应的包装技术，以最低的物资消耗，保障产品完美地输送到消费者手中。

（一）包装设计要素

包装的设计与包装功能、包装分类有着不可分割的联系。根据各种目的，用途设计的包装，就具有不同的功能，属于不同的类别，影响工业包装设计的因素很多，但归纳起来主要有下列要素：

（1）了解对被包装物在物流过程中，尤其在运输和储存环节上可能经受的外界影响、危害等实际情况，以便采取相应的包装措施。

（2）对被包装物的物理性能、化学性能和其他一些特殊性能都应有清楚的了解，这也是包装设计的最基本的条件。

（3）熟悉各种包装材料的性质与被包装货物的适应性，以便采取理想的包装技法。

（4）考虑包装方法的实施和包装作业的方便性，尤其要考虑使用包装机械作业的可能性及生产效率。

（5）在保证包装要求、质量的前提下，在包装设计时应进行周密的核算，力求做到包装材料消耗合理，经济耐用，效益理想。

（6）包装技术的选择还要注意符合和遵守有关的标准（包括国际的、国家的、地方的、企业的）和有关的法规（如商标法、海关法、食品卫生法、医药管理条例等）。力求做到包装标准化，而且要符合运输部门和其他有关部门对包装的规定和要求。

（二）包装机械与包装技法

包装机械是指完成全部和部分包装过程的机器设备。包装机械很多，通常是按包装工序来使用包装机械。包装工序有裹包、灌装、充填等，完成这些包装工序的包装机称之为包装主机。另外，还有完成洗涤、烘干、检测、输送等工作的辅助包装机械等。

货物在物流过程中发生破损的原因很多，必须采取不同包装技术加以防范。例如，为使外力不完全作用在物品上，必须采用某些缓冲的办法，使外力对物品的作用限制在毁坏限度之内。这种方法称之为缓冲包装法；又如，为防止水分浸入包装物而影响内装物质量而采取防水包装；再如，为防货物潮湿、锈蚀、霉烂，而采用防潮包装、防锈包装和防霉包装等技法。

第三节 国际物流中的包装模式

国际物流中的包装可以被称做是“以发货方为起点，以用户为终点的一体化系统”。包装之所以必须被看做是一个系统，是因为在国际物流的过程之中存在如下多个环节，在包装计划中所有这些环节都应被视做国际物流的一个独立方面而加以考虑。

一、从生产线终点到包装地

制成品从生产线到包装地的运动可能在一个设施内实现，也可能在不同设施间实现。这时要保障易碎产品不被损坏，一些公司采用自动化设施，而另一些公司则采用诸如叉车一类的半自动化物料搬运设备。在对自动、半自动及人力输送进行选择时，必须考虑产品特性并加强成本观念。由于后续环节的阻滞，制成品可能需要在这一环节进行存储。由于库存成本往往很高，因此应对这一环节进行细心的管理。制成品的库存成本一般占公司整个库存成本的25% ~55%。使产品快速地通过这一环节是对包装系统进行成功管理的关键。

二、包装的设计

产品的密度及尺寸对包装的选择至关重要。例如，对高密度产品一般选择木包装而对低密度产品则通常选择纸板包装。当货物在运输中或在目的地需要进行多层堆放时，则必须考虑包装的承重能力。高层堆码货物通常需要木制甚至金属制包装。产品的易损性因素是由包装内外层包装层纸板所决定的。在国际物流包装设计中往往被忽视的一个因素是货物在不同运输方式之间和仓库之间需要装卸、搬运的次数。在国际物流的货损中，80%是由不适当的装卸操作所造成的。

三、包装的单元式集合

各种不同类型的托盘在国际运输中被使用。其中运输食品的托盘多达25种规格，最普遍使用的是1100毫米×1100毫米的标准托盘。物流管理者可选择不同的包装带或货物保护材料。它们包括可收缩包皮、金属带和笼式托盘。可收缩包皮是一种在托盘上使用的塑料包皮，由于价廉且易于取出纸箱而广泛被采用。金属带固定也在国际物流中应用，但这种方法容易损坏上层包装箱。其优点是可保证托盘上货物的紧固。笼式托盘是在装好货物的托盘上扣上一个笼子以保护和固定货物。其弱点是成本高且在国际运输中显得笨重，不易在不同运输方式之间进行搬运。

四、包装在不同运输方式之间的装卸

这一环节是至关重要的，因为正是在这一环节中不适当的装卸会使货物破损。各种运输方式对装卸的要求各不相同。拖车的运输方式要求货物以托盘形式进行包装。在集装箱或拖车式运输中，货物堆放一般不超过两层托盘的高度。在海运中由于货物会发生移动，因此集装箱的码放十分重要。

根据允许叉车叉入方向的不同，托盘有单向、双向和四向之分，因此托盘的选择也很重要。四向托盘由于便于装卸而用途最大。在国际运输中，损坏货物的索赔过程平均需要长达3 ~6个月的时间，因此为了分清责任，对货物进行装车（船）前的检查和保持良好的记录十分重要。

五、货物向目的地的运送

由于是运输商在运送货物，在国际物流的这一阶段，发货人将完全失去对货物的控制。对运输方的选择必须谨慎行事，因为运货商的可靠性和稳定性对完成货运过程至关重要。选择运输方时要充分考虑如下因素：①对方的业务历史；②对方的财务稳定性；

③对方的索赔记录；④对方在运输各种类型商品方面的经验。

六、包装转移

这种转移次数应被压低到最少。因为在任何一次转移中都可能发生货物的损坏与丢失。由于港口或装卸地作业的阻滞，可能会发生货物在转移中的存储。在国际物流计划中要充分考虑这一因素。

七、货物在目的地的接收

为使货物在目的地更有效地被接收，用户应提前将卸货要求通知发货人，以便使对方采用适当的包装方式。做到这点可大大地节省费用。许多国际贸易公司在签订购货合同之前就向供货方讲明所需的卸货条件。实际上，数家日本公司已经做到实地考察用户的卸货条件，并将所得信息输入自己的物流计划。

本章小结

（1）理货的概念。理货是指船方或货主根据运输合同在装运港和卸货港收受和交付货物时，委托港口的理货机构代理完成的在港口对货物进行计数、检查货物残损、指导装舱积载、制作有关单证等工作。

（2）理货的工作内容。其内容是指：理货单证，分票和理数，理残，绘制实际货物积载图，签证和批注，复查与查询。

（3）包装的种类有运输包装、销售包装。

（4）包装模式。这是指从生产线终点到包装地、包装的设计、包装的单元式集合、包装在不同运输方式之间的装卸、货物向目的地的运送、包装转移、货物在目的地的接受等一体化系统。

关键词

理货　包装　分票　包装模式

思考题

（1）简述理货工作的意义。

（2）理货工作的内容有哪些方面？

（3）包装有哪些种类？

（4）包装模式有哪些方面？

第七章　国际物流业务——库存管理

本章介绍了库存管理的基本原理以及库存补货的基本策略。

第一节　库存管理的基本原理

一、库存功能

（1）保持适当的库存对于一个企业来讲具有重大的意义，保持一定库存可以从时间、地点、多样性和数量四个方面缓冲生产或销售中的不确定性。

（2）库存可以帮助生产商达到生产的规模经济大规模订货，通过订货固定成本的规模经济性，可以降低购买成本。很多供应商对于大规模采购有一定的价格折扣，大规模订货还可以使得供应商或是买方与承运人磋商，降低运输费率，从而降低运输成本。但是同时应该给予足够的关注以确保库存成本没有抵消规模经济所带来的利益。为防范预期的价格飞涨和供给减少，特别是预期价格，在将要快速而又急剧地上涨的时候，多增加的库存持有成本是值得的。

（3）需求的季节性浮动以及供给或是生产能力的限制，都导致保持一定库存的必要性。淡季的时候保持一定的库存，以满足旺季时的需求，因为旺季时可能没有足够的能力，采购到或是生产出足够的产品，以满足旺季时的高需求。同样，某些物品的需求是随时间波动的，因此商家不得不囤积一定的库存，以保证高质量的服务水平。

（4）当供应链中两个相邻的实体，以不同的生产能力运转时，或是两个相连的生产阶段加工或是生产速度不一致，库存就可以为这两个实体或是生产阶段提供一个平衡缓冲。同样在商品流通中，消费速度与生产速度可能不一样，这时一个中间环节的仓库将使问题得以解决。

二、库存管理的内容及目标

库存管理的实质是对库存进行控制。库存控制是对企业的库存（包括原材料、零部件、半成品以及产品等）进行计划协调和控制的工作。

（1）库存控制的内容：主要是根据市场需求情况，与企业的经营目标等因素来决定企业的库存量、订货时间以及订货量等。具体地说，库存控制的核心内容就是要解答何时补充订货、补充订货多少，库存系统的基本库存、安全库存、周转率各是多少等问题。

(2) 库存控制有两个目标：一是降低库存成本，二是提高客户服务水平。这两个目标像其他物流活动一样，都存在相互矛盾的关系。就是说在等同的环境情况下想要提供高水平的服务，就必须付出高额的成本。同样，要想降低成本，有时不得不以降低服务水平为代价。库存控制就是要在这两个目标之间寻求平衡，使得企业效益最大化。传统的库存控制方法往往更注重成本目标的实现，而随着买方市场的形成和竞争的日趋激烈，越来越多的企业开始重视客户服务水平的提高。

三、库存管理理论及其发展

根据需求的相关性，把库存管理划分为独立需求的库存控制与相关需求的库存控制，两者的控制原理是不相同的。独立需求对一定的库存控制系统来说，是一种外生变量，相关需求则是控制系统的内生变量。不管是独立需求库存控制还是相关需求库存控制，都要回答这些问题：①如何优化库存成本？②怎样平衡生产与销售计划，来满足一定的交货要求？③怎样避免浪费，避免不必要的库存？④怎样避免需求损失和利润损失？归根到底，库存控制要解决确定库存检查周期、确定订货量、确定订货点等三个主要问题。

早在 1913 年 Harris 工程师就建立了库存管理经济批量（EOQ）公式，20 世纪 50 年代以后，经过数十年的发展和完善，EOQ 及其变型已形成效为完善的库存控制体系，并在实际中得到了广泛的应用。

意大利思想家 Velfredo Pareto 1897 年研究社会财富分配时，收集许多国家的收入统计资料，得出收入与人口关系的规律，即占人口比重不到 20% 的少数人的收入占总收入的大部分（80%），而大多数（80%）人的收入只占收入的很小部分（20%），所得分布不平等。由此他提出了所谓的“关键的少数和次要的多数”的关系。这就是著名的 80－20 原理。1951 年，美国通用电气公司董事长 H. Ford Dicky 对该公司所属某厂的库存物品经过调查后发现，把 Pareto 原理应用于储存管理，根据库存项目的重要性对其进行排序，将库存物品按所占资金也可分成三类，并分别采取不同的管理办法和采购、储存策略，尤其是对重点物品施行 ABC 分类的重点管理的原则。

独立需求是指那些随机的企业自身不能控制，而是由市场所决定的需求。独立需求库存是指用户对某种库存物品的需求与其他种类的库存无关，表现在这种库存需求的独立性。独立需求库存中的基本模型是经济订货批量 EOQ 模型和经济订货周期 EOI 模型。在基本模型的基础上扩展出允许适度缺货情况下的订货与库存控制，具有数量折扣条件下的订货与库存控制，随机需求情况下的订货与库存控制等。

四、库存成本

保持一定库存会产生以下相关成本：定购成本、购入成本、持有成本和缺货成本。

（1）定购成本。这是指为了定购货物所发生的成本，它包括订购手续费、催货跟踪费（如有关催促跟踪所订货物的电话传真、差旅费及押运费等）、收货费（如有关货物的验收入库费和货款支付的手续费等）、有关人员的工资费用等。

（2）购入（货物）成本。购入成本是指货物本身的成本，亦称货物成本或购置成本，它包括货物价值、运输装卸费保费及装运过程中的损耗费等。购入成本与所选购货物的品种、规格和数量、供应地点和厂商运输方式、路线等因素有关，单位货物的购入成本称为购入费率。

（3）持有成本。持有成本是指在仓库中为了保持存货而发生的成本，即货物从入库到出库期间所发生的成本。它包括存货占用资金应计的利息（机会成本）、存货保险费、仓库保管费（仓库设施的运行费维修费、折旧费、仓库工作人员的工资以及仓库的其他日常管理费等）、存货损耗费（货物的各种有形损耗和无形损耗）等。

（4）缺货成本。缺货成本是指因存货不足或用尽，供应中断而导致不能满足生产经营上的需求所造成的经济损失。对于生产商而言缺货成本存在两种情况：一是原材料的短缺，就是因供应不足而造成的停工待料损失费，或调整生产的损失费，或为补充因缺料所短欠的产量而加班加点的损失费；二是成品短缺，指因产品脱销而损失的利润，因交货误期而应付的罚金，以及相应的名誉的无形损失。缺货成本的高低与库存量相关，当库存量较大时缺货的次数和数量就相对较少，缺货成本就可能较低，但储存持有成本必然较高。另一方面当库存量小时，缺货成本可能较高，而储存成本可以较低。

这些成本之间存在悖反关系，要确定订购量补足各种产品的库存，就要对其相关成本进行权衡，如图 7－1 所示：

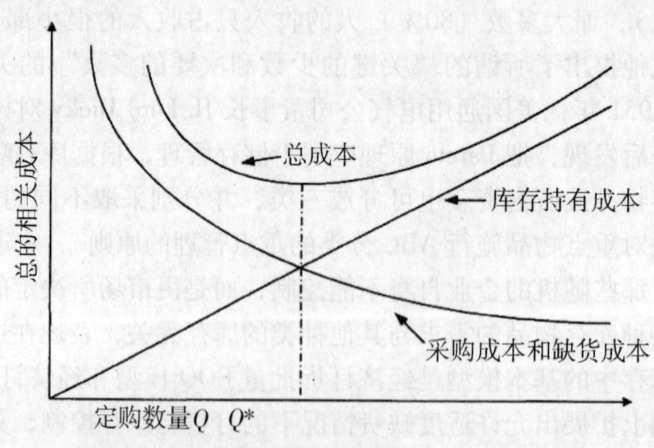

图 7－1　订货量和相关库存成本之间的悖反关系

第二节　ABC 分类库存管理法

1951 年，GE 公司的 Dicky 开发出 ABC 分类库存管理法以后，该法在各企业迅速普及并运用于各类实务上。ABC 分类管理法就是以某类库存货物品种数占物资品种数的百分数和该类物资金额占库存物资总金额的百分数大小为标推，将库存物资分为 A、B、C 三类，进行分级管理，并分别采取不同的管理办法和采购、储存策略；对库存货物进行分类，以找出占用大量资金的少数库存货物，并加强对它们的控制与管理；对那些占用少量资金的大多数货物，则实行较简单的控制和管理。

一、ABC 分类库存管理法的实施步骤

人们通常将价值比率为 65% ~80%、数量比率为 15% ~20% 的物品划为 A 类；将价值比率为 15% ~20%、数量比率为 30% ~40% 的物品划分 B 类；将价值比率为 5% ~15%、数量比率为 40% ~55% 的物品划分 C 类。

采用 ABC 分类库存管理法可以按以下步骤进行：

（1）分析本仓库所存货物的特征。这包括货物的价值以及保管要求上的差异等。

（2）搜集有关货物存储资料。这包括各种货物的库存量、出库量和结存量。前两项应收集半年到一年的资料，后一项应收集盘点或分析时的最新资料。

（3）资料的整理和排序。将所搜集的货物资料按价值进行排序。当货物种类较少时，以每一种库存货物为单元统计货物的价值，当种类较多时，可将库存货物种类采用按价值大小逐步递增的方法分类，分别计算出各范围内所包含的库存数量和价值。

（4）将上面计算出的资料整理成表格，求出累计百分数。例如，经资料整理和统计后，制成表 7 - 1 式的表格。

表 7 - 1　库存货物价值和数量统计表

序号	产品代码	年销售额（元）	价值比率（%）	价值累计比率（%）	数量累计比率（%）
1	64R	6800	68	68	10
2	89Q	1200	12	80	20
3	68I	500	5	85	30
4	37S	400	4	89	40
5	12G	200	2	91	50
6	35B	200	2	93	60

续表 7－1

序号	产品代码	年销售额（元）	价值比率（%）	价值累计比率（%）	数量累计比率（%）
7	61P	200	2	95	70
8	94L	200	2	97	80
9	11T	150	1	98	90
10	20G	150	1	100	100
合计		10000	100		

（5）根据表 7－1 中的统计数据，绘制 ABC 分析图（如图 7－2 所示）。根据价值和数量比率的划分标准，可确定货物对应的种类。如上例数据中可近似得到如表 7－2 所示的结果。

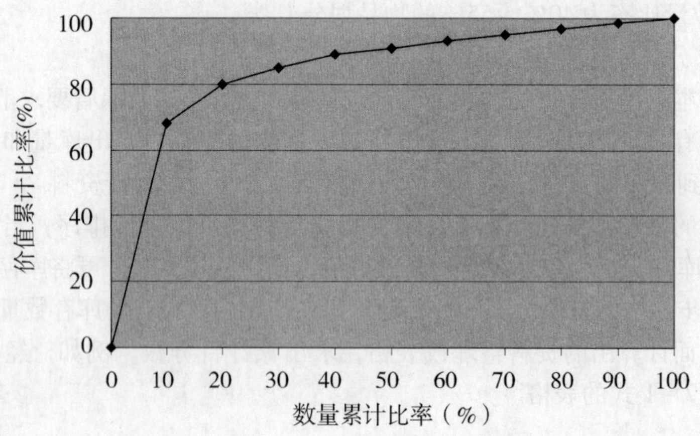

图 7－2　库存货物 ABC 分析图

表 7－2　库存货物分类表

序　号	分　类
1，2	A 类
3，4，5，6，7，8	B 类
9，10	C 类

二、对不同等级货物实施不同管理

（一）对A类货物的管理方法

（1）采取定期订货方式，定期调整库存。

（2）增加盘点次数，以提高对库存量的精确掌握。

（3）尽量减小货物出库量的波动，使仓库的安全储备量降低。

（4）A类货物必须尽量不拖延交货期。

（5）A类货物是价值分析的对象。

（6）货物放置于便于进出的地方。

（7）货物包装尽可能标准化，以提高库场利用率。

（二）B类货物的管理方法

（1）正常的控制，采用比A类货物相对简单的管理方法。

（2）B类货物中销售额比较高的品种要采用定期订货方式或定期定量混合方式。

（三）C类货物的管理方法

（1）将一些零星货物（螺丝等）不列入日常管理的范围，量大价值低的货物不作为日常盘点的货物，并可规定最少出库的批量，以减少处理次数。

（2）或减少订货次数以降低费用。

（3）减少货物的盘点次数。

（4）对通过现代信息技术或工具可以很快订到货的货物，不设置库存。

（5）给予最低的优先作业次序。

ABC分类库存管理法将库存物资按重要程度分为特别重要的库存（A类库存）、一般重要的库存（B类库存）和不重要的库存（C类库存）三个等级，针对不同的级别分别进行管理和控制。见表7-3。

表7-3　ABC分类管理表

管理项目	A类库存	B类库存	C类库存
控制程度	严格检查	一般检查	简单检查
库存量计算	依库存模型详细计算	一般计算	简单计算或不计算
进出记录	详细记录	一般记录	简单记录
存货检查频度	密集	一般	很低
安全库存量	低	较低	大

第三节　基本库存控制模型

库存控制策略研究的是在什么时间、以什么数盘、从什么来源补充库存，使得库存和补充采购的总费用最少。早在20世纪初 Harris 就建立了经济批量（EOQ）公式，20世纪50年代以后，经过数十年的发展和完善，EOQ 及其变型已形成较为完善的库存控制体系，并在实际中得到了广泛的应用。

独立需求库存控制采用的是订货点控制策略，因此在本节先介绍“事件驱动”和“时间驱动”的补货方式，引入几种常见的库存补给策略，最后导出经济订货批量（EOQ）公式。

一、事件驱动和时间驱动

定量订货模型是“事件驱动”的，也就是在定量订货模型达到规定的再订货点水平时就订货，这种事可能随时发生，主要取决于对该物资的需求情况，如 EOQ 模型。相应的定期订货模型是“时间驱动”，也称定期盘点模型，这是指只限于预定时期期末进行订货，是时间驱动的订货事件。

定量订货系统的运作曲线图如图 7－3 所示，有需求不恒定，库存位置不规则下降，当达到再订货点 R 时，就再订货 Q 个单位的货。所订的货将在准备时间 L 之后到达，然后再重复使用、再订货和接受订货这个循环。

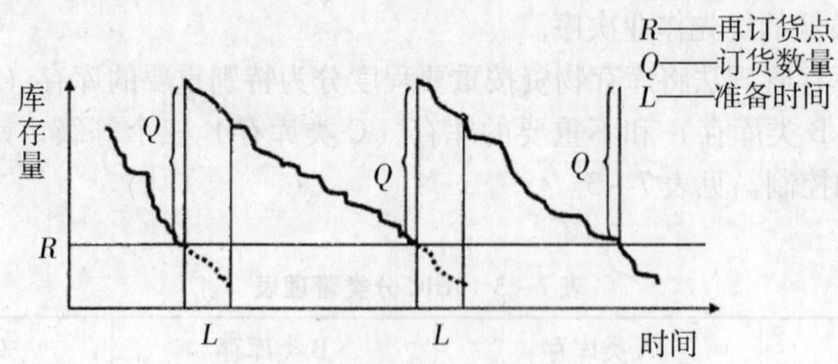

图 7－3　定量订货系统运作曲线图

定期订货系统运作曲线图如图 7－4 所示，库存位置不规则地下降直到固定的检查时刻来到。在固定的检查时刻，就进行订货，使库存的位置正好上升到指标水平。订货在准备时间之后到达。然后重复使用、再订货和接受订货这个循环。

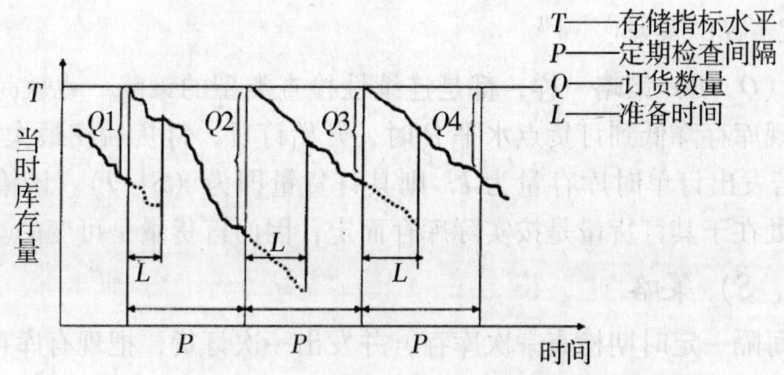

图7-4　定期订货系统运作曲线图

运用定量订货系统时（当库存量降低到再订货点 R 时就订货），必须连续监控剩余库存量。因此，定量订货系统是一种连续盘存系统，要求每次出入库时，刷新库存记录以确认是否达到再订货点。而在定期订货系统中，库存盘点只是在期末发生。

二、基本库存补给策略

下面针对独立需求库存的特点，我们介绍几种常见的库存补给策略。

订货点法库存管理的策略很多，最基本的策略有四种：①连续性检查的固定订货量、固定订货点策略，即（Q，R）策略；②连续性检查的固定订货点、最大库存策略，即（R，S）策略；③周期性检查策略，即（t，S）策略；④综合库存策略，即（t，R，S）策略。

在这四种基本的库存策略基础上，又延伸出很多种库存策略，我们重点介绍四种基本的库存策略。

（一）（Q，R）策略

图7-4为（Q，R）策略的示意图。该策略的基本思想是：对库存进行连续性检查，当库存降低到订货点水平 R 时，即发出一个订货，每次的订货量保持不变，都为固定值 Q。该策略适用于需求量大、缺货费用较高、需求波动性很大的情形。

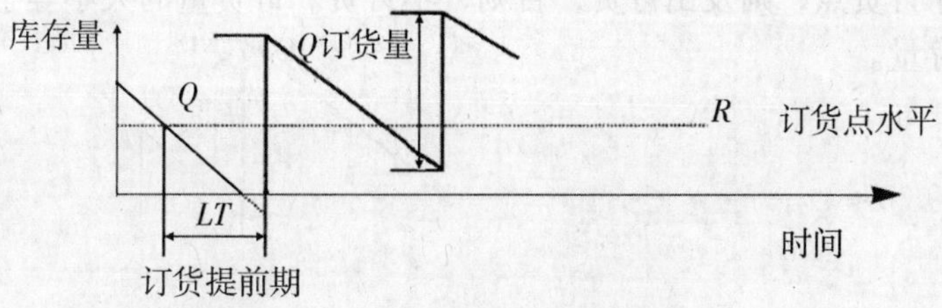

图7-5　连续性检查（Q，R）策略

（二）（R，S）策略

该策略和（Q，R）策略一样，都是连续性检查类型的策略，也就是要随时检查库存状态，当发现库存降低到订货点水平 R 时，开始订货，订货后使最大库存保持不变，即为常量 S，若发出订单时库存量为 I，则其订货量即为（$S-I$）。该策略和（Q，R）策略的不同之处在于其订货量是按实际库存而定，因而订货量是可变的。

（三）（t，S）策略

该策略是每隔一定时期检查一次库存，并发出一次订货，把现有库存补充到最大库存水平 S，如果检查时库存量为 I，则订货量为 $S-I$。如图 7－6 所示，经过固定的检查期 t，发出订货，这时，库存量为 I_1，订货量为（$S-I_1$）。经过一定的时间（LT），库存补充（$S-I_1$），库存到达 A 点。再经过一个固定的检查时期 t，又发出一次订货，订货量为（$S-I_2$），经过一定的时间（LT——订货提前期，可以为随机变量），库存又到达新的高度 B。如此周期性检查库存，不断补给。该策略不设订货点，只设固定检查周期和最大库存量。该策略适用于一些不很重要的或使用量不大的物资。

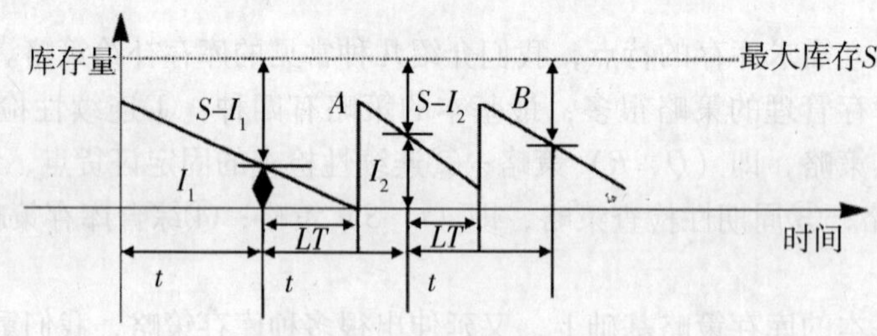

图 7－6　（t，S）策略

（四）（t，R，S）策略

该策略是策略（t，S）和策略（R，S）的综合。如图 7－7 所示，这种补给策略有一个固定的检查周期 t、最大库存量 S、固定订货点水平 R。当经过一定的检查周期 t 后，若库存低于订货点，则发出订货，否则，不订货。订货量的大小等于最大库存量减去检查时的库存量。

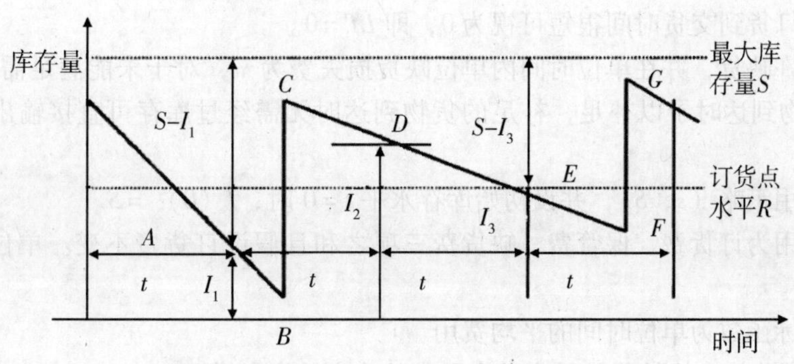

图 7－7　(t, R, S) 策略

如图 7－7 所示，当经过固定的检查时期到达 A 点时，此时库存已降低到订货点水平线 R 之下，因而应发出一次订货，订货量等于最大库存量 S 与当时的库存量 I_1 的差 $(S-I_1)$。经过一定的订货提前期后在 B 点订货到达，库存补充到 C 点，在第二个检查期到来时，此时库存位置在 D 点，比订货点水平位置线高，无须订货。第三个检查期到来时，库存位置在 E 点，等于订货点，又发出一次订货，订货量为 $(S-I_3)$，如此周期进行下去，实现周期性库存补给。

第四节　(s, S) 库存策略

对于任何库存策略，取决于当下的库存量，为了了解库存 S，要对库存进行检查。检查的办法一般有两种，一种是连续性盘点，即在任一时刻 t 检查库存量 $I(t)$；另一种是周期性盘点，即在时刻 $kT(k=0,1,\cdots,n)$ 检查库存量 $I(kT)$，其中 T 是一个常数，称为检查周期。本节讨论一种基本的库存策略 (s, S)，其中是 s 订货点，S 是库存水平，将事件驱动库存策略和时间驱动库存策略统一在一起。在事件驱动的库存策略中一旦发现 $I(t)=s$ 就驱动一个订货事件，其订货量 $Q=S-s$（即将库存量补充到 S）。因此，由 s 可以确定订货时间，并由 Q 确定订货量，同样在时间驱动周期性盘点中，若在某一时刻 kT 的库存量 $I(kT)<s$，即应立刻订货，其订货量 $Q=S-I(kT)$。下面将详细讨论这个模型。

一、基本假设

该模型要求满足如下假设条件：

(1) 库存系统运行时间是无限的并可进行周期性盘点。

(2) 需求是连续的、均匀的，需求率 D（单位时间的需求量为常数）。

（3）从订货到交货时间很短可视为0，即 $LT=0$。

（4）允许缺货，并在单位时间内单位缺货损失费为 π，对于未能满足需求的缺货，可在下批货物到达时予以补足，补足的货物到达时无需经过库存可直接输出（不考虑相关费用）。

（5）采用策略（s，S），并设初始库存水平 $t=0$ 时，$I(0)=S$。

（6）费用为订货费、保管费、缺货费三项之和且假设订货费不变。单位货物库存费不变。

（7）目标函数为单位时间的平均费用。

这种模型称为允许缺货的具有独立需求的确定性库存模型。

二、（s，S）库存模型

（s，S）库存模型就是寻找单位时间内平均费用为最少的（s，S）策略。

记 $I(\theta)$ 为时刻 θ 的库存水平。

设订货周期为 t，则在一个周期中库存量由 S 变到 0。所需的时间长度为 t_1，见图7-8。

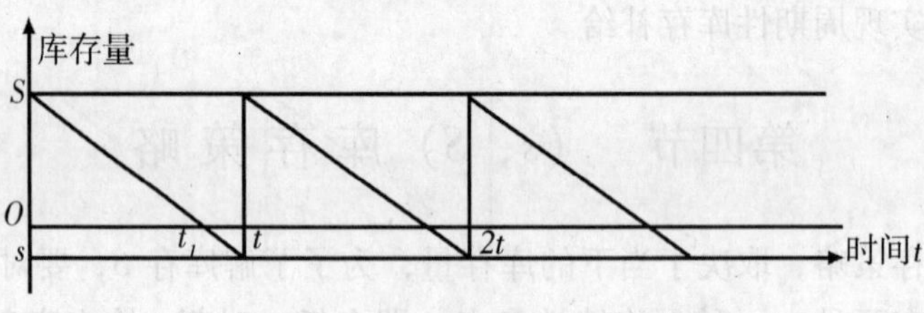

图 7-8　（s，S）库存策略

故在 $0 \leqslant t_1 < t$ 区间无订货，故对足够小 $\triangle\theta$ 的有

$$I(\theta + \triangle\theta) = I(\theta) - D\triangle\theta \tag{7.1}$$

即

$$I'(\theta) = -D, \quad 0 \leqslant \theta < t$$

根据假设 $I(0) = S$，故

$$I(Q) = S - D\theta, \quad 0 \leqslant \theta < t \tag{7.2}$$

在一个周期结束时库存量降为 s，即 $I(t) = s$，因而

$$Dt = S - s = Q \tag{7.3}$$

注意到在 $0 \leqslant \theta < t$，这段时间中库存量有时为正，有时为负，其中负值表示缺货量。若以 t_1 表示该系统在一个周期内库存水平下降到 0 时的对应时刻，则在一个周期中的平均库存量为

$$\frac{1}{t}\int_0^{t_1}I(\theta) = \frac{1}{t}\int_0^{t_1}(S - D\theta)\,\mathrm{d}\theta = \frac{1}{t}(St_1 - \frac{1}{2}Dt_1^2) \tag{7.4}$$

在一个周期中的平均缺货量为

$$-\frac{1}{t}\int_{t_1}^{t}I(\theta)\,\mathrm{d}\theta = -\frac{1}{t}[S(t - t_1) - \frac{1}{2}D(t^2 - t_1^2)] \tag{7.5}$$

单位时间内的总平均费用由下列三部分组成：

（1）订货费，因为在一个周期中只有一次订货订货量为 $Q=S-s$，故每个周期订货费用为

$$C(Q) = \begin{cases} K + CQ & Q > 0 \\ 0 & Q = 0 \end{cases} \tag{7.6}$$

其中 K 是订购费（如手续费、派出人员出差费等，它是仅与订货次数有关的一种固定费用），C 为货物的单价，Q 为订货数量，（成本费是与订货数量有关的可变费用）。因而单位时间的平均订货费为 $C(Q)/t$。

（2）保管费，设单件货物保管费为 h，则单位时间的平均保管费为

$$h\frac{1}{t}\int_0^{t_1}I(\theta)\,\mathrm{d}\theta = \frac{h}{t}(St_1 - \frac{1}{2}Dt_1^2) \tag{7.7}$$

（3）缺货损失，单位时间的平均缺货损失费为

$$-\frac{\pi}{t}[S(t - t_1) - \frac{1}{2}D(t^2 - t_1^2)] \tag{7.8}$$

故单位时间的平均总费用为

$$F(Q,S) = \frac{1}{t}(K + CQ) + \frac{h}{t}(St_1 - \frac{1}{2}Dt_1^2) - \frac{\pi}{t}[S(t - t_1) - \frac{1}{2}D(t^2 - t_1^2)] \tag{7.9}$$

$\because S=Q+s=Dt_1$，$Q=Dt$，代入上式消去 t 和 t_1 得

$$F(Q,S) = \frac{KD}{Q} + CD + \frac{hS^2}{2Q} + \frac{\pi(Q - S)^2}{2Q} \tag{7.10}$$

求上式在 $Q>0$，$S>0$ 条件下的极小值，由极值必要条件

$$\begin{cases} \dfrac{\partial F}{\partial Q} = -\dfrac{KD}{Q^2} - \dfrac{hS^2}{2Q^2} + \dfrac{\pi}{2}(1 - \dfrac{S^2}{Q^2}) = 0 \\ \dfrac{\partial F}{\partial Q} = \dfrac{hS}{Q} + \dfrac{\pi}{Q}(S - Q) = 0 \end{cases} \tag{7.11}$$

得

$$\begin{cases} \pi Q^2 - (\pi + h)S^2 = 2KD \\ (\pi + h)S = \pi Q \end{cases} \tag{7.12}$$

解出驻点：

$$Q^* = \sqrt{\frac{2KD}{h}(1 + \frac{h}{\pi})}$$

$$S^* = \frac{\pi}{\pi + h} Q^* = \sqrt{\frac{2KD}{h} \cdot \frac{\pi}{(\pi + h)}}$$

又因

$$\left.\frac{\partial^2 F}{\partial Q^2}\right|_{(Q^*, S^*)} > 0, \left.\left[\frac{\partial^2 F}{\partial Q^2} \cdot \frac{\partial^2 F}{\partial S^2}\right] - \left(\frac{\partial^2 F^2}{\partial Q \partial S}\right)^2\right|_{(Q^*, S^*)} > 0$$

故 (Q^*, S^*) 是极小点。再由

$$s^* = S^* - Q^* = -\frac{h}{\pi + h} Q^* = -\sqrt{\frac{2KDh}{\pi(\pi + h)}} \tag{7.13}$$

故 (s, S) 的最佳库存策略是

$$S^* = \sqrt{\frac{2KD\pi}{h(\pi + h)}}, \quad s^* = -\sqrt{\frac{2KDh}{\pi(\pi + h)}} \tag{7.14}$$

三、EOQ 库存控制模型

在 (s, S) 库存策略中，缺货模型中的单位缺货损失费 $\pi \to \infty$，则模型变为不允许缺货的模型，其相应的库存策略由上述最优存贮策略立即可得

$$Q^* = S^* = \sqrt{\frac{2KD}{h}} \quad s^* = 0 \tag{7.15}$$

式（7.15）就是库存管理中著名的经济订购批量公式 EOQ（Economic Ordering Quantity）。EOQ 称为经济订购批量，即通过费用分析求得在库存总费用为最小时的每次订购批量，用以解决独立需求物品的库存控制问题。

EOQ 库存控制策略中认为，库存物品是一种用来使整个供应链系统免受过度摩擦的润滑剂，它使各环节分离并独立工作，可以吸收预测误差的冲击，并在需求发生波动时使资源得到有效的利用。

本章小结

(1) 介绍库存管理的基本原理，展示了库存管理的基本内容和目标，在分析了库存成本的基础上，介绍了 Pareto 80－20 原则，引入了在库存管理中非常实用的 ABC 分类库存管理原理和实现方法。

(2) 在库存管理理论方面，梳理了库存管理理论发展的脉络。通过形象化的手法引入事件驱动和时间驱动的库存补货策略，在独立需求的确定性模型方面，介绍了 (Q, R)、(R, S)、(t, S) 和 (t, R, S) 四种基本的库存补货策略。

(3) 通过详细分析了 (s, S) 库存补货策略，展示了处理库存补货策略模型的技术手段，将库存管理中著名经济订购批量公式 EOQ，作为 (s, S) 库存补货策略的一个特例，体现了库存管理策略内在的魅力。

关键词

库存管理　补货　库存成本　经济订购批量　库存策略

思考题

(1) 库存的作用是什么?
(2) 库存管理的内容有哪些?
(3) 库存成本是如何分类的?
(4) ABC 分类法库存管理的理论依据是什么? 在实践中是如何操作的?
(5) 事件驱动和时间驱动的库存策略有何不同?

第八章　国际物流装备

本章主要介绍物流装备的现代化、国际物流的设施装备及发展趋势。

第一节　物流装备的现代化

物流装备的现代化主要表现在以下几个方面。

一、运输系统的现代化

现代化的运输可分为铁路、水运、公路、航空、管道五种主要方式。尽管这五种运输方式使用不同的运载工具、不同的运输线路、设备，但是都具有运输面广、点多、线长、流动性大、连续性强等共同特点，交通运输是实现物流合理化、现代化的关键。因此，必须重视运输技术的发展。

（一）加快运输线路的发展

新中国成立以来，我国运输体系虽然有了很大的发展，但是运输结构仍然不合理，各种运输方式间缺乏合理组织，主要是水路、公路的优势没有充分发挥，而铁路负担过重。我国铁路网密度小、复线率低、技术条件差、负荷重，不少路线已达到饱和状态，因此，就需要从我国的实际状况出发，建立一个由各种运输方式组成的结构合理、四通八达的现代化综合运输体系。铁路运输在我国占有重要地位，在加快铁路建设中，除铺设必要的新线外，近期主要以提高通过能力为中心，对主要干线进行技术改造；为适应重载、高速、密度行车的要求，铁路线路应采用重轨、长轨、高质量岔道、整体道床，合理配置区段站、编组站和机车车辆段，在站场和站内采用先进设备，实现铁路运输作业的自动化，要提高公路路面的质量和等级，适当地建设高速公路以适应短途运输的发展需要；港口、码头要根据需要建设不同泊位的专用码头，设置先进的装卸机具；同时要注意内河运输、管道运输等输送技术的研究和发展。

（二）注重运载工具的发展

在铁路方面，加快牵引动力的改革，尽快实现内燃和电力牵引，并积极研究新型的牵引力大、节省能源、使用寿命长的机车，车辆结构采用轻型、耐腐蚀、高强度材料，向大型化和专用化方向发展；在水路方面，要提高专用远洋船的比重，积极研究吃水浅的大型沿海运输船舶，内河船型要向标准化、内燃化方向发展；在民航方面，要积极发展适用于国内运输的各种专用机、直升机和短途飞机以及适用于国际运输的大型飞机。

（三）运输生产管理的自动化

在运输行业管理方面积极采用电子计算机、光导纤维、无线电通讯等先进技术，使运输生产朝着高度自动化管理系统发展。

（四）大力发展集装箱运输

集装箱运输的发展程度，被认为是一个国家运输现代化的重要标志，集装箱运输具有安全、迅速、简便、节约的特点。开发集装箱运输，对促进装卸机械化，提高运输设备装卸效率和工作效率，减少运输损耗，保证货物安全，简化理货手续等起着重要作用。而实现集装运输的必要条件是：货流稳定，商品运输量大集中，运输工具比较先进，在运输过程中各个环节要更新相关运输、装卸设备，创造水路、铁路、公路的联运条件，以实现从发货人到收货人的“门对门”的运输。我国现在有不少车站、港口不能办理集装箱运输，主要原因之一就是缺乏起吊装卸集装箱的机械设备，由于行车、吊车、铲车等起重设备不配套，以致无法办理集装箱运输业务。随着集装箱运输的开发，集装箱正在向大型化发展，目前，即使已经配备了起重设备的车站、港口，也面临起重设备配套的新问题。此外，为实现集装箱的水路和公路联运，这些都是在开发集装箱运输时所必须认真研究的问题。

二、仓库的现代化

近年来，一些国家在仓库的设计、仓库的设施等方面实现了现代化，取得了一些新的进展，现代化的仓库不仅要充分发挥仓库的使用效能，满足商品储存的要求，同时要针对商品的特性，采用先进设备，确保商品的使用价值，而且还必须做到吞吐快捷，以利于加速运输工具的周转。实现仓库的现代化，主要有以下几个方面：

（一）自动化冷库

肉类、禽蛋以及果品等新鲜货物的储存，必须具备相应数量的冷库或恒温仓库，为提高对冷库的自动管理程度，建立自动化冷库很有必要。由于在冷库中的自动设备，无论是钢材的低温性能、润滑油的性能，还是电气零件的低温性能等与在常温下是不同的。通过采用低温性能好的钢材和润滑油，以及在电气箱内设加热器等措施，在技术上已经取得成果。

（二）自动化立体仓库

美国、日本等国家已经建立了这种仓库。这种仓库是指用货架储存货物，用堆垛机配以其他机械进行作业的入库、出库、保管自动化的仓库。其主要特点是：单位面积储存量高，节约土地，节省人力，容易做到货物的先进先出，避免货物在转运场损伤。

（三）粮食筒仓

为满足粮食的储备、中转以及散装运输的需要，各国都建有大型机械化立筒式粮仓。其主要特点是：储存量大，吞吐周转快，特别有利于运输工具的周转，我国在一些大城市和港口也建有一些粮食筒仓。

三、配送系统的现代化

配送系统的现代化，主要面临的是配送信息处理的现代化。建立配送管理信息系统能提高物流的服务质量。配送信息系统是一个收集相处理配送管理信息，为配送作业、配送管理相配送决策提供必要信息的综合管理系统。配送管理信息不仅包含一般的仓库管理信息，更应突出按用户要求进货、配货、送货等方面的信息。因此，有无配货、送货等信息处理功能，是区别于一般仓库管理信息系统的重要标志。同时，配送信息系统也是配送中心的指挥部门，没有这个信息中枢，配送中心就运行不起来。配送信息系统主要包括下面几个方面：

（1）订货管理系统：接受用户订货，提供配送查询信息，定时汇总用户的需求，安排备货业务计划。

（2）进货管理系统：根据预测和订货组织货源，签订供货合同，按用户要求及经济合理的原则安排进货时间间隔和进货批量。

（3）库存管理系统：及时提供存货信息，包括品种、规格、质量、数量、存入地点、产地、价格等详细信息；设置库存监控；指导进货间隔；合理安排存货地点。

（4）仓库管理系统：出入库管理，入库验收管理、保管、仓库货位的分配管理等。

（5）配货管理系统：分货，拣选货管理，配货作业管理。

（6）运输管理系统：编制运输计划和配车计划，把影响配车计划的订货量、件数、可派车辆，送货道路交通情况，配送地点、运费等因素输入计算机，取得最佳配车方案。

四、装卸搬运系统的机械化

从总体上看，我国物流企业装卸作业机械化水平很低，仍然是比较落后的。除部分大中城市的物流企业外，还有许多部门、地区的装卸作业机械化程度是相当低的，甚至主要还是依靠手搬肩扛，这种落后的作业方式劳动强度大，工作效率低，而且货物的损失也大。同时，由于物流作业是一环扣一环地连续进行，如果机械设备不配套，就会造成许多困难。因此，某些工序已经高度机械化，而在另一些工序，工人体力劳动还相当繁重的状况，必须逐步改变。提高综合机械化程度，已成为实现装卸机械化的重要任务。

五、包装的标准化

包装的标准化，就是为了取得商品包装的最佳效果，依据包装科学技术和商品的理化生物性能、形状、体积、重量等，在有利于商品的生产、流通和节约的原则下，使同种和同类商品各种不同包装趋于一致，包括统一材料、统一规格、统一数据、统一封装、统一标准和统一编号。集合包装是开发集装单元运输的前提条件，是运输业高度发展的必然结果，而集装单元运输的基础是载货托盘。因此，必须实现托盘的标准化，而托盘标准化的关键又在于实现包装尺寸的标准化。我国托盘数量较少，但规格却比较繁杂，托盘标准和包装尺寸系列的制定，为我国物流托盘化的发展奠定了基础。

六、信息处理的现代化

物流信息系统是物流活动的“神经”，物流管理工作的成效，取决于对物流信息掌握与利用的程度。物流信息技术主要是以电子计算机为核心的微电子技术，作为收集、处理信息，建立数据库，进行科学管理的主要手段；把电子计算机网络与物流系统中的运输、储存、配送等业务相结合，就形成高效、通畅、可调控的物流管理系统。

第二节　国际物流装备的现状

国际贸易的迅速发展，导致货运量大幅度地增长。随着货运量的大幅度增长，作为各种货物进出口或转运枢纽的港口也得到迅速发展。各港口以及相关的货场、仓库等的装卸机械，物流设施必然会先行发展以适应物流量增长的需要。

一、干散货装卸机械的现状

干散货的装卸搬运机械主要包括卸车机、带式输送机、堆取料机、装船机和卸船机等，下面分别加以介绍。

干散货舱快速卸车机是加快车船周转，保证高速转运和装船的重要环节。目前国际上卸车主要采用翻车机和底开门自卸车等卸车设备。最新的翻车机带旋转车钩，为不解体二或三车串联式。美国弗吉尼亚岛托莱多煤码头，每次翻 70 吨车皮两节，卸车效率达到 8500 吨/小时；中国秦皇岛煤码头三期工程的翻车机（德国制造），不解体每次翻卸 100 吨车皮三节，卸车效率达到 10000 吨/小时以上。美国明尼苏达州双港口码头年过港能力为 20000 千吨（千吨代表 1000 吨），使用底开门自卸车，一列 160 节，每节载重 85 吨的专用自卸车，在行进中只需 8 ~ 10 分钟卸完，生产率比最新的翻车机还高。

带式输送机是各种装卸机械的纽带。近年来，正继续向大容量、高强度、长距离、高生产率方向发展。胶带骨架材料已广泛使用维尼纶、涤纶、聚脂尼龙钢芯等高强度材料。带宽一般为 1.5 ~ 2 米以上，带速为 3 ~ 6 米/秒（德国某公司经过论证认为带速以 3.6 米/秒为宜）。运输效率高达 10 千吨 ~ 16 千吨/小时。

堆取料机型式繁多，品种规格齐全。德国是斗轮换取料机的传统生产国，近年来日本奋起直追，发展较快。目前世界港口上最大的堆料机是日本石川岛播磨重工业公司为巴西制造的，生产率为16000吨/小时，回转半径为55米。最大的取料机是英国明尼苏达州双港的履带式取料机，生产率为4500吨/小时。挪威纳尔维克港铁矿码头采用了两台最大的堆料机，每台生产率为9000吨/小时。

现代化的装船机主要有移动式、弧线式和直线式三种类型。移动装船式装船机可沿泊位全长行走，可在任意舱门和落点装船，适用于多泊位、各种船型的装船作业。目前世界上最大的移动式装船机是美国苏必利尔煤炭码头上采用的，生产率为10千吨/小时。然而，移动装船机结构比较复杂，造价高，重量大，水工建筑投资大。弧线式装船机一端固定，另一端沿弧线型轨道摆动，适合于多方位泊位，装船机不沿岸线移动，降低了水工建筑投资。巴西吐巴里奥港矿石码头有两台最大的弧线式装船机，装船效率达到16千吨~20千吨/小时，伸臂长度70米，最大伸距48米，能适应350千吨级的船型。直线式装船机，除了具有弧线式装船机的优点之外，它的投资更省，能缩短码头岸线长度，增加作业面积，最大的生产率可达10吨/小时，但只适于单方位泊位。

干散货卸船作业一直是装卸作业中的薄弱环节。国际上目前仍普遍采用间歇式抓斗门机或桥式抓斗卸船机。近年来，正积极研制各种类型的连续式卸船机。带斗门机生产率较低，一般为700吨/小时左右，适用于船型小于50千吨级。桥式抓斗卸船机是国际上散货卸船机的主要机型。荷兰鹿特丹矿石码头安装了一台由联邦德国PHB公司生产的起重量为85吨、卸矿石生产率为5100吨/小时、卸煤为4200吨/小时的目前世界上最大的抓斗卸船机，适用于300千吨级船型。抓斗卸船如粉尘污染大，清舱作业量大，能耗多，船舶损伤大等，因而认为不是散货卸船机的发展方向。目前正在研究和试制的连续式卸船机系统有链斗式连续卸船机。美国阿拉巴马州伯利德中转码头投产的链斗式连续式取船机，卸船效率为5000吨/小时；日本石川岛播磨公司生产的铰链式链斗卸船机，卸船效率2000吨/小时，其底部能倾斜，便于清舱作业。研究投产的还有螺旋式连续卸船机、悬链式连续卸船机、绳斗或链斗刮板式连续卸船机等。连续式卸船机具有装卸效率高、能耗少，操作简便，劳动强度低，对环境污染少，对船舱损伤轻等优点，但它的输送速度受到限制，机器结构复杂，制造成本高，维护麻烦，对所卸物料有相应的要求，使应用范围受到限制。总的说来，国际上倾向于肯定连续式卸船机是散货卸船机的发展方向。

二、集装箱装卸运输机械的现状

集装箱运输是一种速度快、成本低、质量好、使用方便的现代化运输方式。工业发达国家早已普遍采用。据国际上预测，今后十年集装箱运输的发展速度将会放慢，主要是由于欧盟、美国、日本、澳大利亚等国的主要航线上杂货的集装箱已达80%以上，今后的增长主要是发展中国家，然而这些国家缺资金、技术和经营管理经验，但发展的势头是有增无减。

集装箱运输方式有“滚上滚下”和“吊上吊下”两种系统。“滚上滚下”系统装船时，牵引车拖着集装箱挂车或底盘车通过跳板，直接拖进船舱，由集装箱叉车进行堆码或者直接存放。卸船时流程相反，牵引车将载着集装箱的车辆直接拖到货场。这种系统可不用大型专用集装箱装卸机械，装卸费用低，装卸环节少，装卸速度比“吊上吊下”系统要快30%左右，有利于组织“门到门”运输。在单航程一周内的近距离航线上采用，经济效果较好，但其造价比一般集装箱船高10%，载重利用系数高一半左右，占用货场面积大，不利于堆码。

“吊上吊下”系统是国际集装箱装卸中采用最多的系统。这种系统用岸边集装箱起重机作为装卸作业的主机（一个泊位一般设两台），将集装箱从船舱内吊出，装入底盘车或载重汽车运到货场由轮胎式或轨道式龙门起重机进行卸车或堆码作业。还有采用跨运车将集装箱由岸边运到货场进行堆卸作业的方式，日本采用多。国际上认为，用底盘车和轨道式龙门起重机系统成本低、货场利用率高、故障率小，是较好的装卸系统。

目前，我国铁路集装箱运输已由中东扩展至西欧、东欧和北欧等国家，但与发达国家相比，还有较大距离。无论是集装箱运输总吞吐能力，还是集装箱运输货运总量都须努力赶上世界先进水平。

三、地面无人搬运系统的现状

（一）拖链小车无人搬运系统

它是地面无人搬运的主要形式之一。美国芝加哥论坛报社印刷厂采用此系统自动搬运新闻纸卷，供90台印刷机进行生产，平均每15分钟需要一个纸卷。系统中共有三条回路，设置250台小车，间距12英尺，小车以速度为60英尺/分钟在回路上运行。纸卷共分六类，从小车装上纸卷时起，电子计算机就对它进行跟踪。电子计算机得到某台印刷机的请求后，立即查找并确定距离该印刷机最近带所需纸卷的小车，当该小车运行到该印刷机的支线时，电子计算机发出指令，控制拔叉装置将小车推到支线上，供给该印刷机纸卷。这种纸卷重1吨，日供应可达1800吨。

（二）无人搬运车系统

国际上无人搬运车的需要量在20世纪80年代一直稳定增长，无人搬运车系统主要应用在下列场合：与自动化立体仓库的堆垛机相接，完成出入库作业；在加工车间内搬运工件和刀具，在装配车间内搬运工件或作为流动装配线使用；在冷库、核电站和其他对人体有害的环境下搬运物品。该系统使用的特点是：由计算机控制，实时向沿线各工位搬运工件和货物；搬运路线机动灵活，不仅可以设置很多道岔，而且可以根据需要，改变线路；能自动认址，自动装卸，有的还可以自动堆垛（采用无人叉车系统）。

无人搬运车的自动导向方式有电磁感应导向、光电导向，近年来还出现视觉导向等新的方式。电磁感应导向需要领先在线路上埋线，埋好后地面不留痕迹，比较可靠。目前正研制一种导电的胶带，把它贴在地面上作电磁导向，不需要开沟埋线，铺设和更改线路特别方便，胶带磨损后容易贴补更换。光电导向新的办法是在白漆里加入荧光粉，然后用紫外线照射，即使在地面亮、反光强的情况下，也能准确地跟踪导向线。光电导向的重要缺点是容易污渍、磨损而失灵。

无人搬运小车最近在下列几方面又有新的发展：随着导向可靠性的提高，小车的速度已经提高到 6 千米/小时；可以短距离离开导向线位置，完成一定装卸作业后再返回导向线，离开的距离最远可达 18 米，大大减少了导向线的总长；系统的装卸手段日趋完善；一方面可在装卸点设置自动装卸机械转载；另一方面在小车上装设货叉、摩擦轮或倾翻式平台等自动装卸货物；装载重量已经提高到 500 ~ 2000 千克，提升高度可达 12 米；无人搬运小车的蓄电池还可以自行充电。

四、仓储机械系统的现状

目前国际仓储技术是静态存储、动态存储和动态自动化存储三种形式并存。采用动态自动化存储的自动化主体仓库尤能满足高技术发展的需要。近年来，国际自动化仓库的发展具有如下的特点：

（1）分离式仓库发展速度高于整体式仓库，1982 年日本共拥有自动化仓库 3000 座，其中整体式仓库占 20%，分离式仓库占 80%，而大型整体式仓库有进一步向系统化、自动化、无人化方向发展的趋势。

（2）仓库管理向计算机化、网络化发展，不但追求仓库的经济效益，且使库存、生产、销售、服务等成为一个有机的整体，提高整个企业的综合经济效益和社会效益。

（3）巷道堆垛起重机的运行、起升和货叉的伸缩速度都有了明显地提高。运行速度已由 80 米/分钟提高到 140 ~ 150 米/分钟；起升速度已由 20 米/分钟提高到 30 ~ 40 米/分钟，货叉伸缩速度已由 5 ~ 7 米/分钟提高到 30 米/分钟。

（4）自动化仓库中，生产型仓库广泛采用小型分离式仓库；商业物资部门广泛采用大型整体式仓库；运输部门使用的中转型仓库由于存放的商品的品种、规格、尺寸难以稳定，有减少的趋势。

（5）自动化仓库的标准化、系列化工作在国际上迅速开展，联邦德国制定了巷道堆垛起重机、自动化仓库中的物料流程、信息流程、高层仓库用工业车辆等规范，美国、日本、俄罗斯等国也颁布了一些有关的标准。

第三节　国际物流装备的发展趋势

国际市场的活跃，国际贸易和货运量的高速增长，促进了物流机械的迅猛发展。世界各国往往把提高物流机械化、自动化水平作为参加世界市场竞争的重要手段。国际物流重要支撑的条件是科技进步所创造的许多新技术及新装备。

一、国际物流的新技术装备

国际物流的新技术装备主要有驮车运输方式、箱车分体方式、两层集装箱火车联运方式、公路铁路两用方式。

（一）驮车运输方式

它是铁路、汽车联合运输系统的一种技术，这种技术是以载货汽车为核心设备，从发运者到接运货物，完成“门到站”的运输。到达火车——汽车转运站之后，顺火车车尾坡道开上火车，锁住后，由火车车皮驮运汽车货载完成“站到站”运输。至到达站之后，再顺序沿车尾坡道开下，直驶至接货人的“门口”。一般说来，火车运输一般距离较长，单位运价较低，从而对汽车“门到门”的优质服务起了降低成本，提高速度的补充作用。

驮车运输方式有如下优点：①汽车运输避免过长距离，从而降低运费、减轻司机疲劳减少事故，减少由于堵车、道路状况不佳耽误交货等问题的发生。②可以保持物流的连贯性，大幅度减少装卸时间。③可大幅度降低人工费、燃料费、汽车过路费等。④卡车开上开下方式实现装卸，省却了装卸机械。

（二）箱车分体方式

采用可与汽车底盘分开的车箱，在火车—汽车转运站，用吊车将车箱起吊，与车体分开，再放到火车车皮上，实现汽车与火车的联运。

这种方式与一般集装箱方式类似，在装卸时也采用吊装集装箱的龙门吊。其区别是，车箱箱体可不按集装箱的标准尺寸，而按火车车皮的最优尺寸制造，比集装箱装运能力更大。但这种方式通用性较差，在铁路—汽车固定运输线上，如果有长期稳定的散杂货输送，可采用这种方式组成一个高效运输的系统。

（三）两层集装箱火车联运方式

火车车皮装运一层集装箱，往往达不到火车满载要求，从物流标准化来看，火车及集装箱如果想达到最优配合，则标准要做大变动，这对火车和集装箱而言，已经都难于做到这一点，这可以说是后发物流系统的先天不足之处。

火车装运两层集装箱的问题是超高，无法运输。在不改变集装箱尺寸的前提下，要想装运两层，必须降低车底高度，所采用的办法主要是“袋鼠式”火车车皮，即在两轴之间降低车底高度，将两层集装箱堆垛于此处，可不超高，但火车载运能力却大幅度提高。

两层集装箱运输，下层由于车轮凸起，集装箱只能装在两轴之间，所以下层装的集装箱尺寸小，而上一层尺寸可大一些。一般可采用下层装 40ft/TEU，而上层装 45ft/TEU。

（四）公路、铁路两用方式

箱式半挂车和铁路台车相结合组成火车列车的一种形式。这种方式，在公路上行驶时，是汽车拖挂车与箱式半挂车组成汽车运输单位，在和火车结合时，半挂车首尾与火车台车相接。火车运行时用油压系统将半挂车轮子提起，依靠台车在轨道上行驶。这种方式的优点，除车箱体可原样进行“门到门”运输外，台车较小、自重轻，因而和集装箱火车运输比较，无效运输少。

二、国际物流的保税仓库

保税仓库是国际物流系统中保税区域之一种，这是外国入境或过境货物，在输入手续未完成之前，长期存放的仓库。

保税仓库是需要经过专门批准的仓库，外国货物的保税期一般最长为两年，在这个时期中可存放在保税仓库中，这个期间，经营者可以找到最适当的销售时机，一旦实现销售再办理关税等通关手续。如果两年之内未能销售完，则可再运往其他国家，保税库所在国不收取关税。

保税仓库避免了过高的关税一旦完税，货物便实际上形成到进口国的“货到地头死”，如果再想输出，则按出口货再次办理通关手续，这样一来，货物成本必然大增，会大大削弱货物竞争能力、加大了国际贸易风险，会影响商贸活动的开展。建立保税仓库后，可以大大降低进口货风险，有利于鼓励进出口，鼓励外国企业在中国投资，是非常重要的投资环境之一部分。

我国海关监管制度中，主要是保税仓库制度，保税仓库也是由海关批准并由海关监管的。保税仓库制度允许存放的货物范围如下：

（一）缓办纳税手续的进口货物

这主要包括进口国工程，生产等需要，由于种种原因而造成的预进口货物，储存在保税仓库内随需随提，并办理通关手续，剩余的货物免税退运。也包括进口国情况变化、市场变化，而暂时无法决定去向的货物，或是进口货物无法做出最后处理，这些都需要将货物存放一段时间，如果条件变化，需要实际进口，再缴纳关税和其他税费，这就使进口商将纳税时间推迟到货物实际内销的时间。

（二）需做进口技术处置的货物

有些货物到库后，由于不适于在进口国销售，需做换包装装潢，改包装尺寸或其他加工处理，则可入保税仓库进行这一技术处置，待到符合进口国的要求再内销完税，不符合的则免税退返。

（三）来料加工后复出的货物

为鼓励"两头在外"的国际贸易战略的实施，对有些来料加工，又是在保税区或保税仓库完成的，加工后，货物复出口，则可存放于保税仓库。

（四）不内销而过境转口的货物

有些货物或内销无望而转口，或在该区域存放有利于转口，或无法向第三国直接进口而需转口，货物则可存放于保税库中。

保税仓库在国际物流中，既适于进口货物，也可用于出口。

三、国际物流设施的展望

国际物流是今后发展十分迅速的物流体系，尤其是世界贸易组织成立之后，国际分工必将进一步深化，国际间贸易数量和质量都会进一步发展。因此，对于国际物流设施的未来研究，也是物流学研究的重要领域。根据学者们的看法，国际物流设施今后在以下几方面会有很大进展。

（一）船运

船运是国际物流的主体运输方式，除了欧洲，中亚、北美、南美等局部区域的国际物流可以不主要依靠船运，其他绝大部分地区和上述地区诸国与全世界的物流联系，则主要依靠船运。我国在亚太地区的主要贸易伙伴如日本、南亚、西太平洋地区主要用船运。

船运的发展今后主要表现在以下几个方面：

（1）船舶的大型化。大型化问题在20世纪80年代就已经十分明显了，今后不仅是船数总量的增加问题，船舶大型化会成为重要趋势。船舶大型化不仅增加了船运总量，更重要的是降低船运成本，使国际间原来不适合运输的货物变得适合了，这样就大大促进了这种货物的国际间贸易，最明显的是矿石和煤碳。船舶大型化尤以矿石船、散装船、油船表现最为突出。此外，近些年用于国际联运的集装箱船舶的大型化趋势也很强，集装箱船的载箱量已可达4000个换算箱箱位。

（2）港口设施。船舶大型化必然要求港口设施建设的发展，这主要有两方面，一是停泊大吨位船的码头建设，另一方面是对大吨船的大量、快速装卸设施建设，此外一次到发数量越大，则对港口的集疏要求也就更高，会促进和带动腹地建设，尤其与腹地的运输联系。

（3）集装箱的大型化。现在国际物流中 40ft/TEU 的比重已有很大增加，这个趋势会继续下去，同时，也会带动装运 40ft/TEU 的港口，机具及陆运设备、设施的发展。

（二）空运

在国际物流这一特殊领域空运货物也将会有较大的发展，其主要对象物是适应人们高消费要求而出现的鲜果、食品、时装、化妆品、书报、艺术品等的物流要求，同时大跨国公司关键零部件等也有所应用。

空运的发展今后主要表现在以下几个方面：

（1）运送速度快。在途时间短，也使货物在途风险降低，因此许多贵重物品、精密仪器也往往采用航空运输的形式。当今国际市场竞争激烈，航空运输所提供的快速服务也使得供货商可以对国外市场瞬息万变的行情即刻做出反应，迅速推出适销产品占领市场，获得较好的经济效益。

（2）不受地面条件影响，深入内陆地区。航空运输利用天空这一自然通道，不受地理条件的限制。对于地面条件恶劣交通不便的内陆地区非常合适，有利于当地资源的出口，促进当地经济的发展。航空运输使本地与世界相连，对外的辐射面广，而且与航空运输相比较，公路运输与铁路运输占用土地少，对寸土寸金、地域狭小的地区发展对外交通无疑是十分适合的。

（3）安全、准确。与其他运输方式比航空运输的安全性较高，航空公司的运输管理制度也比较完善，货物的破损率较低，如果采用空运集装箱的方式运送货物，则更为安全。

（4）节约包装、保险、利息等费用。由于采用航空运输方式，货物在途时间短，周转速度快，企业存货可以相应的减少。一方面有利资金的回收，减少利息支出；另一方面企业仓储费用也可以降低。又由于航空货物运输安全、准确，货损、货差少，保险费用较低。与其他运输方式相比，航空运输的包装简单，包装成本减少。这些都构成企业隐性成本的下降，收益的增加。

（三）更广泛地采用国际联运

大陆桥国际联运的成功，促成了它进一步的大发展，现在正在酝酿新的大陆桥通道，这种运输方式也将带动铁路运输方式的技术革新。

“新大陆桥”即指新亚欧大陆桥。它是相对西伯利亚铁路而言，它东起我国日照和连云港，西行经新疆阿拉山口站换装出境进入中亚，后分为北、中、南三线接入欧洲铁路网，最后到达荷兰的鹿特丹、比利时的安特卫普等港口，横贯亚欧两大洲中部地带。

新亚欧大陆桥发展的总体目标是：加快交通运输基础设施建设，形成具有强大综合运输能力的国内国际运输通道；加强对沿线地区优势资源的开发利用和保护，建设和形成几个具有国内外重大影响的特色产业带与生产加工基地；加速扶持和培育沿线一批中心城市的综合发展，逐步建成支撑整个陆桥地区对外开放和经济快速增长的窗口和核心；加强与沿线其他国家和地区之间的经济联合和科技教育文化交流与合作，推动整个新亚欧大陆桥沿线地区建设成为连接亚欧大陆的又一条国际性、开放型的综合经济带。它的建设的总体目标是以增强铁路干线运输能力为重点，充分发挥公路、港口、航空、管道等多种运输方式的优势，加快综合运输体系建设，形成若干条通过能力强的运输大通道。

国际联运今后发展方向主要有以下方面：

(1) 铁路建设。消除铁路主要干线运输的梗塞区段，确保运输畅通和运力提高；与沿海铁路及西南铁路主干线联接成网，提高陆桥运输通达程度，扩展大陆桥的通道功能。

(2) 公路建设。建设自东桥东堡至西部边境口岸的东西向高标准公路大通道。

(3) 港口、空港、管道及口岸建设。提高与陆路运输的配套能力，提高大陆桥运输体系的集疏运能力。

本章小结

(1) 物流装备现代化包括了运输系统的现代化、仓库的现代化、配送系统的现代化、装卸搬运系统的机械化及包装的现代化等方面。

(2) 随着国际贸易货运量的大幅度增长，作为各种货物进出口或转运枢纽的港口，也得到迅速发展。各港口以及相关的货场、仓库等的装卸机械，物流设施必然会先行发展以适应物流量增长的需要。

(3) 随着国际贸易和货运量的高速增长，促进了物流机械的迅猛发展。展望国际物流装备发展的条件是科技进步所创造的许多新技术及新装备。

关键词

物流　装备　保税仓库　国际联运　运输系统　配送系统　包装

思考题

(1) 物流装备的现代化主要表现在哪几个方面？

(2) 配送系统的现代化主要包括哪几个方面？

(3) 简述国际物流装备的现状。

(4) 简述国际物流装备的发展趋势。

第九章　国际物流成本管理

国际物流管理的本质要求就是求实效，即以最少的消耗，实现最优的服务，并达到最佳的经济效益。

本章主要介绍国际物流成本的有关知识，包括国际物流成本的分类及其具体构成；国际物流成本管理特点、内容以及原则；国际物流成本的控制、计算和分析；以及作业成本法（ABC）在物流成本管理中的应用。

第一节　国际物流成本概述

一、国际物流成本与国际物流成本管理的概念

（一）国际物流成本的概念

国际物流成本是指国际物流活动中的各环节，如采购、包装、装卸搬运、储存、流通加工、商检报关、国际运输、信息处理等所支出的人力、物力、财力的总和。其主要包括以下各项：从事国际物流工作人员的工资、奖金及各种补贴；国际物流过程中的物质消耗，包括材料、电力、燃料的消耗，固定资产的磨损等；物资在运输、仓储保管等国际物流过程中的合理消耗；再分配项目支出，如支付银行贷款的利息等；国际物流过程中发生的其他支出，如办公费、差旅费等。

作为影响国际物流企业效率的重要因素，国际物流成本就是用金额、数量和货币单位等来评价和表示的国际物流活动过程中发生的各项实际支出和费用，包含在采购、包装、装卸搬运、储存、流通加工、商检报关、国际运输、信息处理等各个活动中的费用都应被计入国际物流成本。但是，企业财务数据计算的物流费用只能反映国际物流成本的一部分，有相当数量的物流费用是不可见的。日本早稻田大学的西泽修教授对这一现象提出了“物流冰山”学说，即认为向外支付的物流费用只是“冰山”的一角，而大量的物流费用是在企业内部消耗的。

（二）国际物流成本管理的概念

国际物流成本管理是指通过对物流中发生的各项成本进行合理有效地预测与决策、计划与控制、核算和计算及分析与考核来管理成本，以实现国际物流管理的目的，达到物流企业效率的提高。

二、国际物流成本管理的理论

国际物流成本管理的理论主要有以下学说。

(一)“黑大陆”学说

著名的管理大师彼德·德鲁克1962年在《财富》杂志上发表的《经济的黑色大陆》中认为“物流是一块未开垦的处女地”，强调应高度重视物流管理，指出“流通是经济领域里的黑暗大陆”。这里彼得·德鲁克虽然泛指的是流通，但是由于流通领域中物流活动的模糊性特别突出，是流通领域中人们认识不清的领域，所以“黑大陆”学说主要是针对物流而言的。“黑大陆”学说是一种未来学的研究结论，是战略分析的结论，带有较强的哲学抽象性，这一学说对于研究物流成本领域起到了启迪和动员作用。

(二) 物流成本冰山理论

这一理论最先是由日本早稻田大学的西泽修教授提出的。该理论指出，盈亏计算书中的“销售费和一般管理费”，不过是冰山之一角，因为在公司内部占压倒多数的物流成本混入其他费用之中，如果不把这些费用核算清楚，就很难看出物流费用的全貌。物流费用核算的是企业对外部运输者所支付的运输费或向仓储支付的商品保管费等传统的物流费用，对于企业内与物流中心相关的人员费、设备折旧费等各种费用则与企业其他经营费用统一计算，从而很难正确把握实际的企业物流成本。实践表明，实际发生的物流成本往往要超过外部支付额的3倍以上。

(三)“第三利润源”说

西泽修教授于1970年所写的《流通费用》一书中继续指出利用劳动对象和劳动者提高生产效率、创造利润分别是企业的第一利润源和第二利润源，在企业第一和第二利润源可利用空间越来越小的情况下，物流成为企业增加利润的“第三利润源”。很显然第三利润源揭示了现代物流的本质，使物流能在战略和管理上统筹企业生产、经营的全过程，并推动物流现代化发展。

(四) 效益悖反效应

物流成本之间存在效益悖反规律。在物流功能之间，一种功能成本的削减会使另一种功能成本增多，主要包括物流成本与服务水平的效益悖反和物流各功能活动的效益悖反。这个理论强调了物流成本的整体概念，要求整个物流系统化，调整各要素之间的矛盾，把它们有机地结合起来，使物流总成本最小。

这就要求我们必须从总成本的角度看问题，追求整个物流系统总成本的最低点。例如可以降低运输费用，但仓储费用和库存费用有可能就会增加。

(五) 其他物流成本学说

(1) 成本中心说：物流在整个企业战略中，只对企业营销活动的成本发生影响。

物流是企业成本的重要的产生点，是“降低成本的宝库”，因而解决物流的问题，并不只要搞合理化、现代化，不只为了支持保障其他活动，重要的是通过物流管理和物流的一系列活动降低成本。所以，成本中心既是指主要成本的产生点，又是指降低成本的关注点，物流是“降低成本的宝库”等说法正是这种认识的形象表述。

（2）利润中心说：物流可以为企业提供大量直接和间接的利润，是形成企业经营利润的主要活动。对国民经济而言，物流也是国民经济中创利的主要活动。

（3）服务中心说：代表了欧美一些学者对物流的认识。这种认识认为，物流活动最大的作用，并不在于为企业节约了消耗，降低了成本或增加了利润，而是在于提高企业对用户的服务水平进而提高了企业的竞争能力。因此，他们在使用描述物流的词汇上选择了“后勤”一词，特别强调其服务保障的职能。通过物流的服务保障，企业以其整体能力来压缩成本，增加利润。美国著名物流学家詹姆斯·约翰赴及唐纳德·伍德等在他们所著的《现代物流工程管理》一书中指出：“物流学是一门充满活力的新的学科领域。”“为使市场经济达到使企业和客户在适当的时候，花费最小的成本费用，获得他们所需要的产品和服务这一目标，一个有效的物流系统是关键。”

（4）系统说：物流利润的大部分会间接转移到企业整体效益的提高上，不能仅从物流费用的节省来简单地衡量物流利润。物流产生利润实际上是物流成本、物流利润的一种重新划分，它至少包括这样几个部分：①物流时间的节省，物料、半成品、产成品在物流各环节停留时间的减少，意味着物资向资金流转速度的加快。②物流费用的降低。③用户满意度的增加。物流费用的降低当然可以直接体现出物流利润的增加，物流速度的提高所产生的效益主要表现为生产周期的缩短，企业物资及资金流转速度的加快；用户满意度的提高有利于产品形象和企业形象的优化。

（5）战略说：物流具有战略性，是既能提供成本优势又能提供价值优势的管理领域之一。高效、合理的物流管理，既能够降低企业经营成本，又能为客户提供优质的服务，属于企业战略管理范畴。

国际物流成本管理是物流管理的重要内容，国际物流管理可以说是以成本为手段的物流管理方法。国际物流成本管理的意义就在于，通过对物流成本的有效把握，利用物流要素之间的效益悖反关系，科学、合理地组织物流活动，加强对物流活动过程中费用支出的有效控制，降低物流活动中的物化劳动和活劳动的消耗，从而达到降低物流总成本，提高企业和社会经济效益的目的。总之，国际物流成本是以国际物流活动的整体为对象的，是唯一基础性的、可以共同使用的基本数据。也可以说国际物流成本是进行物流管理，使国际物流合理化的基础。

第二节　国际物流成本的分类与构成

一、国际物流成本的分类

为了正确地进行国际物流成本核算，根据成本分析方法、物流管理方法的不同，可以将以上各项支出和费用进行不同形式的分类。

（一）从成本会计核算的角度对国际物流成本的分类

1. 可控成本与不可控成本

从是否可以控制的角度，国际物流成本可以划分为高度可控成本、低度可控成本和不可控成本。这样划分，各个经理只需负责针对功能范围内的可以控制的成本做出有效决策。一般来讲，可控成本是指在会计期间内责任单位可以采取措施进行调整的成本。可控成本与不可控成本的划分，有利于区分成本控制责任。

2. 固定成本与变动成本

成本的变动通常是由业务量的变动引起的，因此，理解国际物流成本需要在成本和适当的业务量间搭起一座桥梁。变动成本很大程度上随业务量而变，固定成本则不受业务量变化的影响。变动成本如存货搬运装卸费、物品的包装材料成本等，固定成本如运输设备的折旧费、仓储部门经理工资等。

混合成本既包括固定成本又包括变动成本。例如，仓库人工费用作为混合成本，其中完成常规工作量需要 5 名员工，这 5 名员工的工资属固定成本；若业务量超出 5 名员工这一基本配置能力范围，那么加班工资或雇用临时工的费用就属于变动成本。

阶梯式变动成本和阶梯式固定成本在相关范围内保持不变，当物流业务量超过相关范围时，其发生额会突然呈现跳跃式上升，然后在业务量新的增长范围内，其发生又保持不变，直到另一个新的跳跃。从总趋势看，其发生额是变动的，但在业务量的某些区间内，则是固定的，呈“阶梯”状。两者的主要区别在于梯度的大小。

3. 实际成本与机会成本

实际成本是由实际发生的交易产生的成本。机会成本是指在备选方案中做出具体选择时，因放弃其他交易而进行该交易牺牲的可能获取的价值量。根据有关会计准则，在企业的日常会计处理中，交易只能按照实际成本记录。机会成本并非一般意义上的成本，并不构成企业的实际支出，因此不能记入账簿和损益表，但却是正确进行决策时必须予以考虑的现实因素。为此，对管理决策的制定而言，不但要考虑实际成本，还要考虑机会成本。

4. 相关成本和沉没成本

相关成本指企业进行决策时应当充分考虑各种形式的未来成本，它不包括任何不受决策影响的成本。不发生变动的成本是沉没成本。例如，叉式起重机在购买后其价格即成为沉没成本，在决定出售该叉车时，引致的所得税为相关成本，而最初购买价与售价及所得税差额为“沉没”掉的成本，无法挽回。要注意：沉没成本不等同于固定成本。

（二）根据物流管理的方法对国际物流成本的分类

1. 按物流活动构成分类

按物流活动构成分类是以国际物流活动的几个基本环节为依据，将国际物流成本划分为物流环节成本、情报流通成本和物流管理成本三个方面。此法便于检查国际物流构成的各个环节的成本支出情况，对安排国际物流资金、衔接各个环节的关系等十分方便，因而适合于综合性物流部门使用。这种方法计算的国际物流成本可以看出哪种功能更耗费成本，而且可以计算出标准的物流成本（单位个数、重量、容器的成本），更便于进行物流作业管理，制定优化目标。

2. 按国际物流范围分类

要按国际物流范围对其成本进行分类，就必须明确物流系统的构成，也就是说，必须明确物流通路。物流通路主要包括供应物流子系统、生产物流子系统、销售物流子系统和废弃物流子系统。相应地，其成本就可分为物流筹备成本、物流生产成本、物流销售成本、退货物流成本、废品物流成本等。它强调物流的先后次序，因而便于分析物流各个阶段中的物流成本情况，无论是在专顼物流部门还是综合性物流部门或是各类形式的企业物流，该分类都具有较大意义。

（1）供应物流子系统（见图 9－1）。

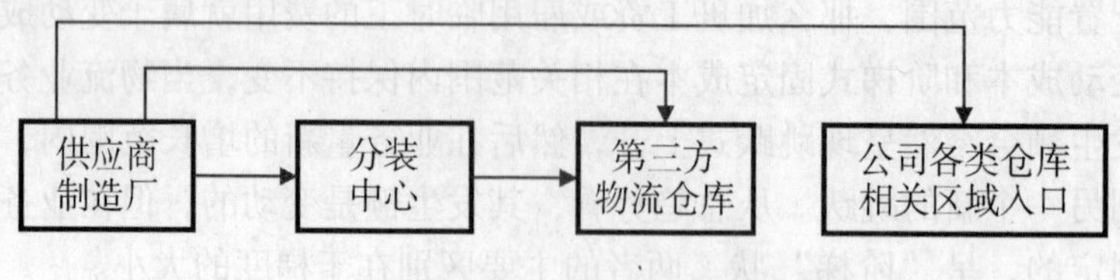

图 9－1　供应物流子系统

（2）生产物流子系统（见图 9－2）。

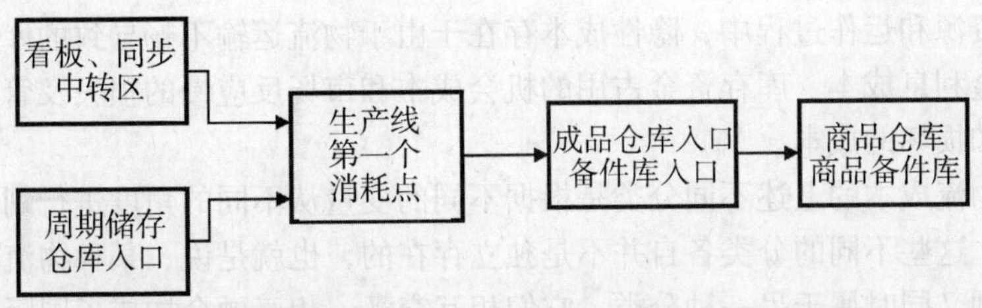

图9－2　生产物流子系统

(3) 销售物流子系统（见图9－3）。

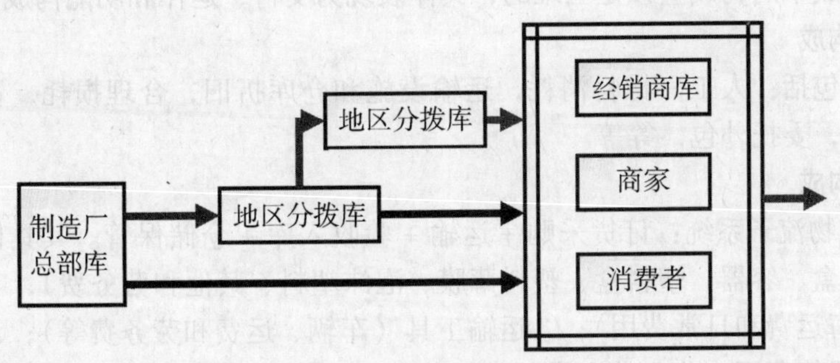

图9－3　销售物流子系统

(4) 废弃物流子系统（见图9－4）。

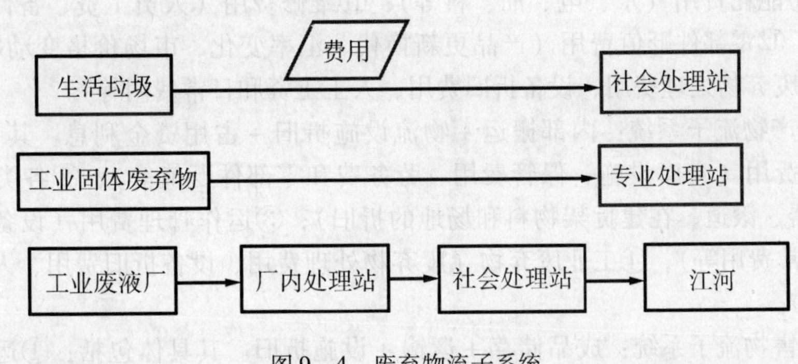

图9－4　废弃物流子系统

3．国际物流显性成本和隐性成本

显性成本存在于运输、仓储、装卸、搬运、配送、流通加工和信息传等具体的基础设施、设备资源和运作过程中，隐性成本存在于由于物流运输不畅导致的库存费用增加所形成的资金利息成本、库存资金占用的机会成本和市场反应慢的损失及管理不善造成的货物损失和损坏的成本。

对国际物流成本的上述不同分类是根据不同的变量从不同的角度进行划分的。但需要强调的是，这些不同的分类各自并不是独立存在的，也就是说，某种物流成本既可能属于某一类别又同时属于另一种分类，它们相互交叉、相互融合构成了国际物流成本的全部内容。

二、国际物流成本的构成

国际物流成本的构成应该是三维的，具体表现为支付、运作和功能构成方面。

1. 支付构成

支付构成包括：人工，材料消耗，运输设施和仓库折旧，合理损耗，资金占用利息，管理费用，委托外包，等等。

2. 运作构成

(1) 供应物流子系统：订货采购 + 运输 + 验收入库 + 仓储保管。其具体包括：①各类包装（纸盒、容器、塑料盒、塑料薄膜、泡沫塑料、其他和劳务费）；②进关事务（关税费用、海运费和日常费用）；③运输工具（车辆、运费和劳务费等）；④仓储设施（仓库设施、保管费用、劳务费和零部件贬值等）；⑤设施折旧费（容器、车辆、货架和场地等）；⑥物流服务费（仓储费、流通加工费、运输费、配送费、劳务费等）；⑦信息、计划和调度（人员工资、系统运行及维护、日常费用等）；⑧系统软、硬件设施（投资、安装、培训和换代等）；⑨管理费用（人员工资、日常运作、零件储存、零件资金等）；⑩能耗费用（水、电、油、料等）；⑪维修费用（人员工资、备件储备、日常费用等）；⑫零部件贬值费用（产品更新换代、汇率变化、市场价格变动等）；⑬工业废弃物（废弃物处理费用、设备折旧费用、人工工资和日常费用等）。

(2) 生产物流子系统：内部搬运 + 物流设施折旧 + 占用资金利息。其具体包括：①仓储设施费用（仓库设施、保管费用、劳务费和零部件贬值等）；②各类设施费用（在制品容器、滚道、在建货架物料和场地的折旧）；③运作管理费用（设备折旧、人员工资和日常费用等）；④工业废弃物（废弃物处理费用、设备折旧费用、人工工资和日常费用等）。

(3) 销售物流子系统：成品储存 + 运输 + 设施折旧。其具体包括：①运输设施费用（车辆、运费和劳务费等）；②库存管理费用（人员工资、整车储存、日常费用等）；③设施费用（设备和场地的折旧、维修维护费用、人员工资等）；④整车和备件贬值费用（产品更新换代、市场价格变动等）；⑤管理费用（计划调度人员工资、日常运作、零件储存、零件资金等）；⑥系统软、硬件（投资、安装、培训等）。

（4）废弃物流子系统：运输＋储存保管。

第三节　国际物流成本管理的特点、内容及原则

一、国际物流成本管理的特点

从企业流转的商品来看，一件普通商品的物流费用占最后成本价的30%~50%，对时间、空间要求苛刻的商品，物流费用占到成本价的70%左右。一般企业的物流成本要占总成本的40%左右。因此，物流成本是企业除原材料之外的最大成本项目。国际物流成本管理一般具有以下特点：

（1）会计核算信息的不对称性。企业在采购、生产和销售过程中总是相伴随地发生物流活动，因此，会计在这些成本和费用进行核算时，难于将物流成本单独计算，提供完整的物流成本信息。

（2）国际物流成本消减具有乘数效应。如果销售10000元的货物，其销售成本为1000元，则物流成本消减100元，不仅会直接产生100元的经济效益，而且由于物流成本占销售额的10%，所以会间接增加1000元的经济效益。这说明物流成本的消减，对企业利润的增加具有乘数效应。

（3）国际物流成本的效益悖反。我们知道，物流成本是以物流活动的整体为对象的。但是在物流功能之间，往往会出现一种功能成本的消减，可能会引起其他功能成本上升的现象。因此，只要物流成本存在这种相互关联性，就必须综观全局。

（4）国际物流成本控制的特殊性。由于国际物流的特殊性和复杂性，相应地增加了其成本核算和控制的难度。比如其核算中不同记账本位币的换算和调整。另外，有些基础成本可以采取一定手段加以控制，如通过最佳经济批量来控制采购成本，通过合理确定订货点来控制储存成本等。但有些成本是难以进行控制的，如由于运输路线过长而不断转港、转口的费用等。

二、国际物流成本管理的内容

国际物流成本管理的目标就是在既定的物流成本的前提下提供最优的物流服务。从宏观上来说，就是在一定的物流收益水平约束下追求物流成本最小化，或在一定的物流成本约束下追求物流收益水平的最大化。为了实现这个目标，就要对国际物流成本的内容进行必要的预测与决策、计划与控制、核算和计算，最后，根据得到的数据进行成本分析与考核。

（1）国际物流成本的预测与决策。国际物流成本的预测是根据与物流成本有关的各种数据、可能发生的变化和将要采取的各种措施，运用一定的技术方法，对未来成本

水平及其变动趋势做出科学估计活动。通过成本预测，可使成本管理工作更加符合客观规律的要求，为成本决策、成本计划、成本控制等提供有效的信息，提高成本管理的科学性和预见性。国际物流成本决策是在成本预测的基础上，运用一定的方法，在若干个与成本管理有关的方案中，选择最优方案，决定应该达到的目标成本及实施步骤的活动。进行成本决策，是制订成本计划的前提，是降低成本、提高经济效益的重要途径。

（2）国际物流成本计划与控制。国际物流成本计划是根据国际物流成本决策所确定的目标成本，规定在一定期间内企业为完成生产任务所必需的物流费用额，并确定各种成本水平，以及所应采取的各项措施的活动。成本计划是降低成本费用的具体目标，也是进行成本控制、成本分析和成本考核的依据。国际物流成本控制是在物流成本的形成过程中，根据成本计划，对影响成本的各种因素和条件施加主动的影响，以实现最低成本的一种活动。成本控制的内容包括：各种费用开支，人力、物力消耗等。成本控制的程序是：确定成本目标或标准；将实际与标准进行比较；分析差异并确定发生差异的原因；采取措施，予以纠正。

（3）国际物流成本核算和计算。国际物流成本核算与计算就是对生产经营过程中所发生的各项物流费用，进行归集、计算和汇总，以真实反映物流费用支出的发生情况。物流成本核算既是对实际发生的物流支出的反映，也是对物流费用实际支出的控制过程。成本核算的主要任务是：反映和监督各项物流费用和总物流费用的支出；反映和监督物流成本计划的完成情况。物流成本核算是企业物流会计工作的重要内容，正确的成本信息是企业制定决策的重要依据，因此，我们将在本章第五节对这部分进行详细讲解。成本核算的内容包括：确定成本计算对象、进行生产费用核算、计算产品成本和编制成本报表。

（4）国际物流成本分析与考核。国际物流成本分析是根据物流成本核算资料，运用一系列的技术方法，揭示影响物流成本水平变动的各种因素，以及各种因素变化对物流成本影响程度的活动。通过成本分析可以全面了解成本变动情况，研究影响成本变动的各种因素及其原因，寻求降低成本的途径，以达到改善经营管理、降低物流成本、提高经济效益的目的。物流成本分析的形式，根据企业生产组织的特点和成本管理的要求，可采取多种不同的形式进行。国际物流成本考核是在成本分析的基础上，以各成本责任者作为考核对象，对成本计划指标的完成情况进行定期考察、审核，以评价成本管理工作业绩的活动。

在传统上，物流成本的各个项目分散在企业成本核算的不同会计账户中，从而使物流成本的计算被分解得难以辨认。由于物流成本没有被列入企业的财务会计制度，制造企业习惯将物流费用计入制造成本和诸项费用中、流通企业则将物流费用包括在商品流通费用中，因此，无论是制造企业还是流通企业，不仅难以按照物流成本的内涵完整地计算出物流成本，而且连已经被生产领域或流通领域分割开来的物流成本，也不能单独真实地计算并反映出来，无法掌握物流成本真实的全貌，进而阻碍了各项物流成本管理工作的进行。尽管困难重重，但理论和实践中还是发展和应用着较成熟的物流成本控制和计算工具，详见本章第五、六节。此外，物流成本管理的各项工作也并不总是按上述的顺序展开的，而往往是相互交叉进行的。例如，核算过程中往往要进行一些数据分析，分析过程中可能要对有些数据进行核对等。

三、国际物流成本管理的原则

国际物流成本管理的原则是指对国际物流过程中发生的相关费用进行计划、核算、协调和控制等管理活动的基本要求。

（1）目标明确。要明确物流成本数据的核算、处理和控制都是为企业进行科学的管理决策和业绩考评提供帮助，为了达到积极而有效的降低物流成本、提高物流经济效益。因此企业物流成本计算要与成本管理融为一体，应结合企业经营特点和管理机制有针对性、有选择地确定成本计算模式，并通过这种成本计算模式提供对管理有用的财务信息，为进一步控制和降低成本、实现经济效益的提高提供数据支持。

（2）经济可行。经济可行是指企业进行物流成本管理要坚持成本效益原则，即为了有效管理物流成本应充分考虑经济上的合理性。如果花费了大量人力、物力、财力，只是换来了物流成本管理的一些微不足道的改进，可能是得不偿失的。例如，在物流成本计算中，我们没有必要去花费很大的代价去追求那些对成本管理并无意义的微细的成本信息。只要我们通过物流成本计算能够直接提供或间接的生成满足成本管理所需要的信息，一般就可以认定该成本计算模式是较为有效的。

（3）整体兼容性。由于物流系统的效益悖反性（Trade—off），企业很难既提高物流服务水平，同时又降低物流成本。不计后果地追求降低物流成本，提高经济效益，不仅可能损害客户的利益，最终将导致企业自身的毁灭；而无限度地追求提高物流服务水平，会导致物流成本迅速上升的同时，引发物流服务的效率下降。因此，物流成本管理就是要使处于竞争状态的企业，在物流成本一定的情况下，实现物流服务水平的提高；或在降低物流成本的同时，实现较高的物流服务水平。

（4）把握全局。物流的各个部门活动常常处于一种相互矛盾的体系之中，由于物流效益悖反是客观存在的，所以把握全局原则要求从企业全局出发追求企业的最佳利益，妥善协调各部门之间的关系，从而实现成本最小化、全局效益最大化的管理目标。

第四节 国际物流成本的控制

为了加强成本管理，必须对国际物流成本进行事前控制。

一、国际物流成本控制的程序

成本控制的第一步是制定成本控制目标，即以企业的目标赢利为基准，层层分解目标成本，将其落实到最基本的活动单位；其次是核算成本控制绩效，监督、检查实际执行状况，分析偏差并制定控制决策；最后是实施控制措施，滚动修正控制目标。

二、国际物流成本控制的案例

以下是一个简单的实例，以此来说明成本控制方法。

假定国际 A 公司 2002 年度的物流成本为 340 万元，其成本构成如表 9－1 所示。预计 2003 年 A 公司的物流量与 2002 年持平，人员数量和劳动生产率也不变，经过目标成本分解，包装费要下降 2%，仓库保管费要下降 5%，搬运费要下降 10%，管理费要下降 7%，但信息流通费要增加 2%。

表 9－1　国际 A 公司 2002 年按功能计算的物流成本计算表

费用项目	物流费（元）	功能					
		包装费	配送费	保管费	搬运费	信息流通费	物流管理费
车辆租赁费	200160		200160				
包装材料费	60368	60368					
工资津贴	357336			78971	241202		37163
水电、煤气费	10800			5400	5400		
保险费	116272	13335		73305		29632	
纳税及公用费用	41954						41954
削价损失费	26230			14426	11804		
通信费	17948					17948	
消耗物品	17253			5715	5174		6364
软件租赁费	8548					8548	
支付利息	26045			26045			
杂费	37874			11362	11362		15150
合计 金额	847476	60368	200160	165546	294275	26496	100631
合计 构成比率	100%	7.1%	23.6%	19.5%	34.7%	3.1%	11.9%

根据以上资料，我们可以测算国际 A 公司 2003 年的物流成本降低情况如下：

（1）包装费用下降：7.1% ×2% =0.142%；

（2）仓库保管费用下降：19.5% ×5% =0.975%；

（3）搬运费用下降：34.7% ×10% =3.47%；

（4）管理费用下降：11.9% ×7% =0.833%；

（5）信息流通费用下降：3.1% ×（-2%） = -0.062%；

（6）总的物流成本将降低：0.142% +0.975% +3.47% +0.833% -0.062% =5.358%；

（7）减少的物流成本数额为：5.358% ×340 =18.2172（万元）。

上述测算成本的方法叫做因素测算法，其特点是以基期的实际成本为基础，考虑计划期各项成本因素的变动情况，依次来测算计划期的成本变动情况。对没有可比的历史资料作参考的企业来说，则不能套用此方法。

第五节　国际物流成本的计算与核算

按成本的具体项目来分析，国际物流总成本（TLC）包括运输成本、存货成本、仓储成本、订单处理、信息成本和批量成本，即：TLC = 运输成本 + 存货成本 + 仓储成本 + 订单处理和信息成本 + 批量成本。由于物流各成本之间的效益悖反效应，物流供应链成本管理不是降低某一环节的局部成本费用，而是应当在满足一定顾客服务水平的基础上实现物流总成本最低，实现利润最大化。这就需要用系统整合的观点分析和控制物流成本，因此我们引入总成本分析法。

一、物流中经常用到的决策工具

（一）盈亏平衡分析

盈亏平衡点是销售额恰好弥补变动成本和固定成本之和的点，即企业利润与其成本支出达到均衡时的点。当各种不确定因素（如投资、成本、销售量、产品价格、项目建设期等）发生变化时，可能会影响管理部门决策的经济效果。例如，若管理部门要决定是否应将客户服务水平从90%提高至95%，就需要清楚增加多少销售额才能达到盈亏平衡。如果无法实现足够的销售额增长，那么就不应提高服务水平。

（二）资金成本

所谓资金成本，是企业取得和使用资金而支付的各种费用，包括资金占用费（如银行借款的利息）和资金筹集费用（如发行债券、股票等的手续费），它是投资决策的有效工具。一般而言，一个项目的投资回报高于资金成本，就值得进一步考虑该项投资。资金成本的概念在不断地演化发展，在这里，我们介绍三种简单的资金成本计算法。

（1）简单资金成本。最简单的计算方法是考虑企业从单一渠道筹集银行贷款，计算公式如下：

资金成本 = 利息率（1 – 所得税率）/（1 – 筹资费率）

（2）加权平均资金成本。加权平均资金成本也称综合资金成本，是公司各种来源资金成本与该资金来源占全部资金比重的乘积之和，其计算公式为：

资金成本 = ∑各种渠道筹资的资金成本 × 从该渠道所筹资占资金总数的比重

（3）机会资金成本。机会成本是把资金投入其他方面，而非投入目前考虑的项目所可能产生的报酬率。对于大多数决策而言，机会资金成本对既定决策的重要性要远远大于已经发生的实际资金成本的重要性。如果公司资本有限，利率下限就是由于机会成本的原理所产生的边际投资回报率。下面举例说明机会资金成本。假设一家公司为获取资金支付了 10% 的成本，由于资金有限，公司最近边际投资减少，而该边际投资预计年回报率达 15%。对该公司而言，投资决策的利率下限为 15%，尽管资金成本价为 10%。这意味着相关货币时间价值是由公司意料中的最有利的投资回报来衡量，并非是最初获得该笔资金所支付的价格。当然，15% 的利率下限在对其进行全面解释的情况下也可以指定为公司的资金成本。投资回报根据内部报酬率（IRR）来计算决定。IRR 是可预见的合理的现金净流量额贴现为初始现金流出所依据的比率。

二、国际物流成本计算中的分析

国际物流成本计算中的总成本分析是进行一体化物流管理的关键。由于国际物流成本的效益悖反性，单项物流活动成本降低必定导致其他部分成本增加，处理不当，甚至有可能导致总成本上升。如减少配送中心的数目，只在少数几处中心集结货物当然会减少存货储存成本，但却可能使运输成本显著增加，这势必影响最终总利润。

运用总成本分析法可以有效管理和实现真正意义的成本节省，可以从以下方面作必要的分析：

（一）顾客服务水平

与顾客服务水平相关的成本包括：因当前销售需求无法满足而产生的实际损失，以及由于未满足需求致使部分客户流失而损失的未来利润现值。对大多数公司而言，这两部分成本是很难计量的。因此，公司的目标就应转变为在既定顾客服务水平下其他物流成本总和实现最小化。

通过提供较高水平的物流客户服务可以取得竞争优势，因此，把客户服务看成是一个可以增加显著价值的“产品”，是具有潜在利益的。但必须认识到，超过必要量的物流服务则会有碍于物流效益的实现。在正常情况下，我们可以通过顾客服务水平提高所带来的整个系统成本的增加和销售额的增加判断成本可收回的程度及盈亏平衡点。

（二）运输成本

在物流总成本中，所占比率最高的是运输费。通常运输成本占物流总成本的40%以上，因此，在总成本分析中，最为重要的是严格控制在运输方面的开支，加强对运输的经济核算。运输成本可以根据运费单来确定，也可以从企业自备车队运输的有关会计账目来核定。可以对运输业务设立标准成本。例如，一家公司应用一套计算机系统，该系统对2条线路和8种不同的运输方式采用标准收费和标准线路的形式。由排列组合分析可知，有多达30万种组合。同时，该系统还会定期更新。不论身处何地的运输应用者都可以从计算机上获得最佳的运输方式。显然，该系统为企业提供了运输效率的衡量标准。

（三）仓储成本

仓储成本包括由于仓储设施数量变化而发生及占用的所有费用。有时，仓储成本被很不合理地划归到存货成本中。应该分清仓储成本和存货成本，大多数仓储成本不随存货水平变动而变动，而是随存储地点的多少而变。例如，一家生产销售成品药同时兼营包装物的公司，有若干由公司自行管理的温控仓库；温控仓库是专为成品药所设计建造的，其安全性和库房管理作业的准确性远远超出另一项产品——包装物容器。为充分利用仓库设施，尽管搬运产品的数量增加时需要额外雇员和支付额外的加班费，但由于仓库的构建与运营成本较高，几乎可以对其忽略不计。

公司策略是按使用的各部门在仓库中使用的空间比重分摊成本。用于储存成品的仓库其高昂的成本，使公司成本分摊远超过为一般商品提供仓储的公共仓库收取的费率。某部门物流经理发现，如果使用公共仓库，可以以更低廉的成本达到类似的服务水平。有鉴于此，它将产品从本公司仓库中运出，存入了该地区的公共仓库中。尽管公司配送中心搬运和储存的产品量明显减少，但是由于固定成本占据极大比重，结果，几近相等的成本分摊给了更少的其他使用公司仓库的部门。这引发其他部门也同样换用公共仓库以寻求各自较低的成本。其结果是公司仓储成本更加高昂了。公司仓储成本基本固定，不管仓库空间利用如何，该成本都不会有太大变动。非成品药部门转而利用公共仓库时，公司还得继续为自营的仓库支付大致相等的总费用，而且还要支付额外的公共仓库使用费。事实上，物流成本计算体系使得各部门物流经理以一种有损公司利益、增加公司成本的方式来工作。这一例子进一步肯定了理解成本的重要性。要区分仓储成本和存货成本，这有助于公司做出正确决策。

（四）订单处理和信息成本

订单处理和信息成本包括发行订单和结算订单的成本、相关处理成本、相关信息交流成本。这仅仅包括随决策变动发生变化的成本。订单处理和信息成本中，固定成本所占比重较大，相对于一些先进的信息通信系统而言，人工环节越多，信息传递速度就越慢，也比较缺乏稳定性。管理者对这些成本进行估计的较好方法是订单处理部门总成本在过去两年中的变动部分（调整通货膨胀）除以订单处理数目的变动值。

（五）批量成本

批量成本通常包括以下部分或全部成本：

（1）转产导致生产能力丧失的部分。

（2）物料搬运、计划安排和加速作业等。

（六）存货储存成本

存货成本指包括那些随存货量变动的成本。由于有些概念区分模糊，难以对其确定，我们可以把存货成本具体分为以下四类进行分析：资金成本、存货服务成本、储存仓位空间成本、存货风险成本。

（1）存货投资的资金成本。公司持有存货关系到用于其他类型投资的资金，因而，公司的资金机会成本应当确切反映实际发生的成本。现行会计中使用以下几种方法计算存货成本：先进先出法，后进后出法，加权平均法，移动平均法，计划成本法，毛利率法，零售价法，等等。不论企业采用哪种方法计算存货成本，有一点是肯定的，即，存货越多，全部存货占用的资金成本也就越高。企业在存货上的投资影响到决策制定。

（2）存货服务成本。存货服务成本包括为持有存货而支付的税收与保险费。保险一般是买来担保特定时段一定产品的价值的。持有存货所缴税费直接和保险费率、存货水平之间存在严格的比例变动关系。

（3）储存仓位空间成本。一般要考虑四种仓库设施：工厂仓库、公共仓库、租用仓库和公司自有仓库。不论采用哪种设施，大部分成本，如租赁费、管理人员工资、安全保卫费和维修费用等是固定的。固定费用和分摊成本与确定存货策略无关，是不随存货量变动的成本，不应归入存货成本中，而是在成本权衡分析中的仓储成本里。

（4）存货风险成本。存货风险成本有四种：①陈旧成本。这一成本是无法再按原价销售、不得不削价处理的单位成本之和。如果降价出售产品以免过时，陈旧成本就是产品的初始成本与其残值之差，或初始售价与降价后的售价之差。②损坏成本。损坏成本包括随存货量变动的损坏部分。运输期间发生的损失不包含在内，因为该损失的发生与存货无关。③窃损成本。很多公司认为存货失窃比现金盗用更难以管理与控制、这一成本更大程度上同公司的安全保卫措施相关。因此，最好是把失窃成本的大部分或全部计入到仓储成本账户下。④易地成本。易地成本是公司为避免产品陈旧过时，将其从一处仓储地运到另一仓储地所花费的成本。例如，在东部地区销售良好的产品未必在中西部同样销售良好。公司将产品运至销售地，虽然避免支出陈旧成本但却不得不支付额外的运输成本。通常，这笔成本不单独列出，而是包括在运输成本当中。在此情况下，可以用运费单上载明的有关数字来计算。易地成本是运输成本、仓储成本、存货成本等之间相互权衡后所作决策产生的。

（七）在物流成本上今后应当注意解决的一些问题

（1）必须将物流成本明确化，并设置恰当的计算基准，但更为重要的是明确计算物流成本的目的。如不明确计算目的，计算物流成本也没有什么用处。应找出最适合目的的计算方式。

（2）应当从与物流服务的关系着眼考虑物流成本。不从一定服务水平下的物流成本能取得多少收益着眼，而只是一味强调降低成本是毫无意义的。应当在维持物流服务水平的前提下，降低物流成本。

（3）物流成本要在销售和生产之后进行计算，有些成本是物流部门无法管理的。也就是说，物流成本之中，包含着物流部门能够管理和不能管理的两种成本。物流部门无法管理的这种成本，也大多由物流部门负责，这对其管理部门来说，是有问题的。

（4）物流预算是在生产计划和销售计划的基础上做出的，生产、销售出了问题，一般会直接使物流的预算和实际出现差异。应当想办法，当预算出现差异时，能够指明是物流的责任，还是生产或销售的责任。

（5）为降低物流成本，一般都建立物流成本委员会进行研究。多数企业的物流成本委员会清一色地由物流部门成员组成。这种组成使降低成本受到限制。因物流大多是由生产和销售的结果产生的，委员会应当有销售和生产部门的成员参加，以便通盘考虑生产和销售方面的因素。无论是在经营、管理和业务哪个层次设立的物流成本委员会，都应当吸收销售和生产部门的人员参加。

（6）销售部门常常打乱物流部门的规定，搞紧急运输或例外运输。关于这个问题，物流部门应在事前让销售部门清楚地了解，按标准物流服务水平运输费用是多少，超过标准其费用又该是多少？如果不这样做，物流服务水平的规定，将成为废纸。物流部门应努力向各部门、各阶层随时提供与交货条件、商品搭配情况有关的运输费用等准确的物流成本信息。今后必须分别地在销售部门推销员中建立物流成本责任制。

（7）有些企业在物流管理方面已经到达掌握实际情况来进行成本核算、成本管理的阶段，但多数企业还未达到评估物流成绩、分析物流盈亏的阶段，今后企业应积极进行成果评估和物流盈亏的分析。

（8）不应该把物流只看做是需要支付的费用，而应把它当做资源加以有效地利用。也就是将物流成本看做是一种生产要素。应当利用物流成本资源促进销售，争取顾客。为确保收益。必要时可以考虑加大物流成本，争取销售目标的实现。应该说现在已经进入物流活动可以产生收益的时代。

第六节　作业成本法在国际物流成本管理中的应用

一、作业成本法的概念和意义

（一）作业成本法的概念

20世纪杰出的会计大师科勒教授在1952年编著的《会计史词典》中，首次提出了作业、作业账户、作业会计等概念。1971年，乔治·斯托布斯（George Staubus）教授在《作业成本计算和投入产出会计》（*Activity Costing and Input-Output Accounting*）中对作业、成本、作业会计、作业投入产出系统等概念作了全面系统的讨论。20世纪80年代后期，美国芝加哥大学的青年学者库伯（Robin Cooper）和哈佛大学教授开普兰（Robert Skaplan）注意到这种情况，在对美国公司调查研究后，发展了斯托布斯的思想，于1988年提出了以作业为基础的成本计算（Activity Based Costing）。

作业成本法一个重要的特点在于它不仅是就成本论成本。该法不仅能够提供相对精确的产品成本信息，而且能对所有作业活动进行追踪动态反映。在作业链中，每完成一项作业，就消耗一定资源，同时能对所有作业活动进行追踪动态反映。

作业成本分析方法由三个阶段组成：第一阶段，间接成本累计进入间接成本池，劳动力成本或设备成本合并后进入间接成本池，而直接成本累计后不经过任何中间步骤直接进入作业成本池。第二阶段，把间接成本池的资源映射到作业成本池，这是间接成本配置过程。第三阶段的映射是把作业成本映射到成本的目标值。

用传统的会计方法核算的成本往往不够准确。传统成本计算方法也不能揭示出产量与间接费用之间的关系，使产品计算结果失真，因而不能满足管理部门在进行定价、自制与外购、生产批量等决策的需要。

（二）实施作业成本法的意义

现代物流业已把信息的统计、处理、分析作为重要的发展方向，为企业现代化发展打下了良好的基础。作业成本方法（Activity - Based Costing）为这一目标提供了一个有利的工具。作业成本法是一个过程，它超越了传统会计的界限，将企业的直接成本与间接成本分配到各个主要活动中去，然后将这些活动分配给相关的产品和服务。通过把企业主要活动和特定的产品或服务联系起来，帮助管理者发现耗费资源的真正原因和每项产品与服务的真实成本。作为一种现代化战略管理工具，作业成本法克服了传统的会计过程中的不足。它的出现，是基于活动消耗资源而产品和服务消耗活动的理念。

二、实施作业成本法的步骤

实施作业成本法的第一步是获得最高管理层的支持和同意。这一步非常关键，原因如下：ABC 要求与企业不同部门的代表组成跨部门小组，最高管理层的支持会鼓励小组成员相互合作。ABC 将对企业及其活动的传统观念形成挑战，可能会要求企业机构的改革。高层管理者必须能够支持这种根本性的改革。

实施作业成本法的第二步是小组必须获得必要的信息以确定资源、活动成本指示器和成本对象。可以从企业的总账和平衡账目中获取必要的财务数据。这些资料提供了结构数据——资源的种类、活动的类型以及生产销售的产品或服务，同时还提供定期数据——资源的成本、消费量和产量的信息，结构数据一般保持稳定不变，而定期数据会随着 ABC 评估时期的变化而改变。

实施作业成本法的第三步是，跨部门小组利用企业总账及平衡账目的信息来为各个成本对象分配活动，为各项活动分配资源。

三、作业成本法的应用实例分析

国际某知名公司在中国河南省的业务中广泛地采用了作业成本方法，获得良好的经济效益。此案例中心问题就是要不要在河南焦作设立分销中心的问题。我们在对该公司进行作业成本法分析时，首先将分销流程描述如下：

我们定义分销过程从产品下线，存入仓库时刻开始，交货到客户仓库处结束。按照作业成本法分析的标准程序，我们先考察从河南郑州至新乡分销中心，再分销到焦作客户的整个过程，将该过程分解为单项具体的发生费用的活动。其中的各项活动的成本如下：

活动一：成品仓储

（1）固定成本：计算机、托盘等设备折旧费 5300 元/月。

（2）可变成本：人员工资 3800 元/月，仓库租金 20000 元/月，货物破损 28500 元/月。

仓库内的货品都是整托盘存放的，仓库的租金由容积决定，而仓库的容积是用托盘数来衡量。所以我们认为在此过程中托盘数可以作为成本驱动因素。货物的破损额是由存放的时间和产品的金额所决定的，对于不同包装的产品而言，每托盘的金额是不同的，把托盘数作为库存破损的成本驱动因素有些勉强，这里只能得出一个近似值。人员的工资是由其工作量决定的。在完全托盘化作业的仓库中，不论每托盘存放何种产品，仓库人员进行收发货、盘点、记账等日常工作的工作量都是和托盘数成正比的，所以也可以认为托盘数是成本驱动因素。仓库的最大容积：6000 托；平均库存：3000 托；平均一托盘产品储存一天的总成本是：0.8 元（每月按 24 个工作日计算）。另外，由于平均库存周转是 13.5 天，所以每托产品的平均库存成本是 10.74 元。

活动二：开单据（从厂房到分销中心）

（1）固定成本：开单据所需的电脑、打印机、办公设备折旧 4000 元/月。

（2）可变成本：单据和发票成本 0.9 元/单，人员工资 15000 元/月。

在此环节中，单据的数量决定了所需的人工和耗材，所以把单据数作为成本驱动因素；即每月单据量：12700 单，平均每单成本：2.4 元，每张单据对应一车 14 托盘的货物。

活动三：装车

（1）固定成本：无。

（2）可变成本：叉车油耗 1848 元/月；搬运工工资 4 元/托，这里由于叉车是整托盘搬运的，所以也把托盘数作为成本驱动因素；每月销量：6700 托；每托搬运成本：4.3 元。

活动四：卡车运输（郑州至新乡）

（1）固定成本：无。

（2）可变成本：410 元/车，每车 14 托盘，为了便于计算，此处只考虑了外租 8 吨卡车的运费报价，根据经验可知自有 8 吨卡车的总成本会比外租车稍高一些，每托运输成本为 29.29 元/托。

活动五：卸车

（1）固定成本：无。

（2）可变成本：3.2 元/托。

活动六：分销中心仓储

（1）固定成本：无。

（2）可变成本：仓库租金 7500 元/月，平均出货量为 1243 托/月，平均库存成本：6.03 元/托。

活动七：销售拜访客户

（1）固定成本：无。

（2）可变成本：销售人员工资为 5500 元/月，差旅费为 1600 元/月，房租为 400 元/月。销售人员的工作量和出差次数是与销售订单紧密相关的，所以此项成本可以用订单作为驱动因素。每月订单数 30 张，平均每张订单成本为 250 元。

活动八：开具出货单和发票

（1）固定成本：600 元/月的设备折旧。

（2）可变成本：0.9 元/订单；新乡分销中心的每月订单数平均为 500 份，平均每张订单成本：2.1 元/张。

活动九：装车

（1）固定成本：无。

（2）可变成本：3.2 元/托，人工装卸费。

活动十：卡车短途运输（新乡至焦作）

（1）固定成本：无。

（2）可变成本：200 元/车，每车 7 托；平均每托成本为 28.57 元。为简单起见，此处也考虑了外租 5 吨卡车的情形，事实上向焦作送货时有时由于单个客户订单太少，也会采用 2 吨小卡车送货，其单位成本会是 5 吨卡车的 2 倍左右。

活动十一：收款结算（已计入开单成本之内）

（1）其他成本：信息系统使用费为 0.07 元/箱；焦作月销量为 9286 箱，合计 143 托，平均每托为 65 箱，每张订单销量为 310 箱。

综合以上数据，我们就可以把分销焦作的总平均成本计算出来。公司习惯上用箱为单位来衡量所有部门的业绩，所以我们最后把单位成本用每箱的成本来表示。

（2）焦作作为分销中心的可能性分析：

从右图可以看出，郑州、新乡、焦作基本上呈三角形，由于该公司的饮料主要在城市中销售，我们在构造模型时可以认为销售就集中于三个城市，中间的乡村区域销量几乎为零。

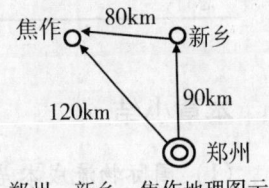

郑州、新乡、焦作地理图示

在焦作设立分销中心后，依上述方法可以得出每箱的分销成本。总体看来在焦作新增分销中心会带来平均成本的下降（见表 9－2、表 9－3 的对比），可见，该项目从成本上考虑是可行的。

表 9－2　未设分销中心前每箱的分销成本

活动	单位成本	单位	每箱成本
成品仓储	￥10.74	托	￥0.17
开单据	￥2.40	单	￥0.00
装车	￥4.30	托	￥0.07
卡车运输，郑州至新乡	￥29.29	托	￥0.45
卸车	￥3.20	托	￥0.05
分销中心仓储	￥6.03	托	￥0.09
销售拜访客户	￥250.00	订单	￥0.81
开单	￥0.90	订单	￥0.00
装车	￥3.20	托	￥0.05
卡车短途运输（新乡至焦作）	￥28.57	托	￥0.44
其他成本：信息系统使用费	￥0.07	箱	￥0.07
总计			￥2.19

表9－3　设立分销中心后每箱的分销成本

活动	单位成本	单位	每箱成本
成品仓储	￥10.74	托	￥0.17
开单据	￥2.40	单	￥0.00
装车	￥4.30	托	￥0.07
卡车运输，郑州至新乡	￥39.05	托	￥0.60
焦作卸车	￥3.20	托	￥0.05
焦作分销中心仓储	￥7.40	托	￥0.11
销售拜访客户	￥250.00	订单	￥0.81
开单	￥70.00	订单	￥0.23
装车	￥3.20	托	￥0.05
其他成本：信息系统使用费	￥0.07	箱	￥0.07
总计			￥2.15

本章小结

（1）国际物流成本是指国际物流活动中的各环节所支出的人力、物力、财力的总和。国际物流成本管理，就是通过对物流中发生的各项成本进行合理有效地预测与决策、计划与控制、核算和计算及分析与考核来管理成本，以实现国际物流管理的目的，达到物流企业效率的提高。

（2）阐述了国际物流成本的不同分类方式及其成本管理的一般特点。

（3）引入具体的案例说明了国际物流成本的事前控制和计算。

关键词

国际物流成本　成本管理　成本控制　作业成本法

思考题

（1）简述国际物流成本的管理和管理物流管理的关系。

（2）国际物流成本管理的内容、特点和原则分别是什么？

（3）国际物流成本可按哪些标准分为哪些类型？

（4）举例说明如何进行物流成本的事前控制。

（5）如何计算国际物流成本？各种计算方法之间如何根据实际需要进行适当组合？

（6）什么是资金成本？如何计算资金成本？

（7）举例说明作业成本法在国际物流成本计算与核算中的应用。

第十章 国际物流业务的绩效评价

有效的物流活动绩效评价是企业物流管理中极其重要的环节。通过评价，企业可以找出物流系统中的薄弱环节，创新物流管理的制度、方式和方法，科学地解析物流成本构成情况。有针对性地对物流系统进行设计、调整、改进与优化，平衡物流成本与物流服务水平，以尽可能低的物流成本，获得尽可能高的服务水平，获取最优化的物流绩效，有力地促进企业物流的发展。

本章内容主要论述物流绩效评价的问题。

第一节 国际物流绩效评价概述

物流绩效，通常是指物流活动中一定量的劳动消耗和劳动占用与符合社会需要的劳动成果的对比关系，即投入与产出的比较。现代国际物流绩效是指现代企业依据顾客的物流需求在组织物流运作过程中的劳动消耗和劳动占用与所创造的物流价值的对比关系，或者是物流运作过程中现代企业投入的物流资源与创造的物流价值的对比。

物流绩效评价是对物流价值的事前计划与控制，以及事后的分析与评价，以衡量物流运作系统和活动过程的投入与产出状况的分析技术与方法。依托现代信息技术和分析工具，物流绩效评价成为一个不断分析、控制和修正的动态过程。

一、国际物流绩效评价目标

从物流运作管理需要出发，物流绩效评价的目标就是对物流运作管理过程的监督、控制和指挥。监督目标就是为了追踪现行物流系统绩效并不断与以往物流系统进行比较分析，同时向管理者和顾客提供绩效评价报告。主要指标包括服务水平要素和物流成本要素。控制目标就是实时追踪现行物流系统运作绩效，用以改进物流运作程序，及时调整运作方式。主要依据物流系统标准体系进行实时控制。指挥目标就是通过物流绩效评价来评价物流组织和物流人员的工作绩效，达到激励物流人员、实现更优化物流运作效率的目的。

二、现代国际物流绩效评价的作用

现代物流绩效评价的作用主要表现在以下五个方面：

（1）提出和追踪物流运作目标以及完成状况，并进行不同层次和角度的分析和评价，实现对物流活动的事先控制。

（2）通过物流绩效评价，判断物流目标的可行性和完成程度，实时调整物流目标。

（3）进行物流绩效评价，按新的管理与控制目标进一步改善工作，提升物流绩效。

（4）物流绩效评价是企业内部监控的有效方法和工具。

（5）通过物流绩效评价，分析和评价企业资源素质与能力，确定物流发展战略。

三、国际物流绩效评价的内容

评价物流技术方面的物流绩效。如对物流运作流程的评价，对物流设备设施配置的评价，对包装模数的评价等。评价成本、收入、利润等财务方面的物流绩效。如物流成本控制及控制水平，物流业务量，物流利润水平及利润趋势等。评价资源有关的物流绩效。如能源利用率，原材料利用率、回收率以及物流资源对环境的影响情况等。

第二节　物流整体绩效评价

整体物流绩效评价主要是以企业为着眼点，对企业在供应链中与其他企业的配合情况的审视。在这里，我们主要从作为供应链条上的后向企业的供应服务水平和供应链条上的前向企业的信息服务作用两个角度来进行评价。

一、供应服务水平评价

对于企业物流系统供应服务水平的评价我们主要从交货的可靠性、交货的柔性及服务质量来进行衡量。

（一）交货的可靠性

交货的可靠性反映了交货的准时性、正确性和有效性。与物流管理的目标一致，要在正确的时间把正确数量的产品送达正确的地点。因此，可靠性可以从交货时间、交货数量和服务质量三个方面来进行评价：

（1）交货时间。交货时间反映了企业物流系统能否在正确的时间把产品送交供应链下游企业，因而可以用准时交货比率来表示，即准时交货次数（数量）占总交货次数（数量）的百分比用次数来评价交货准时性具有操作简便、对数据采集的要求低、易处理等优点；用数量来计价则可以估计因未准时交货而增加的成本。

（2）交货数量。交货数量反映了企业物流系统能否把正确数量的产品送交供应链下游企业，因而可以用正确交货比率来表示，即正确数量的交货次数（总正确数量）占总交货次数（总交货数量）的百分比。

（3）交货质量。交货质量反映了企业物流系统能否把正确数量的正确产品在正确的时间送交供应链下游企业，因而可以用准确交货比率来表示，即准确无误的交货次数占总交货次数的百分比。

（二）交货的柔性

交货的柔性反映了企业对供应链下游企业需求数量的变化和时间的变化的适应能力：具体可以划分为数量柔性和时间柔性。

（1）数量柔性。数量柔性主要是应对由顾客需求变动引起的供应链条上的连锁反应。例如重大节日期间市场对消费品的需求量远远大于普通的消费日。供应链要想满足不同数量的需求，就必须保持充分的柔性。作为供应商的数量柔性反映了其满足下游企业需求占总需求的比例。

（2）时间柔性。时间柔性主要是由交货时间的变化引起的。下游企业在发出定单后，有时会提出缩短交货时间的请求，要想满足这种请求，必须拥有足够的时间柔性，即应有充足的松弛时间来调整交货速度。因此，该指标可以通过能够缩短交货期的松弛时间占总松弛时间的百分比来表示。

（三）服务质量

服务质量是影响内部价值和外部价值的重要因素通常可以采用下游企业抱怨比率和下游企业抱怨解决时间来描述。

（1）下游企业抱怨比率。下游企业抱怨比率反映了企业的“事后”服务质量。可以通过下游企业抱怨次数与总交易次数的百分比来表示。

（2）下游企业抱怨解决时间。即从下游企业发出抱怨时刻起到抱怨得到圆满解决时刻止的一段时间，它反映了企业解决问题的迅捷性。通常可以采用满意解决次数占总抱怨次数的百分比。所谓“满意解决次数”是指解决时间小于企业规定时间或者下游企业的期望时间（但是后者很难确定，实际应用中通常采用前者）的次数。

二、信息服务水平评价

作为供应链条上的企业还要把各种有价值的信息及时准确地传递给其他合作伙伴。这种服务的效果可以从以下四个方面来进行评价，即信息的正确性、及时性、有效性以及信息系统的先进性。

（一）信息的正确性

即传送的数据是否准确、有无错误。其他成员接收到的数据可能存在两种错误：一是传送过程中产生的错误；二是数据的录入错误。前者主要取决于系统的稳定性，后者则由企业的服务质量决定。一般而言，数据录入错误更为普遍。因此我们在评价信息的正确性时，主要考察第二种错误。信息的正确性可以用数据正确传送的次数占总传送次数的百分比来表示。

（二）信息的及时性

即企业上传的数据是否准时，不影响决策的正常进行，其中，“及时”具有确切的含义。例如，联华规定各门店每三个小时上传一次销售数据，我们可将“及时”定义为“三个小时内传送的数据为及时，否则为不及时”。由此，我们可以找到评价信息及时间的一种方法，即数据及时传送的次数占总传送次数的百分比。

（三）信息的有效性

所谓有效性，是指企业传送的信息是供应链条上其他企业需要的、有用的信息。信息的有效性可采用有效传送次数占总传送次数的百分比来表示。

（四）信息系统的先进性

信息系统的先进性在很大程度上决定着信息传递的及时性、正确性和有效性；信息设备生命周期的短暂性也决定了信息系统更新的频繁性。因此，我们可以采用一定时期内信息系统投入成本占总销售收入的百分比来评价信息系统的先进性。

第三节　物流部门内部绩效评价

对物流部门内部绩效评价包括从成本角度对物流部门整体运作效率的评价，对仓储、运输、包装、装卸等物流作业子系统的效率评价，对物流部门员工的绩效评价等。在这里，主要阐述物流成本评价、运输管理绩效评价、存货管理绩效评价与物流部门员工绩效评价。

一、物流成本评价

物流成本是指产品在空间位移（含静止）过程中所耗费的各种劳动和物化劳动的货币表现。由于物流活动贯穿于企业活动的全过程，包括原材料物流、生产物流、从工厂到配送中心再到用户的物流。因此，包装、装卸搬运、储存、流通加工等各个活动中的费用都计作物流成本。但是，企业财务数据计算的物流费用只能反映物流成本的一部分，有相当数量的物流费用是不可见的。这是作为企业的物流管理人员必须注意的一点。

（一）物流成本构成

物流费用的构成主要包括从事物流工作人员的工资、奖金及各种形式的补贴等；物流过程中的物质消耗，如包装材料、电力、燃料等消耗，固定资产的磨损等；物资在运输、保管等过程中的合理损耗；属于再分配项目的支出，如支付银行贷款的利息等；以及在组织物流的过程中发生的其他费用，如有关物流活动顺利进行的差旅费、办公费等。

对物流费用的分析和研究是探讨物流合理化的强有力的手段，掌握物流费用的分类标准是进行企业物流成本评价的基础。从不同的角度出发，常见的物流费用有下列三种分类方式：

（1）按费用支出形式不同的物流费用分类。按费用支出形式不同的物流费用分类方法与财务会计统计方法相一致。这种方法将物流费用分为本企业支付的物流费用和支付给他人的物流费用两大项。每个项目中又将物流费用详细分解为材料费、人工费、差旅费、维护费等。运用这种分类方法，其优点是便于检查物流费用在各项日常支出中的数额和所占的比例，对比与分析各项费用水平的变化情况。这种分类方法最适合于生产企业和专业物流部门。

（2）按物流活动构成的物流费用分类。这种分类方法是根据物流活动构成的几个基本环节，把物流费用大体上分为物流环节费用、情报流通费用和物流管理费用三个方面。按这种分类方法便于检查物流构成的各个环节费用支出情况，对于物流资金的安排，衔接各环节的关系有十分方便的作用。这种分类适合于综合性的物流部门使用。

（3）按物流范围的物流费用分类。所谓按物流范围的分类方法也就是按物流的流动过程进行分类。这种分类方法强调物流的先后次序，便于分析在各个物流阶段中物流费用的情况，这种分类方法无论在专业的物流部门还是在综合性的物流部门，以及各类形式的企业物流中均具有较大的实用性。

（二）物流成本评价指标

物流成本评价指标应该以科学的物流成本作为评价基础，所有与完成物流功能有关的成本都应该包括在企业物流成本中。物流成本整体评价的常见指标有：

（1）单位销售额物流成本率。物流成本率为物流成本总额与销售额之比值，从企业历年的数据中，大体可以了解这个比率动向，通过与同行业和行业外进行比较，可以进一步了解企业的物流成本水平。该比率受价格变动和交易条件变化的影响较大。因此作为考核指标还存在一定的缺陷。

（2）单位成本物流成本率。单位成本物流成本率为物流成本与销售成本之比值，是考察物流成本占总成本比率的一个指标，一般作为企业内部的物流合理化目标或检查企业是否达到合理化目标的指标来使用。

（3）物流效用增长率。物流效用增长率为当年物流费用比上一年增长率与当年销售额比上一年增长率之比值。合理的比率应该小于1。如果比率大于1，则物流费用控制具有降低的空间。

（4）物流职能成本率。物流职能成本率为物流职能成本与物流总成本之比值，该指标可以明确包装费、运输费、保管费、装卸费、流通加工费、信息流通费、物流管理费等各物流职能成本占物流总成本的比率。

二、运输管理的绩效评价

（一）运输管理绩效评价体系

运输作为物流的一项重要活动，主要完成实物从供应地到需求地的移动问题。进行运输绩效评价与分析，有利于提高运输效率和运输的经济效益。

具体进行运输活动绩效评价与分析时，评价标准可按以下内容来评价：①运输、取货、送货服务质量良好，即准确、安全、迅速；②能够实现门到门服务而且费用合理；③能够及时提供有关运输状况、运输的信息及其服务；④货物丢失或损坏，能够及时处理有关索赔事项；⑤认真填制提货单、票据等运输凭证；⑥与顾客长期保持真诚的合作伙伴关系。

在对运输活动进行绩效评价时，并非完全选择上述标准，可结合承运人及顾客的实际情况来确定评价标准。并将所选标准按重要程度进行打分，根据汇总的总分（加权处理）多少判别优劣，具体操作可参考表 10 - 1：

表 10 - 1 运输活动绩效评价标准表

评价因素	相对重要性	承运人绩效	承运人等级
运输成本	1	1	1
中转时间	3	2	6
可靠性	1	2	2
运输能力	2	2	4
可达性	2	2	4
安全性	2	3	6
总等级			23

注：承运人等级 = 相对重要性 × 承运人绩效

相对重要性：1 为高度重要；2 为适度重要；3 为低度重要。

承运人绩效：1 为绩效好；2 为绩效一般；3 为绩效差。

表 10 - 1 中的运输成本显然首先考虑的是评价标准，但是运费并不是唯一的成本构成，整个物流系统的成本还必须考虑设备条件、索赔责任及装载情况等相关因素。中转时间直接影响库存水平，所以也是一条重要的标准。如果承运人提供的运输服务不稳定，就必须有较多的库存。如果承运人不能将货物及时送达，就可能会失去市场。

（二）可靠性评估条件

可靠性的评估的通常条件是：

（1）订货交付。当一票订货已经完成并装运交付，仓库就会记录抵达时间与日期，并传输到采购部门。经过计算机处理后，将一个承运人绩效记录及时提交给采购部门及运输部门。很容易分析判断承运人的可靠程度。运输能力包括运输和服务两个方面的能力。运输能力主要指提供专用车船的能力（例如低温、散装等车辆）及卸车（船）的能力。服务能力主要是指利用、在线跟踪储存及门到门服务。

（2）运输的可达性。尽管多式联运提供了广泛的服务，使可达性越来越不成为问题，通过“直达运输”和“联合运输”的协议来实现承运人的可达性愈来愈重要。

（3）安全运输能力。如果一旦出现事故，承运人有无能力迅速理赔。对安全性的评价涉及预防能力和理赔能力两个方面。

使用表 10－1 运输活动绩效评价标准进行全面评价。一般采用的步骤如下：①评定每一个标准的相对重要性，并分配相应的权数；②对承运人绩效进行评分。即根据承运人等级得分情况选择合作伙伴及分配运输量。

在对运输方式及多式联运方案的绩效评价时也可以来用这种评价分析方法。

三、存货管理的绩效评价

传统的存货是指存放在仓库中的物品。从物流的角度来看，由于物料在各个状态的转化之间不可避免地存在着时间差，在这个时间差中，处于闲置的物料即为存货。从更广泛的意义上说，一切闲置用于未来的资源都是存货。

（一）存货的绩效评价量化指标

对存货明确而又一致的绩效评价是存货管理过程中的关键部分，绩效评价既要反映服务水平又要反映存货水平。如果只集中在存货水平上，计划者就会倾向于存货水平最低，而有可能对服务水平产生负面影响，与此相反，如果把绩效评价单一地集中在服务水平上，将会导致计划者忽视存货水平。所以绩效评价应能够清楚地反映企业的期望和实际需要。

1. 仓库资源利用程度

（1）地产利用率＝仓库建筑面积/地产面积。

（2）面积利用率＝仓库可利用面积/仓库建筑面积。

（3）利用率＝库存商品实际数量或容积/库存数量或容积。

（4）有效范围＝库存量/平均每天需求量。

（5）设备完好率＝期内设备完好台数/同期设备总数。

（6）设备利用率＝全部设备实际工作时数/设备工作总能力（时数）。

2. 服务水平

（1）缺货率＝缺货次数/顾客订货次数。

（2）顾客满足程度＝满足顾客要求数量/顾客要求数量。

（3）准时交货率＝准时交货次数/总交货次数。

（4）货损货差赔偿费率＝货损货差赔偿费总额/同期业务收入总额。

3. **储存能力与质量**

（1）仓库吞吐能力实现率＝期内实际吞吐量/仓库设计吞吐量。

（2）进、发货准确率＝（期内吞吐量－出现差错总量）/期内吞吐量。

（3）商品缺损率＝期内商品缺损量/期内商品总数。

（4）仓储吨成本＝仓储费用/库存量。

（二）库存周转率的评析

库存周转率对于企业的库存管理来说具有非常重要的意义。例如制造商，它的利益是从资金、原材料、产品、销售、资金的循环活动中产生的，如果这种循环很快也就是周转快时，在同额资金下的利益率也就高。因此，周转的速度代表了企业利益的测定值，被称为“库存周转率”。

对于库存周转率，没有绝对的评价标准，通常是同行业相互比较，或与企业内部的其他期间相比进行分析。库存绩效评价与分析，库存周转率是着重评价的内容。

1. **库存周转率的基本计算公式**

$$\text{库存周转率}=\text{使用数量}/\text{库存数量} \tag{10.1}$$

使用数量并不等于出库数量，因为出库数量包括一部分备用数量。除此之外也有以金额计算库存周转率的。同样道理使用金额并不等于出库金额。

$$\text{库存周转率}=\text{使用金额}/\text{库存金额} \tag{10.2}$$

不管是使用金额还是库存金额，均应明确是何时的金额；在某个期限来计算金额时，需用下列算式：

$$\text{库存周转率}=\text{该期间的出库总金额}/\text{该期间的平均库存金额} \tag{10.3}$$

2. **库存周转率的评价方法**

（1）和同行业比较评价法。在与同行业相互比较时有必要将计算公式的内存统一起来，调整到同一基础进行计算才有真正的比较价值。

（2）参考以往绩效的评价方法。参考自己公司以往的绩效，不是随便取之，而是用周转率较大（周转时间较短）的绩效值进行比较分析。另外，周转率和周转时间的标准值，因商品的分类不同而各不相同，所以除过去的绩效外，最好不要参照其他相关因素。

（3）期间比较评价法。根据统计资料计算的周转率仅能用来当做一个概略的标准，应将重点放在本公司内各期间的比较来评价良莠，这才是较为正确的方法。另外计算周转率时，最好按月随着库存的动态变化而抽象计算为月间周转率，以相对期间来比较更为客观。

3．库存周转率的分析

库存周转率高，库存绩效就一定好；库存周转率低，库存绩效就一定差。这不能一概而论。库存周转率表面上看越高，经济效益应该越好，但是还应作以下具体分析：

（1）库存周转率高，经济效益也好。其主要原因在于决策合理缩短了周转期间，销售增加并且远远超过存货资产，故企业可以获得较好的利润。

（2）库存周转率虽高，企业经济效益却不佳。其主要原因在于销售额超过标准库存拥有量，缺货率远远超过了允许范围，使企业失去销售机会，带来经济损失。另外，库存调整过分彻底，超过预测的销售额降低值而发生缺货，减少了企业收益。

（3）库存周转率虽低，经济效益却较好。其主要原因在于对不久的将来，准确预测能够大幅度涨价的商品，库存充足而且对于有缺货危险的商品，能够有计划地拥有适当的库存量。例如啤酒、空调之类季节性较强的产品，有计划地储存以备旺季的需求。

（4）库存周转率低，经济效益较差。其主要原因在于：销售额减少，却不作库存调整，库存中的伪劣品、滞销品、积压品、过时商品等不良商品不但不减少，反而增加，或长期储存在仓库不作处理而占压资金。

四、物流部门员工绩效评价

（一）对物流部门员工绩效考核的目的

1．一般情况下物流部门绩效考核的目的

（1）作为一般人事决策的参考。例如加薪、晋升、调遣、奖励、任免等。

（2）确认员工训练与发展的需要。

（3）作为挑选及衡量训练计划有效性的标准。

（4）考核向员工提供反馈并因此可作为员工个人和职业发展的媒介。

（5）作为恰当区分绩效层次的结果。绩效考核能够帮助诊断组织问题。

2．企业在不同的生命周期情况下对物流员工绩效考核的目的

作为一个多目的考核行为过程，对于处在不同发展成长阶段的企业各有侧重，处在不同生命周期的企业，职员考核目的并不完全相同，典型的企业一般分为创业期、成长期、成熟期、衰退期、更生期。

（1）创业期的员工绩效考核目的。在企业的创业期，企业具有发展“随意性”和经营“极度灵活性”的特点，物流部门人员的流动也相当频繁。此时员工绩效考核往往是为“职务升降、工作调换、薪酬增减”服务。因此在这一期间，物流员工考核的目的仅仅局限在“人事决策”和“检验有效性标准”方面。

（2）成长期的员工绩效考核目的。企业步入成长期，企业的发展体现出“膨胀”和“有效资源短缺”的特点，人的因素开始成为重要问题，“追求高素质人才”成为企业发展内在的强烈要求，物流员工绩效考核所担负的责任也日渐加强。“提升员工的工

作技能，为员工发展提供良好的环境，做出正确的人事决策”成为此时企业绩效考核所必须完成的内容，在这一期间，物流员工绩效考核的目的体现为“人事决策”、“员工反馈发展”、“检查有效性标准”和“培训计划目标”。

（3）成熟期的员工绩效考核目的。在企业处在成熟期，企业逐步规范和稳定，人力资源部门的工作在前期规定水平的基础上，提出了更高的要求，企业在管理组织和发展方面存在的问题和潜在的问题得以充分的显现，物流员工绩效考核体现在“人事决策”和“组织问题诊断”。

（4）衰退期的员工绩效考核目的。在企业进入衰退期后，企业发展萎缩、危机迭现，各部门人心惶惶和人员不断被削减。这一时期员工绩效考核成为辞退、辞职、减薪的有效依据，物流员工绩效考核只有一个目的：人事决策。

（5）更生期的员工绩效考核。这是少数优秀企业的发展之路，可以平稳过渡到另一轮创业期、这类企业的确是企业的楷模。此时人力资源部门在稳定现有水平的基础上，更加进一步细化和精确绩效考核工作。工作的核心是追求完美，渴求超越。

（二）物流部门员工绩效考核内容

绩效考核的目的决定了考核的内容，主要考核员工的工作效率、工作任务、工作效益、思想品行、工作能力、工作态度和为人个性，如果对上述内容进行充分准确的考核，绩效考核的目的将完全达到。但是不同的考核目的对员工考核的内容也有不同的侧重，表 10－2 反映了某物流部门员工绩效考核目的与考核内容的关系，表中的百分比为各项考核内容的权重，在不同的企业发展期间，员工绩效考核内容也不相同。

表 10－2　某物流部门员工绩效考核目的与考核内容权重表　　（单位：%）

内容 目的	工作效率	工作任务	工作绩效	工作态度	工作能力	思想品德	为人个性
人事决策	20	20	20	10	10	10	10
有效性标准	15	15	15	15	15	15	10
培训计划目标	10	10	10		30	20	20
职员反馈发展	10	10	10	25	30		15
组织问题诊断	10	10	10	25	25	20	

表 10－3 反映了企业不同成长期具体的考核内容和所占的比重。

表 10－3　企业不同成长期物流部门员工考核内容权重表　（单位:%）

生命周期	工作效率	工作任务	工作绩效	工作态度	工作能力	思想品德	为人个性
创业	15	15	15	15	15	15	10
成长	15	15	15	12.5	22.5	10	10
成熟	15	10	12	15	23	14	11
衰退	20	20	20	10	10	10	10
更生	15	10	12	15	23	14	11

具体考核内容如下：

1. 工作效率

（1）组织效率。组织效率主要指职员在工作中对个别出现的规范和非规范问题表现出的判断能力、决策能力和领导能力。事实上职员的工作可分为三类：管理类、技术类和事务类。无论是哪一个类别，职员若想获得较高的工作效率，其分析、判断、决策和领导实施都是不可少的。这些与职员工作时间、工作内容、工作阅历和工作经验成正比。也就是说具有较丰富的工作阅历的职员一般具备有较高的组织效率。

（2）管理效率。管理效率主要指职员的工作方法、工作作风和正确处理人际关系的能力，这是最为根本的。掌握一种方法要远比掌握一种工具或技术更为重要。提高管理效率主要靠职员的协调能力的提升，对企业情况有充分了解的职员在这方面具有优势。

（3）机械效率。机械效率主要指职员为完成本职工作所必需的技术技能和专业知识，这是职员完成本职工作的前提。通常获得这种技能和专业知识有三个渠道：其一是通过正规院校的学习；其二是师傅的传帮带；其三是以自学为主边干边学。机械效率的实现是动态的，而不是静止的。

2. 工作任务

（1）工作数量。工作数量指在一定时间内职员所完成的工作单位，在其他条件相同的情况下，职员的工作数量越多越好。工作量越大，说明职员的绩效越好：在创业期和成长期工作数量往往是主要的考核指标，例如推销员的日销售额是工资、奖金、转正、升职的主要依据。

（2）工作质量。工作质量指职员在完成工作数量的过程中，产出的产品所能达到标准或高于标准的状况。在完成制定的工作任务的前提下，职员的工作质量越高，绩效越好。无论是制造企业还是服务企业，产品质量的好坏直接影响企业的声誉和生存。

3. 工作效益

（1）经济效益。经济效益是在现阶段成本付出的前提下，获得最大的产出，也就是说在规定产出的前提下，所支付的成本最小。当然影响经济效益的因素很多，但是没有职员的参与，“挖潜”和“增效”是很难实现的，把经济效益作为绩效考核中的一环是极为必要的。

（2）社会效益。社会效益指物流企业提供的每一项服务对社会都有一定的影响。一名优秀的职员在完成规定工作任务的同时，要充分考虑到这点并努力使这个影响成为正面影响。

（3）时间效益。时间效益要求做到：①按时完成规定任务，是否做到保质保量；②在完成任务过程中所消耗的材料等，是否在规定的限度之内；③在完成工作任务过程中是否能够很好地协调与其他同事的关系；④在工作过程中能否充分利用已有的知识技能并及时总结工作经验，完成的产品或服务具有一定特色；⑤在指定的时间内工作完成的程序。

4. 工作态度

职员的工作态度是指对工作持有的评价和行为倾向，工作态度的实质是种内在的心理动力，它可以引发相应的工作行为。这就是工作态度的功能，这种功能主要影响对工作的知觉与判断，促进学习，提高工作的忍耐力等。一般积极的工作态度与工作绩效是一致的，所以把握职员的工作态度至关重要。因此在考核中应注意以下问题：①是否积极学习业务知识，不断改善现状；②是否在工作中不怕困难，坚持到底；③是否坚持立场，促进团结与合作；④是否对工作失误逃避责任或进行辩解，与他人无谓的争执；⑤是否遵守工作规划、标准及其他规定；⑥是否对上级领导报以不实理由请假或迟到。

5. 工作能力

职员的工作能力与工作绩效呈正相关关系。一般具有较高工作绩效的职员，其工作能力也较强。职员的工作能力可以分为常识与专业知识、能力和技巧、工作经验和体力四部分。当对职员的工作能力进行考核时，主要围绕以下问题展开：①是否具备所任职务的一般知识和具备执行职务工作所必需的专业知识；②是否时常提出新构想，准确把握本身的职务内容或上级的指标；③能否正确掌握问题的关键所在、事物的相互联系，对其整理、分析，适时做出适当的结论或采取相应的措施；④对平时不太熟悉的工作是否能根据经验或稍加努力就可以圆满地完成。

6. 职员个性

职员的个性是工作绩效的最大影响因素之一。根据行为学家研究，职员的气质类型是职员个性的主要表现和载体，如果职员的气质类型与工作内容和特征相吻合，就会有较好的工作绩效。职员的气质类型大致可分为四类，即多血质型（活泼型）、胆汁质型（兴奋型）、粘液质型（安静型）、抑郁质型（抑制型）。不同气质类型的人在物流部门适应不同的工作。

本章小结

(1) 物流绩效，通常是指物流活动中一定量的劳动消耗和劳动占用与符合社会需要的劳动成果的对比关系，即投入与产出的比较。物流绩效评价是对物流价值的事前计划与控制，以及事后的分析与评价，以衡量物流运作系统和活动过程的投入与产出状况的分析技术与方法。

(2) 物流绩效评价的目标就是对物流运作管理过程的监督、控制和指挥。监督目标就是为了追踪现行物流系统绩效并不断与以往物流系统进行比较分析，同时向管理者和顾客提供绩效评价报告。控制目标就是实时追踪现行物流系统运作绩效，用以改进物流运作程序，及时调整运作方式。指挥目标就是通过物流绩效评价来评价物流组织和物流人员的工作绩效，达到激励物流人员、实现更优化物流运作效率的目的。

(3) 整体物流绩效评价主要是以企业为着眼点，对企业在供应链中与其他企业的配合情况的审视。在这里，我们主要从作为供应链条上的后向企业的供应服务水平和供应链条上的前向企业的信息服务作用两个角度来进行评价。企业物流系统供应服务水平的评价主要从交货的可靠性、交货的柔性以及交货质量来进行衡量。信息服务的效果可以从以下四个方面来进行评价，即信息的正确性、及时性、有效性以及信息系统的先进性。

(4) 物流成本是指产品在空间位移（含静止）过程中所耗费的各种劳动和物化劳动的货币表现。物流费用的构成主要包括人员、物流过程中的物质消耗、再分配项目的支出以及在组织物流的过程中发生的其他费用。

(5) 物流成本评价指标应该以科学的物流成本作为评价基础，所有与完成物流功能有关的成本都应该包括在企业物流成本中。物流成本整体评价的常见指标有：单位销售额物流成本率、单位成本物流成本率、物流效用增长率和物流职能成本率。

(6) 物流部门内部绩效评价分为：物流成本评价、运输管理绩效评价、存货管理的绩效评价和物流部门员工绩效评价。

关键词

绩效　交货　成本　存货

思考题

(1) 简述国际物流绩效评价的目标。
(2) 简述国际物流绩效评价的内容。
(3) 整体绩效评价的指标有哪些方面？
(4) 物流部门内部绩效评价的内容有哪些方面？

第十一章　国际物流标准化

物流标准化是事关国际物流业发展的基础性问题之一。本章主要介绍：物流标准化的概念和意义，物流标准化的特点，标准化的形式，物流标准种类，物流标准化基本原则，物流标准化的主要内容，物流标准化的实施方法，物流标准化建设对策。

第一节　国际物流标准化的概念和意义

一、物流标准化

（一）物流标准化的概念

所谓标准化，是指系统内部以及系统与系统间的软件口径、硬件模式的协同，从而便于系统功能、要素间的有效衔接与协调发展。

物流标准化是以物流为系统，制定系统内部设施、机械设备、专用工具等各个分系统的技术标准，通过对各分系统的研究以达到技术标准与工作标准配合一致的效果。物流标准根据其定义分为物流软件标准和物流硬件标准。具体而言，软件标准包括物流用语的统一、单位标准化、钱票收据标准化、应用条码标准化和包装尺寸标准化；硬件标准含有托盘标准化、集装箱标准化、叉车标准化、拖车载重量标准化、保管设施标准化以及其他物流设备标准化。统一整个物流系统的标准；物流系统与相关其他系统的衔接与配合，研究国际物流系统与相关其他系统的配合性，进一步谋求国际物流大系统的标准统一。

近几年我国对外贸易和交流有了大幅度上升，国际交往、对外贸易对我国的经济发展的作用越来越重要，而所有的国际贸易又最终靠国际物流来完成。各个国家都很重视本国物流与国际物流的衔接，在本国物流管理发展初期就力求使本国物流标准化与国际物流标准化体系一致，若不如此，不但会加大国际交往的技术难度，更重要的是在本来就很高的关税及运费基础上又会增加因标准化系统不统一所造成的效益损失，使外贸成本增加。因此，物流标准化的国际性也是其不同于一般产品标准的重要特点。

（二）物流标准化的特点

（1）对象的广泛性。与一般标准化系统最大的不同之处在于，物流系统的标准化涉及面更为广泛，对象也更趋多样性，包括了机电、建筑、工具、工作方法等许多种类，对象缺乏共性，从而客观上造成标准的种类繁多，内容复杂，给标准的统一性及相互之间的配合性带来了更大的困难。

（2）物流标准化系统属于二次系统。由于物流及物流管理思想诞生在后，而组成大物流系统的各个分系统，在归入物流系统之前早已分别实现了本系统的标准化，且经过多年应用，系统刚性不断得以巩固。因此，在制定物流标准化系统时，制定者必须考虑到组成分系统的原有属性，通常还是要在各个分系统标准化基础上建立物流标准化系统，而不能一味追求创新。

（3）物流标准化要求体现科学性、民主性和经济性。由于物流系统的特殊要求，在标准化的同时，必须突出科学性、民主性和经济性，才能搞好自身的标准化。

科学性是指要体现现代科技成果，以科学试验为基础，在物流中，还要求与物流的现代化（包括现代技术及管理）相适应，要求能将现代科技成果应用到物流大系统。否则，尽管各种具体的硬技术标准化水平高，十分先进，但如果不能与系统协调，单项技术再高也是空的，甚至还起相反作用。所以，这种科学性不但反映本身的科学技术水平，还表现在协调与适应的能力方面，使综合的科技水平最优。

民主性是指标准的制定，采用协商一致的办法，广泛考虑各种现实条件，广泛听取意见，而不能过分偏重某一个国家，使标准更具权威、减少阻力，易于贯彻执行。物流标准化由于涉及面广，要想达到协调和适应，民主决定问题，不过分偏向某方意见，使各分系统都能采纳接受，就更具有重要性。

经济性是标准化的主要目的之一，也是标准化生命力的决定因素，物流过程不像深加工那样引起产品的大幅度增值，即使通过流通加工等方式，增值也是有限的。所以，物流费用多开支一分，就要影响一分效益，但是，物流过程又必须大量投入消耗，如不注重标准的经济性，片面强调反映现代科学水平，片面顺从物流习惯及现状，引起物流成本的增加，自然会使标准失去生命力。

（4）物流标准化的国际性。由于经济全球化的趋势所带来的国际交往大幅度增加，而所有的国际贸易又最终靠国际物流来完成。各个国家都很重视本国物流与国际物流的衔接，在本国物流管理发展初期就力求使本国物流标准与国际物流标准化体系一致。

（5）贯彻安全与保险的原则。物流安全问题也是近些年来非常突出的问题，往往是一个安全事故将一个公司损失殆尽，几十万吨的超级油轮、货轮遭受巨大损失的事例也并不乏见。当然，除了经济方面的损失外，人身伤害也是物流中经常出现的，如交通事故的伤害，物品对人的碰、撞伤害，危险品的爆炸、腐蚀、毒害的伤害等。所以，物流标准化的另一个特点是在物流标准中对物流安全性、可靠性的规定和为安全性、可靠性统一技术标准与工作标准。

物流保险的规定也是与安全性、可靠性标准有关的标准化内容。在物流中，尤其在国际物流中，都有世界公认的保险险别与保险条款，虽然许多规定并不是以标准化形式出现的，而是以立法形式出现的，但是，其共同约定、共同遵循的性质是通用的，是具有标准化内含的，其中不少手续、申报、文件等都有具体的标准化规定，保险费用等的计算也受到标准规定的约束，因而物流保险的相关标准化工作，也是物流标准化的重要内容。

（三）标准化的形式

（1）简化是指在一定范围内缩减对象事物的类型数目，使之在既定时间内足以满足一般性需要的标准化形式。

（2）统一化是指把同类事物两种或两种以上的表现形态归并为一种或限定在一定范围内的标准化形式。

（3）系列化是指对同一类产品中的一组产品同时进行标准化的一种形式，是使某一类产品系统的结构优化、功能最佳的标准化形式。

（4）通用化是指在互相独立的系统中，选择和确定具有功能互换性或尺寸互换性的子系统或功能单元的标准化形式。

（5）组合化是按照标准化原则，设计并制造出若干组通用性较强的单元，根据需要拼合成不同用途的物品的标准化形式。组合化以系统的分解与组合理论为基础。

二、物流标准种类

（一）大系统、统一性标准

（1）专业计量单位标准。除国家公布的统一计量标准外，物流系统有许多专业的计量标准，必须在国家及国际标准基础上，确定自身具有针对性的系统标准；同时，由于物流的国际性很突出，专业计量标准需考虑国际计量方式的不一致性，不能仅考虑国内的计量标准，还要考虑国际习惯用法。

（2）物流基础模数尺寸标准。基础模数尺寸标准化的共同单位尺寸，或系统各标准尺寸的最小公约尺寸。在基础模数尺寸确定之后，各个具体尺寸标准，都要以基础模数为依据，选取其整数倍为规定的尺寸标准。物流基础模数尺寸的确定，不但要考虑国内的物流系统，而且要考虑到与国际物流系统的衔接，这具有一定难度和复杂性。

（3）物流建筑模数尺寸标准。主要是指物流系统中各种建筑所使用的基础模数，它是以物流基础模数尺寸为依据确定的，也可以选择共同的模数尺寸。该尺寸是设计建筑物长、宽、高尺寸，门窗尺寸，建筑物间距离，跨度及进深等尺寸的依据。

（4）集装模数尺寸标准。在物流系统中，由于集装起贯穿作用，集装尺寸必须与各环节物流设施、设备、机具相配合，因此，整个物流系统设计时往往以集装尺寸为核心，然后在满足其他要求的前提下决定设计尺寸。集装模数尺寸的确定是在物流基础模数尺寸的基础上，推导出的各集装设备的基础尺寸，以此尺寸作为设计集装设备三个尺寸的依据。因此，集装模数尺寸影响和决定着与其相关各环节的标准化。

（5）物流专业名词标准。物流专业名词标准，包括物流用语的统一化及定义的统一解释，还包括专业名词的统一编码。为了使大系统配合和统一，尤其是在建立系统的情报信息网络之后，要求信息传递非常准确，这首先便要求专用语言及所代表的含义实现标准化，如果同一个指令、不同环节有不同的理解，这不仅会造成工作的混乱，而且容易出现大的损失。

（6）物流核算、统计的标准。物流核算、统计的规范化是建立系统情报网、对系统进行统一管理的重要前提条件，也是对系统进行宏观控制与微观监测的必备前提。这方面标准化内容包括：①确定共同性，能反映系统及各环节状况的最少核算项目；②确定能用于系统进行分析并可供情报系统收集储存的最少的统一项目；③制定核算、统计的具体方法，确定共同的核算统计计量单位；④确定核算、统计的管理、发布及储存规范等。

（7）标志、图示等识别标准。物流中的物品、工具、机具都是在不断运动中，因此，识别和区分便十分重要，对于物流中的物流对象，需要有易于识别又易于区分的标识，有时需要自动识别，这就可以用复杂的条形码来代替用肉眼识别的标识。标识、条形码的标准化便成为物流系统中重要的标准化内容。

（二）分系统技术标准

（1）运输车船标准。运输车船对象是物流系统中从事物品空间位置转移的各种运输设备，如火车、货船、拖拉车、卡车、配送车辆等；从各种设备的有效衔接等角度制定的车箱、船舱尺寸标准，载重能力标准，运输环境条件标准等。此外，从物流系统与社会关系角度出发，制定了噪音等级标准、废气排放标准等。

（2）作业车辆标准。作业车辆对象是物流设施内部使用的各种作业的车辆，如叉车、台车、手推车等，包括尺寸、运行方式、作业范围、作业重量、作业速度等方面的技术标准。

（3）传输机具标准。传输机具包括水平、垂直输送的各种机械式和气动式起重机、提升机的尺寸、传输能力等技术标准。

（4）仓库技术标准。仓库技术标准包括仓库尺寸、建筑面积、有效面积、通道比例、单位储存能力、总吞吐能力、湿度等技术标准。

（5）站台技术标准。站台技术标准包括站台高度和作业能力等技术标准。

（6）包装、托盘、集装箱标准。这方面是指包装、托盘、集装系列尺寸标准、包装物强度标准、包装托盘、集装箱重量标准以及各种集装、包装材料、材质标准等。

（7）货架、储罐标准。它包括货架净空间、载重能力、储罐容积尺寸标准等。

三、物流标准化的意义及作用

物流标准化是现代物流发展的基础，是提高物流效率的重要途径，是构筑全球物流的大联盟的必要前提条件，在国际上物流标准化已经成为行业发展的关注焦点。迄今为止，国际标准化组织已批准发布了200多项与物流设施、运作模式与管理、物流条码标识、数据信息交换相关的标准，我国有关部门在此基础上也相继出台了与国际标准接轨的系列标准。这些标准是现代物流企业发展进程中必须遵循的准则，否则将导致物流系统的离散性，信息孤立，最终无法实现物畅其流、快捷准时、经济合理和用户满意的要求。

在物流技术发展，实施物流管理工作中，物流标准化是有效的保证。其意义主要体现在以下几个方面：

（1）物流标准化是物流管理，尤其是大系统物流管理的重要手段。在进行系统管理时，系统的统一性、一致性、系统内部各环节的有机连接是系统能否生存的首要条件。保证统一性、一致性及各环节的有机联系，除了需要有一个适合的、有效的指挥、决策、协调的机构领导体制外，还需要许多方法手段，标准化就是手段之一。方法、手段健全与否又会反过来影响指挥能力及决策水平。例如由于我国目前物资编码尚未实现标准化，各个领域就分别制定了自己领域的统一物资编码，其结果，不同领域之间情报不能传递，妨碍了系统物流管理的实施。又如，我国铁道及海运两个部门集装箱未能实现统一标准，极大地阻碍了车船的广泛联运，妨碍了物流水平的提高。

（2）物流标准化对物流成本、效益有重大决定作用。标准化可以带来效益，这个在技术领域是早已被公认的了，在物流领域也是如此。标准化的效益通过以下几方面可以得到体现：实行了标准化后，贯穿于全系统，可以实行一贯到户物流，做到速度快，中转费用低，装卸作业费用降低，中间损失降低。例如，我国铁路、海运集装箱由于未实行统一标准，双方衔接时要增加一道装箱工作，为此，每吨物资效益损失1元左右，相当于火车30公里以上的运费，这在广泛采用集装箱运输，物资运量加大后，效益损失是很大的。

（3）物流标准化是加快物流系统建设，迅速推行物流管理的捷径。物流系统涉及面广，难度非常大，推行了标准化，会少走弯路，加快我国物流管理的进程。例如我国平板玻璃的集装托盘、集装箱的发展初期未能及时推行物流标准化，各部门、各企业都发展了自己的集装设备，一下子出现了几十种集装方式，使平板玻璃物流系统的建立出现了困难，延缓了发展。

（4）物流标准化也给物流系统与物流以外系统的联结创造了条件。物流本身不是孤立的存在，从流通领域来看，上接生产系统，下联消费系统。从生产物流来看，物流和相关工序相联结，彼此有许多交叉点。要使本系统与外系统衔接，通过标准化简化和统一衔接点，这是非常重要的。

第二节　物流标准化的基本原则

一、物流标准化基点的确定

物流是一个非常复杂的系统，涉及面又很广泛，过去构成物流这个大系统的许多组成部分也并非完全没搞标准化，但是这只形成了局部标准化或与物流某一局部有关的横向系统的标准化。从物流系统来看，这些互相缺乏联系的局部标准化之间缺乏配合性，不能形成纵向的标准化体系。所以要形成整个物流体系的标准化，必须在这个局部中寻找一个共同的基点，这个基点能贯穿物流全过程，形成物流标准化工作的核心，这个基点的标准化成了衡量物流全系统的基准，是各个局部标准化的准绳。

为了确定这个基点，人们将进入物流领域的产品（货物）分成三类，即零星货物、散装货物与集装货物三类。对于零星货物和散装货物在换载、装卸等作业时，实现操作及处理的标准化，都是相当困难的。集装货物在流转过程中始终都以集装体为基本单位，其他集装形态在运输、储存、装卸搬运各个阶段都基本上不会发生变化，也就是说集装货物容易实现标准化处理。人们经过调查物流现状及对发展趋势的预测都表明，不论是国际物流还是国内物流，集装系统是使物流整个过程贯通并形成体系，是保持物流系统各环节上使用设备、装置及机械之间整体性及配合性的核心，所以集装系统可以说是为使物流过程连贯而建立标准化体系的基点。

二、标准化体系的配合性

作为建立物流标准化体系必须体现的要求，配合性也是衡量物流系统标准化体系成败的重要标志之一。本书所提到的物流系统配合性所包含的范围有如下要素：

（1）集装与包装环节的配合性：作为生产企业最后的工序，同时也是物流活动的初始环节，包装环节显得尤为重要，因此要研究集装的“分割系列”，以此来确定包装环节的要求，如包装材料、包装强度、包装方式、小包装尺寸等。

（2）集装与装卸机具、装卸场所、装卸工局等的配合性。

（3）集装与仓库站台、货架、搬运机械、保管设施及仓库建筑的配合性。

（4）集装与保管条件、工具、操作方式的配合性。

（5）集装与运输设备、设施等的配合性。例如：将集装托盘货载入大集装箱或国际集装箱，就组成了以大型集装箱为整体的更大的集装单位，将集装托盘货载或小型集装箱放入卡车车厢，货车车厢就组成了运输单位。这就要研究基本集装单位的“倍数系列”。

（6）集装与末端物流的配合性。根据当前状况对将来的预测，关注消费者需求的转移，“用户第一”的基本观念，在物流中的反映，就是末端物流越来越受到重视。集装物流转变为末端物流，原因有二，一是对简单性的集装容易地进行多样化的分割，就必须研究集装的“分割系列”；二是进行“流通加工”活动，以解决集装的简单化与末端物流多样化要求的矛盾。衔接消费者的“分割系列”与衔接生产者的“分割系列”有时是有矛盾的，所以集装的配合性便不能独立去研究，要与生产包装的配合性结合起来，这样就增加了复杂性。

（7）集装与国际物流的配合性。由于国际贸易额的急剧增加以及跨国公司的建立，集装与国际物流的配合性，成为研究物流标准化的重要方面。标准化空间越大，利益就越大。国际间的标准逐渐统一，国际标准化空间的继续扩大，已是时代潮流。向国际标准靠拢，积极采用国际标准，将是今后最有益的途径。标准化在国际贸易中将发挥越来越大的作用。

三、传统、习惯及经济效果的统一性

物流活动和产品生产系统，车辆等设备制造系统，消费使用系统密切相联。早在物流系统思想建立之前，这些与物流密切联系的系统就已经建立起各自的标准体系，甚至形成了一定的习惯。在这种情况下，物流标准体系的建立，单考虑本系统的要求是不够的，还必须适应这些既成事实，或者改变这些既成事实。这就势必与早已实现标准化的各个系统、与长期形成的习惯及社会的认识产生矛盾，这些矛盾包括人的看法、习惯，也涉及宏观及微观的经济效果。

四、物流与环境及社会的适应性

物流对环境的影响在近些年来表现出尖锐化和异常突出的倾向，主要原因是物流量加大，物流速度的增加，物流设施及工具大型化之后，使环境受到影响。主要表现在噪音对人精神、情绪、健康的影响，废气对空气、水的污染，运输车辆对人身的伤害等。这些影响是与物流标准化有关，尤其是在推行标准化过程中，只重视设施、设备、工具、车辆技术标准等内在标准的研究，而忽略物流对环境及社会的影响；强化了上述矛盾，这是有悖于物流标准化宗旨的。所以，在推行物流标准化时，必须将物流对环境的影响放在标准化重要位置上，除了有反映设备能力、效率、性质的技术标准外，还要对安全标准、噪音标准、排放标准、车速标准等做出具体的规定，否则，再高的标准化水平因不被社会接受，甚至受到居民及社会的抵制也很难发挥作用。

五、安全与保险性

物流安全问题也是近些年来非常突出的问题，往往是一个安全事故会将一个公司损失殆尽，几十万吨的超级油轮、货轮遭受巨大损失的事例也并不乏见。当然，除了经济方面的损失外，人身伤害也是物流过程中经常出现的，如交通事故的伤害，物品对人的碰、撞伤害，危险品的爆炸、腐蚀、毒害的伤害等。所以，物流标准化中一项重要工作是对物流安全性、可靠性的规定和为安全性、可靠性统一技术标准与工作标准。

物流保险的规定也是与安全性、可靠性标准有关的标准化内容。在物流中，尤其在国际物流中，都有世界公认的保险险别与保险条款，虽然许多规定并不是以标准化形式出现的，而是以立法形式出现的，但是，其共同约定、共同遵循的性质，是通用的，是具有标准化内涵的，其中不少手续、申报、文件等都有具体的标准化规定，保险费用等的计算也受标准规定的约束，因而物流保险的相关标准化工作，也是物流标准化的重要内容。

第三节 物流标准化与国际物流标准

一、物流标准化的主要内容

物流标准化是事关中国物流长远发展的根本保证，是中国物流业与国际接轨的坚实基石。随着国家科技部的《物流配送系统关键标准研究》项目的深入进行，中国自身物流标准化的规范将制定出来。

作为我国物流业发展的重要研究项目，《物流配送系统关键标准研究》主要包括以下主要内容：

（一）物流标准化的总体规范

（1）物流标准化发展规划及物流标准化总体规范的制定。其包括：我国物流标准化发展规划的研究，物流标准化总体规范的制定，现代物流标准体系的研究，等等。

（2）现代物流关键标准的研制。包括：物流标识系统系列标准的制定，将制定四个国家标准、规范或指导性文件；物流信息自动识别与采集技术系列标准的研制，将制定十个国家标准或规范；物流信息交换系列标准的研制，将制定六个国家标准（或指导性文件）。

（3）物流数据结构规范的制定及物流服务系统的建立。

需要注意的是，在上述内容中，物流标准化总体规范的制定显得尤为重要。因为总体规范的制定是建立物流标准体系表的基础，也是确认现代物流体系的基石，只有尽快地制定出物流总体规范，才能更好地指导物流标准化的建设。那么什么是物流标准化总体规范呢？这应首先了解什么是物流标准化。物流标准化是按照物流合理化的目的和要求，制定各类技术标准、工作标准，并形成全国乃至国际物流系统标准化体系的活动过程。其主要内容包括：物流系统的各类固定设施、移动设备、专用工具的技术标准；物流过程各个环节内部之间的工作标准；物流系统各类技术标准之间、技术标准与工作标准之间的配合要求，以及物流系统与其他相关系统的配合要求。而物流标准化总体规范就是在研究国际物流标准化发展的基础上，结合我国的实际情况，对物流所涉及的概念和术语、物流系统、现代物流管理、物流作业、物流信息技术和物流服务等方面的标准化进行的总体规范。

物流标准化总体规范在整个物流标准体系中处于主导和支配地位，是物流各关键标准的指导性标准。是物流系统中各分系统标准、物流标识系统标准、物流信息标准和信息交换等标准的总纲和基本参照。它为物流标准的全面制定提供了方向和思路。它是我国物流全面标准化的开始，我国物流的相关标准将在总体规范的前提下相继展开，最终形成全面合理的物流标准体系。

物流标准化总体规范的制定直接影响着我国企业内部和企业之间的采购、生产、销售、储存、运输配送等各个业务环节的运作，在我国大力发展物流的情况下，制定我国的物流标准化总体规范无疑能大大推动物流发展的标准化、合理化和现代化。尤其随着全球经济一体化和物流国际化的发展，物流标准化和规范化愈来愈重要，这对于促进我国现代物流发展，提高物流服务质量和效率具有重要意义。

（二）物流标准体系表

在物流标准化的基础工作中，研究和编制标准体系是系统科学在标准化工作中的一种应用，是对标准化工作的一种现代化管理方法。这首当其冲的工作就是研究和编制完整、合理和科学的标准化体系表，在此基础上，通过标准体系表找出标准化发展方向和工作重点。物流标准体系表是一种现有和预计应发展标准的全面规划，是指导标准制定的依据和基础。通过标准体系表可以找出同国外标准的差距和自己体系中的空白处，明确标准化工作的主攻方向和工作重点。因此，编制物流标准体系表的目的就是按照体系表内的全部标准项目，有计划地积极稳妥地制定标准，并通过贯彻标准取得实效，深入开发标准化的市场竞争价值，提高标准化在国内外市场中的竞争地位和市场利益，逐步建立完善的标准体系。

我们可以从以下几个层面来对物流标准体系表进行更为全面地把握：

1. 物流标准体系表编制的必要性

（1）物流业的发展背景决定了其必要性。随着我国物流的发展，我们需要有明确的物流行业标准来指导物流业的发展。在明确物流市场、物流业务范围的基础上我们需要正确评估我国物流市场的现状、市场总值，需要评估各家物流公司在物流市场中的市场定位以及所提供的是全面的、全过程的服务还是部分的、区域性的服务等。而所有这些都离不开物流标准体系表的编制。

（2）物流业的自身特点决定了其必要性。物流业是以物流活动为共同点的行业群体，它涉及到交通运输业、储运业、配送业等，这种综合性、跨行业的特点为管理增加了很大难度。为了规范物流业自身的健康运作，使其运作有标准可依，便于行业监管和自律，所以要求建立物流标准体系。

（3）政府宏观管理的需要。对政府而言，其在进行物流宏观管理时，也需要有准确的物流标准，这样才能在物流信息系统、物流中心、配送中心的建设中有清晰的思路，才能制定出符合物流业发展方向的政策。

（4）中国物流业与国际物流业接轨的需要。随着中国加入 WTO，我国物流业迫切需要与国际接轨，迫切需要有一套规范化、全面化的标准来指导中国物流业的发展，只有这样我国物流业才能更好地参与国际竞争，进军国际市场。

（5）完善物流业标准的需要。物流业在我国是一个新兴的综合性行业，目前正处于发展的初期，除了现存大量关于物流作业各个环节的标准之外，几乎没有统一完善的标准。所以需要物流标准体系表作为标准编制、修订规划和计划的依据。

2. 物流标准体系表编制的指导思想和原则

物流行业标准体系表是依据 GB/T 13016－91《标准体系表的编制原则和要求》编制的。它是在我国 30 多个行业完成编制标准体系表之后制定的，是我国建国以来标准化工作的经验总结，是我国标准化理论发展与实践经验相结合的重要的科研成果。

在物流标准体系表研究和编制过程中，主要依据如下指导思想：

（1）立足现状兼顾前沿。我国物流业发展的基础还较薄弱，离国外物流经营中诸如 4PL、5PL 的新理念，业务外包的成熟经营模式还有较大的差距。因此在制定我国自己的物流标准体系时不仅要立足于我国物流经营的现状，还要有足够的前瞻性。

（2）形成一组核心标准。物流标准体系是一个综合性很强的行业标准体系，它涉及到运输配送、储存、装卸搬运、物流信息处理等各个环节。但在编制中，不可能把所有标准简单的收集在一起，我们必须找出其中的关键性标准集合，简洁的表示出物流标准体系的核心内容，同时保证从这个统一的基础标准出发可以拓展到各个相关行业中的相近标准。

（3）专业标准全面成套。根据《标准体系表编制原则和要求》（GB/T 13016－91），物流标准体系选择按照层次结构自上而下展开，即按照通用标准、专业标准、门类标准和具体的产品、过程、服务、管理标准建立层次结构，其中各个专业标准尽可能做到全面成套。

（4）思路全面。在制定物流标准体系时要全面考虑物流适用的范围，要考虑到新出现的大量涉及到企业内部运作或商品分销系统等情况的物流状况。

3. 物流标准体系表的结构和形式

标准体系表采用层次结构，并按照层次结构层层分解为若干个子体系。子体系的划分，是以标准的使用对象来确定的。在每个子系统中，根据标准的共性与个性特征来决定每项标准所处的层次。每一个层次包括现行各级标准。层次与标准分级没有关系。

物流标准体系第一个层次包括：基础标准、信息标准、设施与技术装备标准、作业标准、管理标准以及服务标准。以信息标准为例，第二个层次又包括：编码标准、数据采集标准、物流数据结构标准、流程标准、物流信息交换标准以及物流信息系统及相关标准。当然还可以再往下细分。

物流标准体系用于我国现代物流技术国家标准、物流标准规划、物流标准化战略的编制和修订。是促进物流系统运作和管理标准化工作的基础和依据，它将随着我国物流技术的应用和发展不断地更新和充实。

4. 物流体系表编制的原则

（1）全面性。应将物流过程中使用的各项标准分门别类，并纳入相应的分体系之中，使这些标准之间协调一致，相互配套，构成一个完整全面的体系结构。

（2）系统性。编制物流标准体系，在内容、层次上要充分体现系统性。使标准之间尽可能体现出互相依赖、衔接配套关系。

（3）先进性。标准体系表中的标准项目，应充分体现等同或等效采用国际标准和国外先进标准的精神，保持我国标准与国外标准的一致性和兼容性，以保证我国的物流系统与国际标准的接轨。

（4）预见性。在编制标准体系表中的项目时，既要考虑到目前的习惯和技术水平，也要对未来的发展有所预见，使物流标准体系能适应物流业的发展。

（5）可扩充性。物流标准体系框架并非一成不变，它将随着现代物流的发展和国际标准的不断完善而进行更新和充实，同时也要体现出适合我国物流实际需求的原则，因此，对标准体系的扩充、维护和完善的工作是必然要考虑的主要因素。

5. 实施中应注意的问题

（1）要充分发挥政府部门的组织和引导作用。相对于其他标准来说，物流标准是一个全新概念，它对于大多数人来讲比较陌生。面对建立物流标准体系的迫切需求，我们就需要政府给予足够的重视和支持，政府应在对国外相关标准调研的基础上对我国物流业发展做出正确分析，对物流标准的制定进行宏观指导，使物流标准的制定沿着正确的道路前进。因此，我们建议国家有关部门抓紧成立物流标准化专业委员会，保证物流标准化建设的顺利发展。

（2）企业积极参与是物流标准化的基础。我们不能简单地局限于国外先进、成熟的物流标准及体系，我们需要有适合自己国情和特点的物流行业标准，来支持我国物流业发展。在物流标准制定并不完备的现状下，我们需要物流企业在自身的运作当中总结自己的经验，提供企业自身运作的物流标准，为国家的物流标准体系的建设提供良好的基础素材，用以支持我国自己的物流标准体系建设，这样才能使我国制定的物流标准体系真正符合我国物流的特点，使我们对今后需要制定修改的物流标准有一个良好的依据。

（3）要加强科研机构间相互协调与合作。在物流标准体系建设的过程中，相关的科研机构承担了其中主要的工作，他们是联系政府和物流企业的桥梁。一方面他们对广大物流企业的经营运作进行调查，另一方面与政府相关机构进行沟通协调。作为标准体系的主要制定者，科研机构具有很重要的影响力。因此，加强它们之间的协调和合作，促进它们之间的经验和交流，对于形成符合我国实际情况和兼具先进性、成熟性与国际标准接轨的国家标准无疑具有积极的推动作用。

二、物流标准化的实施方法

从世界范围来看，物流体系的标准化，各个国家都还处于初始阶段，在这初始阶段，标准化的重点在于通过制定标准规格尺寸来实现全球物流系统的贯通，取得提高物流效率的初步成果。所以，这里介绍的物流标准化的一些方法，主要指的是初步的规格化的方法及做法。

（一）确定物流的基础模数尺寸

物流基础模数尺寸的作用和建筑模数尺寸的作用大体相同。基础模数一旦确定，设备的制造、设施的建设、物流系统中各环节的配合协调、物流系统与其他系统的配合就有所依据。目前 ISO 中央秘书处及欧洲各国基本认定 600 毫米 ×400 毫米为基础模数尺寸。

（二）确定物流模数

物流模数即集装基础模数尺寸。前面已提到，物流标准化的基点应建立在集装的基础之上，还要确定集装的基础模数尺寸（即最小的集装尺寸）。

集装基础模数尺寸可以从 600 毫米 ×400 毫米按倍数系列推导出来，也可以在满足 600 毫米 ×400 毫米的基础模数的前提下，从卡车或大型集装箱的分割系列推导出来。日本在确定物流模式尺寸时，就是采用的后一种方法，以卡车（早已大量生产并实现了标准化）的车厢宽度为物流模数确定的起点，推导出集装基础模数尺寸。

（三）以分割及组合的方法确定系列尺寸

物流模数作为物流系统各环节的标准化的核心，是形成系列化的基础。依据物流模数进一步确定有关系列的大小及尺寸，再从中选择全部或部分，确定为定型的生产制造尺寸，这就完成了某一环节的标准系列。

由物流模数体系，可以确定各环节系列尺寸，目前，国际物流模数尺寸的标准化正在研究及制定中，并由专门的专业委员会负责制定新的国际标准。国际标准化组织（ISO），已建立的从物流角度看与物流有关的技术委员会（TS）及技术处（TD），每个技术委员会或技术处都由 ISO 指定负责常务工作的秘书国，我国也明确了标准的归口单位，目前，ISO 对物流标准化的研究工作还在进行中，对于物流标准化的重要模数尺寸已大体取得了一致意见或拟订出了初步方案。

作为物流标准化的基础和物流标准化首先要拟定的数据，几个基础模数尺寸如下：①物流基础模数尺寸：600 毫米 ×400 毫米；②物流模数尺寸（集装基础模数尺寸）：1200 毫米 ×1000 毫米为主，也允许 1200 毫米 ×800 毫米及 1100 毫米 ×1100 毫米。虽然上述模数尺寸尚未正式颁布实施，但是目前看来已成定局，许多国家都以此为基准修改本国物流的有关标准，以便和国际的发展趋势吻合。例如，英国、美国、加拿大、日本等国都已打算放弃国内原来使用的模数尺寸，而改用国际的模数尺寸。

日本是对物流标准化较重视的国家之一，标准化的速度也很快。日本政府工业技术院委托日本物流管理协会花了四年工夫对物流机械、设备的标准化进行调查研究，提出日本工业标准（JIS）关于物流方面的若干草案，具体是：①物流模数体系；②集装的基本尺寸；③物流用语；④流设施的设备基准；⑤输送用包装的系列尺寸（包装模数）；⑥包装用语；⑦大型集装箱；⑧塑料制通用箱；⑨平托盘；⑩卡车车厢内壁尺寸等。

我国虽然尚未从物流系统角度全面开展各环节标准化工作，也尚未研究物流系统的配合性等问题，但是，已经制定了一些分系统的标准，其中汽车、叉车、吊车等已全部实现了标准化，包装模数及包装尺寸、联运平托盘也制定了国家标准。参照国际标准，还制定了运输包装部位的标示方法国家标准。其中，联运平托盘外部尺寸系列规定为优先选用尺寸两种，分别为：TP2 – 800 毫米 ×1200 毫米，TP3 – 1000 毫米 ×1200 毫米；可选用尺寸一种为 TP1 – 800 毫米 ×1000 毫米。托盘高度基本尺寸为 100 毫米与 70 毫米两种。

（四）识别与标志标准技术

1. 传统的识别与传统识别的特点

在物流系统中，识别系统是必要的组成部分之一，同时，识别系统也是最早实现标准化的系统之一。在物流领域，识别标记主要用于货物的运输包装上。传统的标准化，将包装标记分为三类，即识别标记、储运标记和危险货物标记。

（1）识别标记。包括主要标记、批数与件数号码标记、体积重量标记、目的地标记、附加标记、输出地标记和运输号码标记等。

（2）储运指示标记。包括向上标记、防湿防水标记、小心轻放标记、由此起吊标记、由此开启标记、重心点标记、防热标记、防冻标记及其他诸如“切勿用钩”、“勿近锅炉”、“请勿斜放、倒置”标记等。

（3）危险货物标记。包括爆炸品标记、氧化剂标记、易燃压缩气体标记、有毒压缩气体标记、易燃物品标记、自燃物品标记、遇水燃烧物品标记、有毒品标记、剧毒品标记、腐蚀性物品标记、放射性物品标记等。

在实际工作中遇到这类问题时，可以以我国国家标准《危险货物包装标志》、《包装储运指示标志》等为依据。如果是进出口的国际海运，可依据国际标准化组织发布的《国际海运危险品标记》识别。

采用标记的识别方法，最主要的是引起人们的注意，对人们处理问题起着简明扼要的提示作用，因此标记必须牢固、明显、醒目、简要、方便阅读和标记正确。以便于一经阅读即掌握要领或易于发现错误而及时纠正。

传统标记方法简单、直观，这是很大的优点，但是，在一定程度上，限制了标志的内容，有许多应标记的项目不能被标记上。标记过于简单，往往使人难以掌握得很清楚透彻。此外，人工识别标记，往往是出现识别错误造成处置失当的原因，由于人的识别反应速度有限，所以难以对大量、快速、连续运动中的货物做出准确识别。

2. 自动识别条码标志识别

自动识别条码是人工识别标志的一大进步，这种技术使识别速度提高几十倍甚至上百倍，使识别的准确程度几乎是百分之百，是提高效率的重要识别方法。

自动识别条码之所以能广泛实施，关键在于条码的标准化，使自动识别的电子数据可以成为共享的数据，这样才能提高效率。和一般的图记标志不同的是，条码有大得多的数据存储量。可以将物流有关所有信息都包含在内，这是图记标志所不可比拟的。条码的重大缺点是缺乏直观性，只能和自动识别系统配套使用，而无法人工识别。因此，条形码的提示、警示作用则远不如图记的标志。

（五）自动化仓库标准

自动化仓库标准主要包含以下几个部分：

（1）名词术语的统一解释。这是自动化仓库的基础标准，统一使用词汇之后，避免在设计、建造和使用时的混乱。一般而言，大体应由以下几部分语言组成：①自动化仓库的设施、建筑、设备的统一名称（包括种类、形式、构造、规格、尺寸、性能等）。②自动化仓库内部定位名称，例如日本工业标准（JISB 8940）用以下语言定位：W 方向是指与巷道机运行方向垂直的方向；L 方向是指与巷道机运行方向平行的方向；排是指沿 W 方向货位数量定位；列是指沿 L 方向货位数量定位；层是指沿货架高度方向货位数量定位。③操作、运行的指令、术语等。

（2）立体自动化仓库设计通用规则。包括适用范围、用语含义解释、货架、堆垛起重机、安全装置、尺寸、性能计算、表示方法等。

（3）立体自动化仓库安全标准。这部分规定了安全设施、措施、表示符号等，例如作业人员安全规则、操作室安全规则、设备自动停止装置、设备异常时的保险措施、紧急停止装置、禁止入内等表示符号等。

（4）立体自动仓库建设设计标准。和一般建筑设计标准的区别在于，要根据物流器具特点确定模数尺寸，标准还包括面积、高度、层数的确定，建筑安全、防火、防震规定，仓库门、窗尺寸及高度确定等。

三、物流标准化建设的对策

针对当前物流标准化进程中存在的问题和国际物流标准化的发展方向，政府部门要加强对物流标准化工作的重视：一方面要在计量标准、技术标准、数据传输标准、物流作业和服务标准等方面做好基础工作；另一方面，也是最为迫切的是要加强对标准化工作的协调和组织工作，对国家已颁布的各种与物流活动相关的国家标准、行业标准进行深入研究，及时淘汰一批落后的标准，增加通用性较强的物流设施和装备的标准制定。要注意不同功能活动的特殊要求，但更应强调各类物流活动间的兼容性。

硬件方面要针对不同性质的运输货物制定相应的标准，同一体系内的标准之间要满足级数基准。如设计 20M3 的某一储运标准，其他的标准系列应以此为基准，无论从长、宽、高角度都应是 20 的倍数。这种设计方式不仅便于统计、计算，而且沟通了不同运输方式，使得运输、仓储等各类物流活动得以协调运作。

软件方面要加快通用标准体系的建立。尽快实现标准数据传输格式和标准接口：通过网络和信息技术连接用户、制造商、供应商及相关单位，实现资源共享、信息共用。借助信息技术实现对物流的全程跟踪，实现有效控制。制定统一的条码格式，使用一致的计量单位。此外，要进行环境体系的认证，规范各类物流企业的绿色标准。

四、国际物流标准

（一）国际物流标准的两大标准化体系：ISO，EAN. UCC

随着贸易的国际化，标准也日趋国际化。以国际标准为基础制定本国标准，已经成为 WTO 对各成员的要求。目前，世界上有近 300 个国际和区域性组织，制定标准和技术规则。其中最大的是国际标准化组织（ISO）、国际电工委员会（IEC）、国际电信联盟（ITU）、国际物品编码协会（EAN）与美国统一代码委员会（UCC）联盟等，它们创立 ISO、IEC、ITU、EAN. UCC 均为国际标准。

从世界范围看，物流体系的标准化，各个国家都还处于初始阶段，标准化的重点在于通过制定标准规格尺寸来实现全球物流系统的贯通，提高物流效率。

1. ISO/IEC

目前，ISO/IEC 下设了多个物流标准化的技术委员会负责全球的物流相关标准的制定、修订工作。已经制定了 200 多项与物流设施、运作模式与管理、基础模数、物流标识、数据信息交换相关的标准。

ISO 与联合国欧洲经济委员会（UN/ECE）共同承担电子数据交换（EDI）标准制定，ISO 负责语法规则和数据标准制定，UN/ECE 负责报文标准的制定。

在 ISO 现有的标准体系中，与物流相关的标准约有 2000 条，其中运输 181 条、包装 42 条、流通 2 条、仓储 93 条、配送 53 条、信息 1605 条。

2. **EAN. UCC**

物流标准化的很重要的一个方面就是物流信息的标准化。包括物流信息标识标准化、物流信息自动采集标准化、自动交换标准化等。

EAN 就是管理除北美以外的对货物、运输、服务和位置进行唯一有效编码并推动其应用的国际组织，是国际上从事物流信息标准化的重要国际组织。而美国统一代码委员会（UCC）是北美地区与 EAN 对应的组织。近两年来，两个组织加强合作，达成了 EAN. UCC 联盟，以共同管理和推广 EAN. UCC 系统，意在全球范围内推广物理信息标准化。其中推广商品条码技术是其系统的核心，它为商品提供了用标准条码表示的有效的、标准的编码，而且商品编码的唯一性使得它们可以在世界范围内被跟踪。

EAN 开发的对物流单元和物流节点的编码，可以用确定的报文格式通信，国际化的 EAN. UCC 标准是 EDI 的保证，是电子商务的前提，也是物流现代化的基础。

（二）发达国家（地区）物流标准化发展现状

随着信息技术和电子商务，电子数据、供应链的快速发展，国际物流业已经进入快速发展阶段。而物流系统的标准化和规范化，已经成为发达国家（地区）提高物流运作效率和效益，提高竞争力的必备手段。在国际集装箱和 EDI 技术发展的基础上，各国开始进一步在物流的交易条件、技术装备规格，特别是单证、法律环境、管理手段等方面推行国际的统一标准，使国内物流与国际物流融为一体。

1. **美国**

美国作为北大西洋公约组织成员之一，参加了北大西洋公约组织的物流标准制定工作，制定出了物流结构、基本词汇、定义、物流技术规范、海上多国部队物流、物流信息识别系统等标准。美国国防部建立了军用和民用物流的数据记录、信息管理等方面的标准规范。美国国家标准协会（ANSI）积极推进物流的运输、供应链、配送、仓储、EDI 和进出口等方面的标准化工作。美国与物流相关的标准有 1200 余条，其中运输 91 条、包装 314 条、装卸 8 条、流通 33 条、仓储 487 条、配送 121 条、信息 123 条。

在参加国际标准化活动方面，美国积极加入 ISO/TC 104，在其国内设立了相应的第一分委会（负责普通多用途集装箱），第二分委会（负责特殊用途集装箱）和第四分委会（识别和通信）。美国海加入了 ISO/TC 122，ISO/TC 154 管理、商业及工业中的文件和数据元素等委员会。美国参加了 ISO/TC 204 技术委员会并由美国智能运输系统协会（ITSAMERICA）作为其美国技术咨询委员会，负责召集所有制定智能运输系统相关标准的机构成员共同制定美国国内的 ITS 标准。

美国统一代码委员会（UCC）为给供应商和零售商提供一种标准化的库存单元（SKU）数据，早在 1996 年就发布了 UPC 数据通信指导性文件，美国标准协会也于同年制定了装运单元和运输包装的标签标准，用于物流单元的发货、收货、跟踪及分拣，规定了如何在标签上应用条码技术，甚至包括用二维条码 417 和 MAXICODE，通过标签来传递各种信息，实现了 EDI 报文的传递，即所谓的“纸面 EDI”，做到了物流和信息流的统一。

2. 日本

日本是对物流标准化比较重视的国家之一，标准化的速度也很快。日本在标准体系研究中注重与美国和欧洲进行合作，将重点放在标准的国际通用性上。

日本政府工业技术院委托日本物流管理协会花费 4 年时间对物流机械、设备的标准化进行调查研究。目前已经提出日本工业标准（JIS）关于物流方面的若干草案，它们包括物流模数体系、集装的基本尺寸、物流用语、物流设施的设备基准、输送用包装的系列尺寸（包装模数）、包装用语、大型集装箱、塑料制通用箱、平托盘、卡车车厢内壁尺寸等。在日本现有的标准体系中，与物流相关的标准有 400 余条，其中运输 24 条、包装 29 条、流通 4 条、仓储 38 条、配送 20 条、信息 302 条。

3. 欧洲

欧洲标准化委员会（CEN）是 1961 年由欧盟 16 国成立的标准化组织。该组织目前设立了第 320 技术委员会，负责运输、物流和服务（Transport - Logistics and Services）的标准化工作，相关的还设立了第 278 技术委员会，负责道路交通和运输的信息化，分 14 个工作组进行与 ISO/TC 204 内容大致相同的标准制定工作。另外还有第 119 技术委员会和第 296 技术委员会。这些委员会共同推进物流标准化进程，在标准制定过程中，进行多方面的联系与合作。

在英国现有的标准体系中，与物流相关的标准有 2500 条左右，其中运输 733 条、包装 432 条、装卸 51 条、流通 51 条、仓储 400 条、配送 400 条、信息 400 条。德国也形成了较为完善的物流标准体系，该体系包含与物流相关德标准有 2480 条左右，其中运输 788 条、包装 40 条、流通 124 条、仓储 500 条、配送 499 条、信息 499 条。

本章小结

（1）物流标准化是以物流为系统，制定系统内部设施、机械设备、专用工具等各个分系统的技术标准，通过对各分系统的研究以达到技术标准与工作标准的配合一致的效果。物流标准根据其定义分为物流软件标准和物流硬件标准；又以标准涉及的范围分为大系统配合性、统一性标准和分系统技术标准。

（2）物流是一个非常复杂的系统，涉及面又很广泛，要形成整个物流体系的标准化，必须在这个局部中寻找一个共同的基点，这个基点能贯穿物流全过程，形成物流标准化工作的核心。

（3）《物流配送系统关键标准研究》是我国物流业发展的重要研究项目。物流标准化的一些方法包括：确定物流的基础模数尺寸、确定物流模数、以分割及组合的方法确定系列尺寸、识别与标志标准技术及自动化仓库标准。

（4）物流标准化的建设对策及国际物流标准的两大标准化体系：ISO，EAN. UCC。

关键词

物流标准化　ISO　实施方法

思考题

（1）物流标准化的特点有哪些方面？
（2）物流标准体系表编制的原则是什么？
（3）物流标准化建设的对策有哪些？
（4）编制物流标准体系表的必要性有哪些方面？

第十二章　国际物流信息系统

本章主要讲述：信息系统的概念，信息系统的类型，物流信息系统的概念、特点、作用、功能、结构，以及典型的物流功能信息系统；介绍了现代物流信息系统开发和案例分析——SOA 架构。

第一节　信 息 系 统

一、信息系统的概念

信息系统是一个人造系统，它由人、硬件、软件和数据资源组成，目的是及时、正确地收集、加工、存储、传递和提供信息，实现组织中各项活动的管理、调节和控制。

组织中各项活动表现为物流、资金流、事务流和信息流的流动。"物流"是实物的流动过程。物资的运输，产品从原材料采购、加工直至销售都是物流的表现形式。"资金流"指的是伴随物流而发生的资金的流动过程。"事务流"是各项管理活动的工作流程，例如原材料进厂进行的验收、登记、开票、付款等流程；厂长做出决策时进行的调查研究、协商、讨论等流程。"信息流"伴随以上各种"流"的流动而流动，它既是其他各种"流"的表现和描述，又是用于掌握、指挥和控制其他"流"运行的软资源。"在一个组织的全部活动中存在着各式各样的信息流，而且不同的信息流用于控制不同的活动。若几个信息流联系组织在一起，服务于同类的控制和管理目的，就形成信息流的网，称之为信息系统。""一个组织的信息系统可以是企业的产、供、销、库存、计划、管理、预测、控制的综合系统，也可以是机关的事务处理、战略规划、管理决策、信息服务等等的综合系统。"

信息系统包括信息处理系统和信息传输系统两个方面。信息处理系统对数据进行处理，使它获得新的结构与形态或者产生新的数据。比如计算机系统就是一种信息处理系统，通过它对输入数据的处理可获得不同形态的新的数据。信息传输系统不改变信息本身的内容，作用是把信息从一处传到另一处。由于信息的作用只有在广泛交流中才能充分发挥出来，因此，通信技术的进步极大地促进了信息系统的发展。广义的信息系统概念已经延伸到与通信系统相等同。这里的"通信"不仅指通讯，而且意味着人际交流和人际沟通，其中包括思想的沟通、价值观的沟通和文化的沟通。

二、信息系统的类型

按照处理的对象，可把信息系统分为作业信息系统和管理信息系统两大类。

（一）作业信息系统

作业信息系统的任务是处理组织的业务、控制生产过程和支持办公事务，并更新有关的数据库。通常由以下三部分组成：

（1）业务处理系统。业务处理系统的目标是迅速、及时、正确地处理大量信息，提高管理工作的效率和水平。如产量统计、成本计算和库存记录等。

（2）过程控制系统。主要指用计算机控制正在进行的生产过程。

（3）办公自动化系统。这是以先进技术和自动化办公设备（如文字处理设备、电子邮件、轻印刷系统等）支持人的部分办公业务活动。这种系统较少涉及管理模型和管理方法。

（二）管理信息系统

管理信息系统是对一个组织（单位、企业或部门）进行全面管理的人和计算机相结合的系统，它综合运用计算机技术、信息技术、管理技术和决策技术，与现代化的管理思想、方法和手段结合起来，辅助管理人员进行管理和决策。

三、信息系统的发展

计算机在管理中应用的发展与计算机技术、通讯技术和管理科学的发展紧密相关。虽然，信息系统和信息处理在人类文明开始就已存在，但直到电子计算机问世、信息技术的飞跃以及现代社会对信息需求的增长，才迅速发展起来。第一台电子计算机创始于1946年，60多年来，信息系统经历了由单机到网络，由低级到高级，由电子数据处理到管理信息系统、再到决策支持系统，由数据处理到智能处理的过程。这个发展过程大致经历了以下几个阶段：

（一）电子数据处理系统（Electronic Data Processing Systems，简称EDPS）

电子数据处理系统的特点是数据处理的计算机化，目的是提高数据处理的效率。从发展阶段来看，它可分为单项数据处理和综合数据处理两个阶段：

（1）单项数据处理阶段（20世纪50年代中期到60年代中期）。这一阶段是电子数据处理的初级阶段。主要是用计算机部分地代替手工劳动，进行一些简单的单项数据处理工作，如工资计算、统计产量等。

（2）综合数据处理阶段（20世纪60年代中期到70年代初期）。这一时期的计算机技术有了很大发展，出现了大容量直接存取的外存储器。此外，一台计算机能够带动若干终端，可以对多个过程的有关业务数据进行综合处理。这时各类信息报告系统应运而生。

（二）管理信息系统（Management Information Systems，简称 MIS）

20 世纪 70 年代初随着数据库技术、网络技术和科学管理方法的发展，计算机在管理上的应用日益广泛，管理信息系统逐渐成熟起来。

管理信息系统最大的特点是高度集中，能将组织中的数据和信息集中起来，进行快速处理，统一使用。有一个中心数据库和计算机网络系统是 MIS 的重要标志。MIS 的处理方式是在数据库和网络基础上的分布式处理。随着计算机网络和通讯技术的发展，不仅能把组织内部的各级管理联结起来，而且能够克服地理界限，把分散在不同地区的计算机网互联，形成跨地区的各种业务信息系统和管理信息系统。

管理信息系统的另一特点是利用定量化的科学管理方法，通过预测、计划优化、管理、调节和控制等手段来支持决策。

（三）决策支持系统（Decision Support Systems，简称 DSS）

20 世纪 70 年代国际上展开了 MIS 为什么会失败的讨论。人们认为，早期 MIS 的失败并非由于系统不能提供信息。实际上 MIS 能够提供大量报告，但经理很少去看，大部分被丢进废纸堆，原因是这些信息并非经理决策所需。当时，美国的 Michael S. Scott Marton 在《管理决策系统》一书中首次提出了“决策支持系统”的概念。决策支持系统不同于传统的管理信息系统。早期的 MIS 主要为管理者提供预定的报告，而 DSS 则是在人和计算机交互的过程中帮助决策者探索可能的方案，为管理者提供决策所需的信息。

由于支持决策是 MIS 的一项重要内容，DSS 无疑是 MIS 的重要组成部分；同时，DSS 以 MIS 管理的信息为基础，是 MIS 功能上的延伸。从这个意义上，可以认为 DSS 是 MIS 发展的新阶段，而 DSS 是把数据库处理与经济管理数学模型的优化计算结合起来，具有管理、辅助决策和预测功能的管理信息系统。

综上所述，EDPS、MIS 和 DSS 各自代表了信息系统发展过程中的某一阶段，但至今它们仍各自不断地发展着，而且是相互交叉的关系。EDPS 是面向业务的信息系统，MIS 是面向管理的信息系统，DSS 则是面向决策的信息系统，DSS 在组织中可能是一个独立的系统，也可能作为 MIS 的一个高层子系统而存在。

第二节　物流信息系统

一、物流信息

（一）物流信息的概念

信息是一个多义概念，不同的学科有不同的解释。在信息科学领域，一般认为信息是事物的运动状态以及关于事物运动状态的陈述。“事物的运动状态”是指没有加工的信息，包括自然信息与社会信息；而“关于事物运动状态的陈述”是指经过人脑加工过的信息，是社会信息。

由于信息的多义性，物流信息也存在广义与狭义之别。狭义的物流信息指与物流活动直接有关的信息，包括运输工具的选择、运输线路的确定、库存时间与库存数量的确定、订单管理等一系列物流活动的管理与决策中必须利用的信息。广义的物流信息不仅包括与物流活动直接相关的信息，还包括与其他流通活动以及生产活动相关的信息，即与物流活动直接和间接相关的所有信息，比如需求信息、产品销售信息、产品供给信息、交通信息、通讯信息、金融信息、税收信息、竞争信息、供应链伙伴的信息等等。

（二）物流信息的作用

（1）交易功能：完成交易过程中的必要操作，包括记录订货内容、库存安排、用户查询等，该功能体现信息记录个别物流活动的基本层次。

（2）控制功能：对于提高企业物流服务水平和资源利用效率的管理，需要信息的控制功能。通过设置合理的指标体系来评价和鉴别各种方案，该功能强调了信息的控制能力。

（3）决策功能：大量的物流信息能使管理人员全面掌握情况，协调进行物流活动的评估、比较、成本收益分析，从而做出有效的物流决策。

（4）战略功能：主要表现在物流信息的支持上，以期开发和提炼物流战略。如通过信息决策通过战略联盟形成协作、厂商能力与市场机会的开发和提炼以及顾客对改进的服务所作的反应。

二、物流信息系统

（一）物流信息系统的概念

关于物流信息系统，目前也没有明确的概念。现实中存在着三种类型的物流信息系统：①物流企业的管理信息系统，这种系统的发展很快。②商品调剂中心之类的商品流通信息系统，但其功能单一，主要是处理在计算机辅助采购及物流支持（Computer－aided Acquisition and Logistics Support，简称为CALS）体系中不应该出现的“多余”产品。③基于电子商务的专门媒介物流信息的信息系统，它是企业管理信息系统中的物流单项功能子系统。对于企业信息系统而言，由于它是企业进行决策与运作管理的工具，涉及到企业的各个方面，将专门媒介物流活动的部分分解出来势必破坏系统的整体性，也不利于信息系统的建设与利用；而对于非物流企业，其单项物流信息系统虽然存在与企业的管理信息系统之中，但也有其独立性。所以，我们所说的物流信息系统是指物流企业的管理信息系统，以及非物流企业从事物流活动管理的物流单项信息系统。

现代物流正在向综合物流方向发展，但由于物流企业不同，主营业务不同，因此物流信息系统也有不同的类型，如运输企业的信息系统、仓储企业的信息系统、物流中心信息系统、供应链物流信息系统等。不论哪一种类型的物流信息系统，其基本结构是相同的，只不过是物流信息技术、分信息系统在整个系统的地位有差异。比如，物流专家系统在以外包物流业务为主的第三方物流企业中就非常重要，而在其他物流企业的信息系统中地位就显得次要一些；又如，以 GPS、GIS 为基础的车辆运行管理系统在运输企业的信息系统中非常重要，而在其他物流企业中的地位则次之。

（二）物流信息系统的特点

（1）高集成性。物流信息系统是采用现代信息技术将物流的各项作业功能与运作管理要素按照一定的方式组合在一起的多功能系统，按照主营业务的不同，作业功能可以有不同的选择，但物流运作与管理的各个要素必须有机地整合在物流信息系统中。因此，物流信息系统并不只是具备物流信息流通的专项功能，还为物流企业或企业的物流活动的运作与管理提供支撑平台；加上物流信息本身的内容包括物流活动与管理中的各类信息，是物流决策、运作与管理的依据。这些使得物流信息系统具备了高集成性的特征。集成性的物流信息系统是电子商务环境下提高物流效率的有力保证。

（2）高技术性。信息系统是一个人机交互的开放式系统，它以网络技术、通讯技术、计算机技术、数据技术等现代信息技术为技术支撑，没有现代信息技术的应用就没有现代意义的物流信息系统。首先，信息系统是建立在 Intranet、Internet 网络基础上的。网络本身就是现代信息技术的集成。其次，信息的采集、整理、加工、传输与利用都以相应的信息技术为手段。EDI 技术、条形码技术、GPS、GIS 等都是信息技术在物流信息系统中应用的具体体现。

（3）高效率性。提高物流效率是建立物流信息系统的目的之一，由于现代物流已经发展到一体化物流阶段，物流活动不再仅仅是流通环节的事情，它已渗透到包括生产、流通在内社会再生产过程之中，物流作为企业或企业联盟全面降低成本、提高效率的重要环节，是企业的“第三利润源泉”。物流信息系统在建设中虽然需要较大的前期投入，但物流信息系统运行所带来的效率大幅度提高的诱人前景，驱使企业提高企业的信息化程度，建立物流信息系统。物流信息系统的运行，通过对物流组织与管理方式的改变、通过对物流方案的优化以及物流设施的合理化使用，使物流效率得以提高。

（三）物流信息系统的作用

基于互联网和信息技术的物流信息系统（LIS），由于其投入相对少，又能显著提高企业物流的运营效率和管理水平，越来越多的企业及 TPL 公司愿意采纳这项集管理和信息技术为一体的系统。信息系统应包括以下几个主要方面：

（1）配送中心仓储管理，使用仓储管理系统（WMS）管理仓库的收发、分拣、摆放、补货、库存等等，同时 WMS 可以进行库存分析，与财务系统集成。更加先进的

WMS 还能帮助企业实现“逆向物流”（返修、回收等）。

（2）运输与发货管理。使用运输管理系统（TMS）优化运输模式组合，如空运、陆运或水运等，寻求最佳的运输路线。TMS 还可实现在途物品的跟踪，并在必要时调整运输计划、调度与跟踪、与运输商的电子数据交换（信息集成）等。

（3）劳动力资源管理。为了充分发挥人力资源的潜力，改进劳动生产率，需要建立员工的培训系统和绩效评估系统。

（4）加快供应链的物流响应速度。通过建立物流信息系统，达到全局库存、订单和运输状态的共享和可见性，以降低供应链中的需求订单信息畸变现象。企业在采用 3PL 时，在保证信息安全的前提下，也要同 3PL 服务企业建立起信息共享的信息平台。

（5）物流整合。即采用最优化理论，将企业物流上的各个环节综合考虑，制定全局优化的物流策略或物流执行指令。

（四）物流信息系统的功能

物流信息系统在物流企业和供应链中的应用，有以下功能：

（1）可以导致企业组织结构与经营管理方式的改变。物流信息系统实际上是为企业提供了一个新型的管理平台，它改变了企业传统的信息传播方式，为企业决策、高层管理与基础操作层之间搭起了一个信息直接通道，这不仅减少了信息传播过程中的失真，而且削弱了“金字塔”形 管理结构中的中间层，使管理组织结构由“金字塔”形向扁平化转变。在业务关系上，企业与企业之间要么建立固定的业务合作伙伴关系，要么直接组建战略联盟，使业务关系稳定化、频繁化、整体化。

（2）有利于提高物流企业的服务水平和赢利能力。信息系统的采用，使顾客的服务要求能够随时被受理，而且顾客可以随时掌握货物的流转情况，大大方便了顾客。而与此同时，企业的赢利能力也相应提高。

（3）有利于企业增强市场竞争能力。由于信息系统的采用，使物流企业的业务范围扩大。物流企业通过业务范围的拓展使自身以物流业务作为主营业务成为可能，而物流信息系统为物流企业形成业务优势创造了条件。

（五）物流信息系统的结构

从不同的角度认识物流信息系统，其具有不同的结构。从管理信息系统的建设层面看，管理信息系统的技术与知识结构由三大要素构成，即系统工程方法、定量化管理分析方法和计算机应用技术，物流企业的管理信息系统的组织结构方案从物流企业管理信息系统的前台操作层面看，它由仓库管理、技术管理子系统、成本控制管理子系统、物流控制管理子系统、采购与供销管理子系统、人事管理子系统、对外物流管理子系统组成。

三、典型的物流功能信息系统

物流功能信息系统是指物流企业和联盟企业的专门以某项或某几项物流活动为管理对象的信息系统。典型的物流功能信息系统有电子自动订货系统、销售时点信息系统、运输管理信息系统等。

（一）电子自动订货系统

电子自动订货系统（简称为 EOS）是指企业间利用通讯网络（VAN 或互联网）和终端设备以在线联接（ON－LINE）方式进行订货作业和订货信息交换的系统。按应用范围可分为企业内的 EOS（如连锁店经营中各个连锁分店与总部之间建立的 EOS），零售商与批发商之间的 EOS，零售商、批发商与生产商之间的 EOS 等。

EOS 能及时准确地交换订货信息，可以缩短从接到订单到发出订货的时间，缩短订货商品的交货期，减少商品订单的出错率，并节省人工；有利于减少企业的库存水平，提高企业的库存管理效率，同时能防止商品尤其是畅销商品缺货现象的出现；对于生产厂家和批发商来说，通过分析零售商的商品订货信息，能准确判断畅销商品和滞销商品，有利于企业调整商品生产与销售计划；有利于提高企业物流信息系统的效率，使各个物流业务信息子系统的数据交换更加便利和迅速，丰富企业的经营信息。

（二）销售时点信息系统

销售时点信息（Point of Sale，简称为 POS）系统是指通过自动读取设备（如收银机）在销售商品时直接读取商品销售信息（如商品名、单价、销售数量、销售时间、销售店铺、购买顾客等），并通过通讯网络和计算机系统传送至有关部门进行分析加工以提高经营效率的系统。POS 系统最早用于零售业，以后逐渐扩展至其他领域，如金融、旅馆等服务性行业，利用 POS 信息的范围已从企业内部扩展到整个供应链。

（三）车辆运行管理系统

在这种系统中，物流运输企业的计划调度中心与车辆之间的双向通话通过卫星通讯进行。物流运输企业计划调度中心发出的装货指令通过公共通讯线路或专业通讯线路传送到卫星控制中心，由卫星控制中心把信号传送给通讯卫星，再经由通讯卫星把信号传送给运输车辆，而运输车辆通过 GIS 系统确定车辆所在的准确位置，找出到达目的地的最佳线路，同时通过车载的通讯卫星接送天线、GPS 天线、通讯联络控制装置和输出输入装置，将车辆所在位置和状况等信息通过卫星传回到企业计划调度中心，以利于调度中心把握全局。这种系统的采用，对于实现全企业车辆的最佳配置、提高物流运送业务效率和顾客满意程度都具有重大意义。在美国，由于采用通讯卫星、GPS 技术和 GIS 技术的车辆运行系统能提高配车效率、缩短等待装货时间，越来越多的企业开始采用这一系统。例如美国物流运输租赁企业 J. B. HANT 公司在出租车辆上安装卫星通讯和产量控制系统，该公司不仅利用这些系统进行双向联络通讯、车辆调配管理、装货信息管理，而且利用这些系统对交通规则的遵守情况、车辆空载、燃料费等方面进行实时管理，1995年该企业的营业额达15亿美元，职工12000人，卡车台数约7000辆。不足之处在于该系统建设要求的投资大，通讯费用高，不利于企业成本的降低。在发达国家，目前只有大型物流运输企业采用通讯卫星、GPS技术和GIS技术进行车辆运行管理。随着经济的快速发展，我国对物流运输服务的要求将会越来越高，利用通讯卫星、GPS技术和GIS技术的车辆运行管理是今后大型货车运输企业的发展趋势。

第三节　现代物流信息管理系统

一、现代物流信息管理系统的功能

物流的信息化管理随着物流行业的发展壮大日益为从业者和管理信息系统提供商所重视。在欧美等发达国家，物流的产值已经占到国民生产总值相当大的部分。其中物流信息管理系统对此行业的贡献不容忽视，所以中国要成为东亚乃至环亚太地区的物流中心，构筑现代物流信息管理系统也是重中之重。信息是能反映事物内在本质的外在表现，如图像、声音、文件、语言等，是事物内容、形式和发展变化的反映，而物流信息就是物流活动的内容、形式、过程及发展变化的反映。现代物流信息在物流活动中起着神经系统的作用，“牵一发而动全身”。其主要基本功能有如下方面：

（1）市场交易活动功能。交易活动主要记录接货内容、安排储存任务、作业程序选择、制定价格及相关人员查询等。物流信息的交易作用就是记录物流活动的基本内容。主要特征是：程序化、规范化交互式，强调整个信息系统的效率性和集成性。

（2）业务控制功能。物流服务的水平和质量以及现有管理个体和资源的管理，要有信息系统作相关的控制，应该建立完善的考核指标体系来对作业计划和绩效进行评价和鉴别，这里强调了信息系统作为控制工作和加强控制力度的作用。

（3）工作协调功能。在物流运作中，加强信息的集成与流通，有利于工作的时效性，提高工作的质量与效率，减小劳动强度系数。这里，物流信息系统也有重要作用发挥。

（4）支持决策和战略功能。物流信息管理协调工作人员和管理层进行活动的评估和成本–收益分析，从而更好地进行决策。强调物流信息管理系统支持决策和战略定位作用。

既然物流信息有这么重要的作用，那么我们就应该对它进行有效的管理，物流的信息管理就是对物流信息的收集、整理、存储传播和利用的过程。也就是将物流信息从分散到集中，从无序到有序，从产生、传播到利用的过程，同时对涉及物流信息活动的各种要素，包括：人员、技术、工具等进行管理，实现资源的合理配置。

物流信息化管理可以实现物流作业的自动化，通过条码和数控工具、GPS 等现代管理工具与方法，可以大大地提高劳动的生产效率，实现“三流”——资金流、物流与信息流的统一。

二、现代物流信息管理系统的设计原则

我们在设计物流管理信息系统时必须遵循以下几个原则：

（一）完整性原则

（1）要求功能的完整性。就是根据企业物流管理的实际需要，制定的系统能全面、完整地覆盖物流管理的信息化要求。

（2）要保证系统开发的完整性，制定出相应的管理规范。例如，开发文档的管理规范、数据格式规范、报表文件时要规范，以保证系统开发和操作的完整和可持续性。

（二）可靠性原则

（1）要求系统的准确性和稳定性。一个可靠的物流管理系统要能在正常情况下达到系统设计的预期精度要求，不管输入的数据多么复杂，只要是在系统设计要求的范围内，都能输出可靠结果。

（2）要求指系统的灵活性。这是指系统在软件、硬件环境发生故障的情况下仍能部分使用和运行，一个优秀的系统也是一个灵活的系统，在设计时就必须针对一些紧急情况做出应对措施。

（三）经济性原则

（1）企业是趋利性组织，追逐经济利益是其活动的最终目的，企业每一次投入都会考虑产出，在系统的投入中也要做到最小投入，产生最大效益。所以软件的开发费用必须在保证质量的情况下尽量的压缩。

（2）必须保持较低的运行维护费用，减少不必要的管理费用。

物流管理系统设计流程主要分四步走：①总体规划阶段。根据用户需求、业务的过程、环境，分析系统开发的可能性，进行概念设计和逻辑设计，指定总体规划的实施方案。②系统分析阶段。这是系统开发的基础，是理解用户需求和业务处理状况与流程的唯一途径，同时进行功能、需求和限制的分析，综合因素，提出可行的系统建设方案。③系统设计阶段。主要分为系统设计、系统编程、系统调试三个阶段。④建立系统模型。确定系统目标、功能分析，划分子系统和功能模块、明确数据处理方式、选择支持系统的软件和硬件。

三、现代物流信息系统的系统设计

原则确定以后，就开始系统设计。现代物流信息系统的设计的任务和目的是对选定对象进行调查和分析，明确系统目标，提出初步模型和完成系统分析报告。它包括以下工作：

（一）物流管理业务状况分析

（1）系统环境及实现新系统条件的分析，包括现有系统的物流管理水平、业务信息的精确程度、领导的认识，硬件和软件以及网络环境的可靠性与支持作用。

（2）系统结构和用户结构调查分析，要求清楚与完成系统任务有关的部门、人员及相互层次关系，绘出用户结构图。用户结构分析的依据是任务关系，分层的标准也是对任务的关系，而不是组织结构图。

（3）物流信息流程的调查，就是了解物流信息载体的种类、格式、用途和流程，各个主要环节需要的信息、来源、去向、处理方法、计算方法以及信息的提供时间和形态。

（二）物流信息管理系统目标分析

（1）依据系统分析结果，列出问题表。

（2）根据问题表，建造一个倒置的目标树。

（3）确定解决目标冲突的方法，指出各项具体措施的考核指标。

（三）系统的需求分析

（1）分析事务处理能力需求的合理性。

（2）分析决策功能需求的合理性。

（3）按需求做出解决问题的初步计划，为功能分析打下基础。

（四）系统的功能分析

整理以往资料，结合现行系统分析，进行功能分析。包括两个内容：功能层次分析和层次之间关联分析。先要把功能逐层分解为多个子功能。

（五）系统的数据流程分析

（1）绘制数据流程图。它是分析阶段所提供的重要的技术文件之一，反映了系统内部的数据传递关系；是对系统的一种抽象化和概念化，它只表示数据、功能之间的关系，不涉及如何实现。

（2）数据分析。其目的是弄清数据流程图中出现的各种数据的属性，存储情况和查询的要求，对数据予以定量的描述和分析。数据分类是指对数据项予以定义，并根据总的属性将数据项归纳到其应有的类目中去。

（3）数据属性分析。根据其属性可以正确的确定数据与文件的关系，通常是具有固定属性的数据存放在主文件中，把具有变动属性的数据存放在处理文件中。

四、系统总体规划

（一）物流信息管理系统的基本功能

物流的不同层次通过信息流紧密的结合起来，在物流系统中，存在对物流信息进行采集、传输、存储、处理、显示和分析的信息系统。其基本功能包括：

（1）数据的收集和录入。物流信息系统首先要做的是记录下物流的内外的有关数据，集中起来并转化为物流信息系统能够接受的形式，输入到系统中。

（2）信息的存储。数据进入系统后，经过加工整理，成为支持物流系统运行的物流信息，这些信息可能暂时或永久保存。

（3）信息的传播。信息来源于物流系统内外，又为不同的物流功能所用，所以物流信息系统必须克服空间障碍进行信息传输。

（4）信息的处理。将输入的数据加工成物流信息，是信息系统的最基本的目标。信息处理可以是简单的查询、排序，也可以是复杂的模型求解和预测。信息处理能力的强弱是衡量物流信息系统能力的一个重要方面。

（5）信息的输出。为各级人员提供信息是物流信息系统的责任，为了便于理解，输出的形式和内容应该易读易懂，直观醒目，这是评价系统的重要标准之一。

（二）物流信息系统的层次结构

不同层次上的部门和人员，需要的可能是不同类型的信息。一个完善的物流信息系统，要有以下层次：

（1）数据层。这是将收集、加工的物流信息以数据库的形式加以存储。

（2）业务层。这是对合同、票据、报表等业务表现方式进行日常处理。

（3）运用层。它包括仓库作业计划、最优路线选择、控制与评价模型的建立，根据运行信息检测物流系统的状况。

（4）计划层。建立各种物流系统分析模型，辅助高管人员制订物流战略计划。

（三）物流信息系统规划

建立信息系统，不是单项数据处理的简单组合，必须要有系统规划，这是范围广、协调性强、人机结合紧密的系统工程。它是系统开发的最重要的环节，有了好的规划，就可以按照数据处理系统分析和设计，持续到实现系统。系统总体规划可分四步走：

（1）定义管理目标。确定不同层次的不同管理要求与目标，各个局部目标要服务和服从于组织总体管理目标。

（2）定义管理功能。确定在管理工作中会出现的主要的活动和决策。

（3）定义数据分类。在定义管理功能的基础上，同时把数据按照支持一个或多个管理功能系统进行数据分类。

（4）定义信息结构。确定信息系统各个部分及其相互数据之间的关系，导出各个独立性较强的模块，确定模块实现的优先关系，也就是划分功能子系统。

（四）物流信息系统的开发过程

（1）系统调研。对现有的管理方法、管理系统和信息流程等有关情况进行现场调查，做出相关的调研报告和图表，指出信息系统设计的目标以及达到目标的可能性。

（2）系统逻辑设计。在系统调研的基础上，从整体和全局高度构造物流信息系统的逻辑模型，对各种模型进行择优录取，确定最佳方案。

（3）系统的物理设计。以构架好的逻辑模型为框架，利用各种编程语言实现逻辑模型中的各个功能的模块，如确定数据输入、输出、存储的处理方法，要做好系统的程序设计工作。

（4）系统的实施。必须在交付系统正式试用之前对系统进行严谨的测试。包括：各个独立模块的测试和集成测试、单机和网络用户的测试。

（5）系统的维护与评价。系统运行一段时间后，根据变化和要求，必须作相关的改动、完善，并对系统做出客观、公正的评价。

五、系统开发方法

系统规划后就开始进行设计了，物流信息管理系统的设计包括以下几种方法：

（一）结构化生命周期法

（1）首先明确用户需求，根据需求设计系统，完全从用户角度考虑。按阶段进行，保证系统的开发质量，减少开发的盲目性。

（2）运用系统的分解和综合技术使复杂的系统简化。从上向下的分解将系统分成既相互独立又相互联系的功能子系统，只到分解成只有极少功能的模块，目的是使功能简化，便于设计和实施。已经调试的模块可以合并成子系统，子系统又可以合并成一个完整的信息系统，达到完成总体功能的目标。

（3）强调阶段成果审定和检验制度。此法的开发阶段划分明确。只有相关人员认可，才能作为下一阶段工作的依据，不然将不能进一步工作。

（二）原形法

该法是在明确客户的需求后，先建造一个原始模型系统，在一定时间内根据客户的需求不断地进行原始模型的运行、修改，直到能够解决客户的使用为止。

（1）确定用户的基本需求。了解客户的需求，并确定哪些是可以做到的，哪些是做不到的，同时估算模型开发的成本费用。

(2) 利用原形来认清客户的需求，明确尚不能满足的需求，一方面记录系统的不足，另一方面借势诱导，彻底搞清用户的真正需求。

(3) 修正和改进系统。

当经历和完成了上述的过程与事项后，基本上一个比较完善的物流管理系统就可以实现了。

六、现代物流信息系统案例分析——SOA 架构

SOA（Service－Oriented Architecture），就是面向服务的架构。META 组织将 SOA 定义为："一种以通用为目的、可扩展、具有联合协作性的架构，所有流程都被定义为服务，服务通过基于类封装的服务接口委托给服务提供者，服务接口根据可扩展标识符、格式和协议单独描述。"SOA 提供了一种构建信息系统的标准和方法，并通过建立起合并、可重用的服务体系来减少 IT 业务冗余并加快项目开发的进程，使得开发部门效率更高、开发周期更短、项目分发更快。

SOA 是一种架构模式，它将应用程序的不同功能单元（称为服务）通过这些服务之间定义良好的接口联系起来。接口是采用中立的方式进行定义的，它独立于实现服务的硬件平台、操作系统和编程语言，这使得构建在系统中的服务可以以一种统一和通用的方式进行交互。SOA 架构层次如图 12－1 所示。

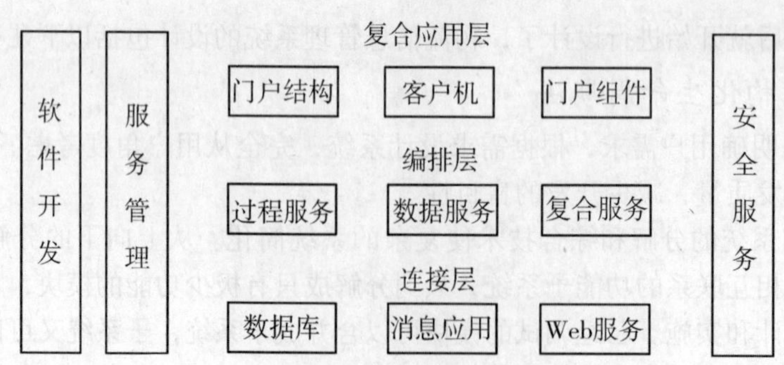

图 12－1　SOA 架构层次

第三方物流管理信息系统是第三方物流企业参与市场竞争的关键，是提高客户服务水平的基础。为了保持物流企业核心竞争力，快速地适应不同货主、不同货种对服务的要求，信息系统的架构必须经济灵活。

1. SOA 架构用于第三方物流信息系统建设的优点

(1) 便于集成现有系统。SOA 体系结构可以基于现有的系统来发展，不需要彻底重新创建系统。原有的功能模块可以通过 Web 服务接口来封装和访问。采取 SOA 框架

可以将各种业务服务构造成现有组件的集合。当其他部门使用这种新的服务时只需要知道它的接口和名称，服务的内部细节以及在组成服务的组件之间传送的数据的复杂性都对外界隐藏了。这种组件的匿名性使物流企业能够利用现有的投资，从而可以通过合并构建在不同的机器上、运行在不同的操作系统中、用不同的编程语言开发的组件来创建服务。

（2）便于重复利用物流业务服务。已经创建的物流业务服务不必与特定的系统和特定的网络相连接。服务是独立的，服务间的通讯框架使得服务重用成为可能。对于业务需求变化，SOA 能够方便组合耦合的服务，以提供更为优质和快速的响应。第三方物流企业信息系统允许服务使用者自动发现和连接可用的服务，并通过对服务使用者的验证、授权，来加强安全性保障。同时，由于面向服务的敏捷性，在应对物流业务变更时，有了更强的可塑性，企业可以未雨绸缪，为未来做好充分的准备。

（3）提高了系统开发速度。在所有不同的应用程序之间，基础架构的开发和部署将变得更加一致。现有的组件、新开发的组件和从厂商购买的组件可以合并在一个定义良好的 SOA 框架内，这样的组件集合将被作为服务部署在现有的基础构架中，从而成为了重复使用的架构元素。当需要新的物流企业进入，可以直接对现有服务和组件进行新的创造性重用，大大缩短了设计、开发、测试和部署产品的时间，可以在最短时间内投入使用。

（4）降低了系统开发成本。Web 服务库成为采用 SOA 框架的第三方物流企业信息系统的核心。直接使用这些 Web 服务库来构建和部署服务将显著地减少软件开发成本，提高开发人员的工作效率。研究表明，一般系统的接口开发费用占到整个开发费用的 33%，最高的竟达到了 70%，因为重用和敏捷设计使得在 SOA 中，接口的重用会节省费用 60%。随着物流业务需求的发展和新的物流企业的进入，通过采用 SOA 框架和服务库，为原有应用程序增加服务和创建新的服务的成本大大地减少了。

（5）便于改进业务流程。SOA 清晰地表示物流服务业务流程，这些业务流程通过在特定业务服务中使用组件的顺序来标识，这给物流企业提供了监视业务操作的理想环境。同时，流程的控制是依靠构成业务服务的组件重组来实现的，这将进一步允许改进业务流程，提高效率。重用现有的组件大大降低了在增强或创建新的业务服务的过程中带来的风险。

2. SOA 架构下的第三方物流企业信息系统模型

第三方物流企业的 IT 部门在统一的标准下重新构建当前没有的功能模块，并且充分利用已有的功能模块，将这些子功能模块作为业务服务形成 SOA 框架下的服务库。任何第三方物流企业部门都可以通过调用已经注册的服务迅速建立自己的信息系统，企业的 IT 部门可以在最短的时间内针对不同的用户群建立对外的门户网站。

第三方物流企业信息系统在 SOA 架构下，其主要的服务包括：客户管理（包括增加客户信息、客户信息的维护，操作权限管理、货物信息管理、填发物品调拨指令、指令查询、货品编码维护等功能）；仓库管理（对库存物料的入库、出库、盘点等日常工作进行全面的控制和管理）；配送管理（完成从客户申请配送受理、配送作业生成、到实际配送出库的一系列管理功能）；运输管理（实现自有车辆调配管理，采用社会运输方式或管理）；物资管理（可以对物流网络中所有物资动态跟踪，动态分布情况查询、管理，包括信息动态、物资运输动态、仓储分布等）；财务管理（对客户与物流中心因业务而发生的费用进行结算）；统计管理（对多方面数据进行分析、形成报表，提供管理依据）；成本控制管理（对运输的各个方面进行控制，包括运单、运价、成本及订单计划等）；办公管理（实现无纸化办公）；人事管理（企业人事记录、人事电子账务）；服务外包管理（物流服务外包业务的流程管理）；电子商务（银行交易）。

第三方物流企业信息系统 SOA 架构模型见图 12－2。

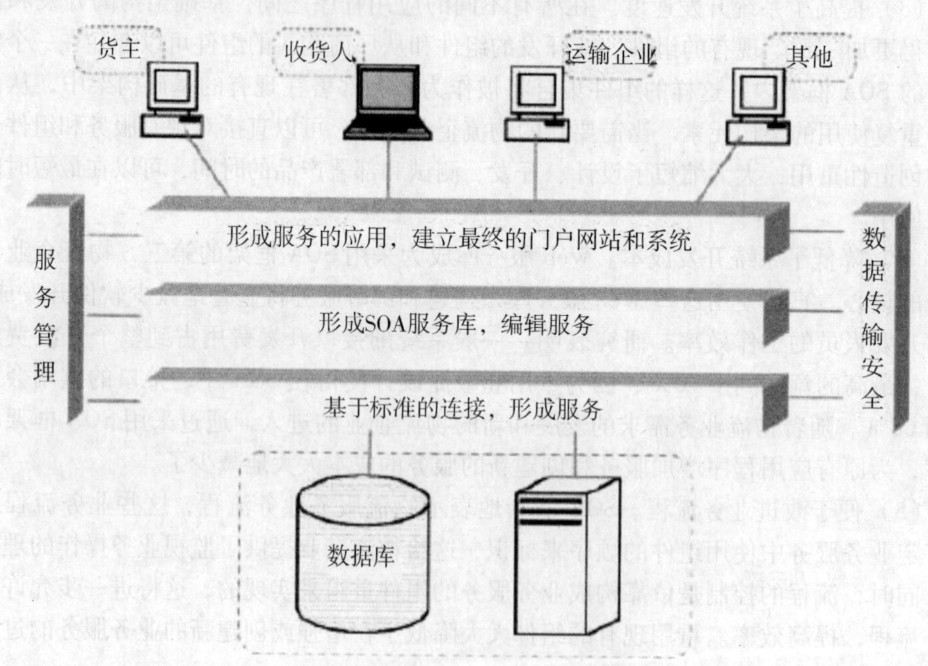

图 12－2　第三方物流企业信息系统 SOA 架构模型

随着国内物流需求市场的不断升温，必然会造成第三方物流市场的激烈竞争，在这一过程中，采用 SOA 架构下物流信息系统的第三方物流企业将会具备明显的优势。这些企业将极大地利用现有资源，在最短的时间内，用最低的开发成本，建设出具有良好的兼容性和扩展性的信息系统，从而保证物流运作的高效进行，充分挖掘企业的“第三利润源泉”，在竞争中立于不败之地。

本章小结

(1) 信息系统是一个人造系统，它由人、硬件、软件和数据资源组成，目的是及时、正确地收集、加工、存储、传递和提供信息，实现组织中各项活动的管理、调节和控制。信息系统可分为作业信息系统和管理信息系统两大类。作业信息系统的任务是处理组织的业务、控制生产过程和支持办公事务，并更新有关的数据库。通常由以下三部分组成：业务处理系统、过程控制系统和办公自动化系统；管理信息系统是对一个组织（单位、企业或部门）进行全面管理的人和计算机相结合的系统，它综合运用计算机技术、信息技术、管理技术和决策技术，与现代化的管理思想、方法和手段结合起来，辅助管理人员进行管理和决策。

(2) 信息系统经历了由单机到网络，由低级到高级，由电子数据处理到管理信息系统、再到决策支持系统，由数据处理到智能处理的过程。EDPS、MIS 和 DSS 各自代表了信息系统发展过程中的某一阶段，但至今它们仍各自不断地发展着，而且是相互交叉的关系。EDPS 是面向业务的信息系统，MIS 是面向管理的信息系统，DSS 则是面向决策的信息系统，DSS 在组织中可能是一个独立的系统，也可能作为 MIS 的一个高层子系统而存在。

(3) 物流信息存在广义与狭义之别。狭义的物流信息指与物流活动直接有关的信息，广义的物流信息不仅包括与物流活动直接相关的信息，还包括与其他流通活动以及生产活动相关的信息，即与物流活动直接和间接相关的所有信息。

(4) 投入较少又能为企业提高物流运营效率和管理水平的物流信息系统，一般来说有三个定义：一是物流企业的管理信息系统，这种系统的发展很快。二是商品调剂中心之类的商品流通信息系统，但其功能单一，主要是处理在计算机辅助采购及物流支持（Computer - aided Acquisition and Logistics Support，简称为 CALS）体系中不应该出现的“多余”产品。三是基于电子商务的专门媒介物流信息的信息系统，它是企业管理信息系统中的物流单项功能子系统。物流信息系统的特点是：高集成性、高技术性和高效率性。

(5) 阐述了设计物流信息管理系统的原则、设计规划方法，同时介绍了生命周期方式在内的多种系统开发方法。

关键词

信息系统　物流信息　物流信息系统　设计原则　SOA 架构

思考题

(1) 信息系统的类型有哪些方面?

(2) 物流信息的作用有哪些?

(3) 现代物流信息管理系统设计的原则是什么?

(4) 物流信息系统的开发过程包括哪几部分?

(5) 简述物流信息管理系统的基本功能。

第十三章　国际物流壁垒

本章主要介绍技术壁垒、标准壁垒、金融壁垒以及配送渠道壁垒等国际物流壁垒。国际物流管理必须对这些壁垒的实际成本与国际贸易的实际利益之间的关系进行权衡，克服这类壁垒，以期通过成功的国际运作获得实际利益。

第一节　技术壁垒

一、技术壁垒的定义

技术壁垒主要是指商品进口国家所制定的那些强制性和非强制性的商品标准、法规以及检验商品的合格评定所形成的贸易障碍，即通过颁布法律、法令、条例、规定、建立技术标准、认证制度、检验制度等方式，对外国进口商品制定苛刻的技术、卫生检疫、商品保证和标签等标准，从而提高产品技术要求，增加进口难度，最终达到限制进口的目的。这些壁垒也成为其他国家商品自由进入该国市场的实实在在的障碍。

二、技术壁垒的分类

（一）技术法规

指必须强制性执行的有关的产品特征或其相关工艺和生产方法，许多强制性标准也是技术法规的组成部分。技术法规主要涉及劳动安全、环境保护、卫生与健康、交通规则、无线电干扰、节约能源与材料等，也有一些是审查程序上的要求。目前，工业发达国家颁布的技术法规种类繁多，尤其是近几十年来，为了保护消费者的合法权益，许多工业发达国家不遗余力地致力于消费者保护法规的制定。

随着贸易战的加剧，主要发达国家愈来愈多地打着本国消费者安全和健康的旗号，制定许多有关安全卫生方面的法律来限制商品的进口。例如，日本有《劳动安全卫生法》、《消费法》、《蔬菜水果进口检验法》、《肉类制品进口检验法》等，德国有《化妆品管理法》、《仪器与日用消费管理法》等，美国有《联邦食品、药品和化妆品法》、《联邦进口牛奶法》、《茶叶进口法》、《消费产品安全法》等。随着这些法律的建立，要求卫生检疫的商品愈来愈多，卫生检疫的规定也愈来愈严，对进口商品的限制也就越来越大。

（二）技术标准

技术标准是指经公认机构批准的、非强制执行的、供通用或重复使用的产品或相关工艺和生产方法的规则、指南。有关专门术语、符号、包装、标志或标签的要求也是标准的组成部分。目前存在大量的技术标准，有国家标准、行业标准，也有许多国际标准。

随着竞争的加剧，发达国家有意识地利用标准作为竞争的手段，对制成品的进口规定极为严格、繁琐的技术标准，有些标准的规定甚至是经过精心策划的、专门用以针对某个国家的出口产品，而且涉及商品的范围越来越广，进口商品必须符合这些标准才能进口。这些标准中既有生产标准，也有试验、检验方法标准和安全卫生标准；既有工业品标准，也有农产品标准。例如，法国严禁含有红霉素的糖果进口，从而把英国糖果拒于门外；美国则对进口的儿童玩具规定了严格的标准等。

有些技术标准不仅在条文本身上限制了商品进口，而且在实施过程中也为国外产品的销售设置了重重障碍。如日本曾规定，英国输往日本的小汽车运到日本后，必须由日本人进行检查，如不符合规定，则要由日本雇员进行检修。这样就费时费工，加上日本有关技术标准公布迟缓，使英国汽车输往日本更加困难。

（三）质量认证和合格评定程序

质量认证是根据技术规则和标准对生产、产品、质量、安全、环境等环节以及整个保障体系的全面监督、审查和检验，合格后由国家或外国权威机构授予合格证书或合格标志来证明某项产品或服务是符合规定的规则和标准的活动。目前在国际上影响比较大的质量认证体系有 ISO 9000 系列标准、ISO 14000 环保系列标准、美国的产品安全认证体系 UL、欧盟的 CE 标志、日本的 JIS 标准（日本工业标准标国的产品安全认证体系志）等。

质量认证既能促进国际贸易的发展，也能成为国际贸易发展的障碍。如果一种质量认证体系能被各国所接受，并能相互承认对方的检验结果，就将促进国际贸易的发展。然而，各国实行的质量认证是多种多样的，即使各国所采用的产品标准和检验方法相同，各国认证体系之间的差异、依据的标准水平不同、质量认证体系的内容不同、认证机构的地位不同、检验机构的水平不同、强制性认证与自愿性认证的不同，仍然会成为贸易中的技术壁垒。实际上质量认证和合格评定程序也越来越成为各国用来保护国内市场的合法武器以及提高国际竞争力的工具。

（四）卫生检疫标准

卫生检疫标准主要适用于农副产品及其制成品、食品、药品、化妆品等。现在各国要求卫生检疫的商品越来越多，规定也越来越严。如美国规定其他国家或地区输入美国的食品、饮料、药品及化妆品，必须符合美国《联邦食品、药品及化妆品法》的规定。其条文还规定，进口货物通过海关时，均需要经食品药物管理署（FDA）检验，如发现与规定不符，海关将予以扣留，有权销毁，或按规定日期装运再出口。

（五）商品包装和标签的规定

商品包装和标签的规定适用范围很广。许多国家对在本国市场销售的商品订立了种种包装和标签的条例，这些规定内容繁杂，手续麻烦，出口商品必须符合这些规定，否则不准进口或禁止在市场销售。进口国对进口商品包装和标签的要求主要用于防止包装材料所形成的对环境和消费者的负面影响，当然这其中也有很多仅仅只是为国外出口商制造出口障碍。出口商为了符合这些规定，不得不按规定重新包装和改换标签，费时费工，增加了商品的成本，削弱了商品的竞争力或直接禁止其进口，从而保护了进口国国内市场。例如，德国和法国禁止进口外形尺寸与本国不同的食品罐头。美国等国禁止使用草、谷、糠等为包装材料。这些材料只有在提供消毒证明的条件下，才允许使用。

（六）绿色壁垒

绿色壁垒指那些为了保护环境，直接或间接采取的限制甚至禁止贸易的措施。人类社会进入20世纪90年代以来，工业经济与生态环境相协调的可持续发展模式正成为国际社会、各国政府以及环境保护界共同关注的迫切问题。在贸易增长的同时，理应对人类赖以生存的环境进行保护。

三、技术壁垒的表现

在国际贸易中，用来设置技术壁垒最为广泛的是技术标准和技术法规，主要是因为凭借技术标准、技术法规很容易达到使所实施的技术壁垒具有名义上的合理性，从而使出口目的产品因满足不了要求而无可奈何。具体表现在以下几个方面。

（1）技术标准繁多、涉及面广。为了阻碍国外产品的进口，保护本国市场，许多国家制定了繁多、严格的标准和法规。目前，欧盟拥有的技术标准有10万多个，德国的工业标准约有1.5万种，日本1994年3月调查的结果就有8184个工业标准和397个农产品标准。而举世公认食品安全法制、法规最健全的国家——美国，其食品方面的标准和法规之多就更是“无微不至”了。

（2）技术标准要求严格。发达国家凭借经济、技术上的优势，制定出非常苛刻的标准，有的标准甚至让发展中国家难以达到要求。如欧洲有些国家规定，面条内的鸡蛋含量要在13.5%以上，食盐含量不能超过1%，不准添加色素等。一方面由于技术有限，很难控制到符合要求；另一方面由于经济、实验条件有限，而无法检测出微量的化学物质。如果让发达国家的检测机构检测，费用则相当昂贵，成本就会增高，出口难度增大，起到了技术壁垒的作用。一些国家还利用商品的包装和标签标准、法规给进口商品增加技术和费用负担，设置技术壁垒，如关于木质包装的检疫要求等。

（3）某些壁垒有针对性。有些国家设置的技术标准经过精心设计和研究，可以专门用来针对某些国家的产品。如法国为了阻止英国糖果的进口而规定禁止含有红霉素的糖果进口，因为英国的糖果是普遍用红霉素色素制造的。法国禁止含有葡萄糖的果汁进口，规定的意图就在于抵制美国出口的普遍含有葡萄糖添加剂的果汁。

（4）多重标准。由于各国的实际情况并不完全一致，在某一商品上的标准要求往往是不一样的。因此，有的国家为了促使本国产品出口，往往选用要求较低、较松的标准，而在控制产品进口时，往往选用较高、较严的标准。

第二节　其他物流壁垒

一、市场和竞争壁垒

从认识上和实践上来讲，市场和竞争的壁垒包括市场进入限制、信息可得性、定价和关税等方面。

（1）市场准入限制。这是指通过立法或司法实践对进口货物制造壁垒来限制市场准入。在实践方面的壁垒例子，如欧洲实施当地实际到位制度，该项制度要求以市场为基础的制造工厂和配送设施在还没有进入市场前就须安置完毕。在立法上阻止进入的例子，如日本实施当地零售商“投票”制度，以表示是否愿意接收新的零售商、特别是外国零售商进入其市场。

（2）缺乏信息可得性。除有关市场规模、人口和竞争状况等消息的可得性有限外，用于明确进口业务和有关单证方面的信息往往得不到协调，这方面的要求通常会因不同的政府甚至特定的情况而异。绝大多数政府要求，有关单证在货物装运前必须备齐和处理完毕。在许多情况下，如果单证有瑕疵，装运就会延迟或被扣押。显然，正确的单证流程对所有的装运来说都很重要，而对国际运输来说更是至关重要。

（3）定价和关税。国际上的定价受汇率影响很大，经营德国汽车零件的英国配送商所遭遇的境况就能说明汇率是如何影响物流需求的。美国配送商的通常做法是尽可能晚地推迟订购补充零件以减少风险和投资。然而，当德国马克对美元的比价在上升时，如20世纪90年代初期所发生的那样，采取低成本战略的厂商就会储备零件，以充分利用有利的汇率。关税则是一种传统壁垒，关税原先的目的是要通过提高进口货物的价格来保护国内的行业。关税在两个方面使国际贸易变得复杂起来。首先，在评估外国供给来源时必须把关税看做其附加的成本要素；其次，关税是政治上的手段，极易随政府政策的改变而迅速变化。由于贸易流量和流向会不断地随关税而变化，因此关税会对物流计划起到阻碍作用。尽管 NAFTA 和 EC92 已在北美和欧洲取消了许多关税，但大量的关税依然在各地区发挥作用。

世界贸易组织（WTO）是一种多边贸易机制，以改善缔约国贸易伙伴之间的贸易关系，它旨在提高贸易的一致性，改善关系，减少双边协定。WTO 的一项基本原则是要求任何两个成员国之间的关税减让谈判延伸到所有的成员国。自 GATT 于 1948 年成立以来，先后有过 8 个回合的谈判，不断地提高了关税的一致性。但是，尽管如此，关税的差异依然存在，并依然是国际物流的实际壁垒。

虽然绝大多数国际厂商在高度竞争的环境下饱经风霜，但有关竞争管辖下的不同规则仍对国际物流起着壁垒作用。例如，美国政府在鼓励私人企业的同时，依然与企业保持一种按市价进行交易的关系，并禁止价格勾结。然而，这种经济政策并不是全球标准。以美国的波音公司为例，它必须与诸如空中客车之类的厂商进行竞争，而这些厂商在欧洲有主场优势，因为法国政府拥有大部分物权。显而易见，竞争性壁垒归因于对全球规则缺乏了解，也归因于在特定地理区域内缺乏必须遵守的规范。

二、金融壁垒

国际物流中金融壁垒产生的原因在于预测和机构的基础结构。其实，在任何情况下进行预测都不易，而在全球环境下预测尤其困难。国内预测面临的挑战是要在顾客趋势、竞争行为和季节性波动的基础上进行单位销售量和销售金额的预测；而在全球环境下，这些预测还必须结合汇率、顾客行为以及复杂的政府政策等。

机构的基础结构壁垒根源于在如何协调中间人作业方面上的差异，其中包括银行、保险公司、法律顾问和运输承运人等。在美国，理所当然享有的服务权利和能力往往在国外并非可得或在行政管理上有所区别；在美国，十分普通的金融、保险和法律系统以及无所不在的运输系统在绝大多数不太发达的国家里尚处于萌芽时期。为说明这一观点，通过向东欧一些经理的访问表明，即便是在同一个城市里，贷款的支付收取和处理需花费两三个星期。这类漫长的处理时间在经济上引起的月度波动往往超过 5%；这类延迟使订货处理大大地复杂化，并增加金融风险和存货风险。

金融上的不确定等因素，使得厂商难以规划其产品需求和金融需求，其结果是，物流经理不得不增加存货、增加运输的前置时间，以及增加全球作业的金融资源。

三、配送渠道壁垒

配送渠道在诸如基础结构标准化和贸易协定等方面的差异，是国际物流面临的第三个壁垒。基础结构标准化方面的差异是指运输和材料搬运设备、仓库设施和港口设施以及通信系统中的差异。尽管近年来努力通过集装箱化来提高标准化，但在全球运输设备中，诸如运输工具的尺度、能力、重量和轨道规格等方面依然存在着较大的差异，甚至无须跨出边境，在州与州之间就能够找出在运输设备的长度和重量限制方面的差异。

当基础结构未被标准化时，如果产品需要跨越国界，就必须从不同的运输工具上或集装箱里卸下来、然后再将它们装进去，这势必增加运输成本和运输时间。在国内装运前，远洋承运人需要将远洋集装箱从船上卸下来，这类基础结构问题在美国十分普通。

贸易限制方面的壁垒能够影响渠道决策，如有些规则规定，当某些商品一旦达到特定的规模时就将对其进口量予以限制或增加关税。例如，从美属萨摩亚进口到美国的金枪鱼都订有协议，这类协议规定，当年度进口总量超过一定数目时，将征收15%的关税。于是，当金枪鱼将达到规定的数目时，进口商就会在保税仓库里建立存货，作为随之而来的第二年年初放行装运的货物。美国大陆保税仓库的使用意味着在产品还未装运到当地的仓库之前还不能进行海关估价。虽然使用保税仓库的策略可以减少关税费用，但同时又增加了物流活动的复杂性及其成本，因为它需要建立存货和临时仓储。这不仅仅是单一企业在使用这一策略时面临的问题，而且它还会重复出现，因为竞争对手也会通过类似的策略在相同的进口限制下获得其进口产品，同时最大限度地降低关税和储存费用。这都说明旨在限制数量或需特定条件的贸易协定如何增加了国际物流的复杂性。

本章小结

(1) 在国际物流发展的同时，各种阻碍物流无国界作业的壁垒也相继出现，其中最主要的是技术壁垒、标准壁垒、金融壁垒以及配送渠道壁垒等。

(2) 技术壁垒主要是指商品进口国家所制定的那些强制性和非强制性的商品标准、法规以及检验商品的合格评定所形成的贸易障碍。技术壁垒包括：技术法规、技术标准、质量认证和合格评定程序、卫生检疫标准、商品包装和标签的规定和绿色壁垒等子类型。其中利用技术标准、法规而设置技术壁垒的方法很多，而且形式各异。

(3) 其他壁垒包括市场和竞争型壁垒、金融壁垒及配送渠道壁垒等多种表现方式。

(4) 每个国际公司都必须面对各种物流壁垒的限制，只有研究其各自特点，才能制定出具有针对性的策略来规避之。

(5) 本章目的在于让读者对物流壁垒有一个大致了解，感兴趣的读者可以进一步查阅有关的参考文献。

关键词

技术壁垒　金融壁垒　配送渠道壁垒

思考题

(1) 简述贸易壁垒的表现形式。

(2) 简述国际物流壁垒的主要形式。

第十四章 国际逆向物流

本章主要讲述逆向物流的一些基本概念、逆向物流的产生、分类、特征及作用，并对逆向物流发展趋势作了介绍。

第一节 逆向物流的产生

一、逆向物流的概念

Stock 在 1992 年给美国物流管理协会（CLM）的一份研究报告中，最早提出“逆向物流”这个名词。他在报告中指出：“逆向物流是一种包含了产品退回、物料替代、物品再利用、废弃处理、再处理、维修与再制造等流程的物流活动。”

非营利专业组织逆向物流执行协会（The Reverse Logistics Executive Council, RLEC）认为：逆向物流是商品从典型的销售终端向其上一节点的流向过程，其目的在于补救商品的缺陷，恢复商品价值，或者对其实施正确处置。其内容应该涵盖：①出于损坏、季节性、再储存、残次品、召回或者过渡库存等原因而处理的回流商品；②再循环利用的包装原料和容器；③修复、改造和重新磨光的产品；④处理废弃装备；⑤处理危险物料；⑥恢复价值。

国际权威组织美国后勤管理协会（The Council of Logistics Management, CLM）在其公布的《供应链全景—物流词条术语》（2003 年 9 月升级版）中，对逆向物流给出如下解释：“由于修理和信誉问题，对售出及发送到顾客手中的产品和资源的回流运动实施专业化的物流管理。”

美国物流管理协会对逆向物流的定义为：“计划、实施和控制原料、半成品库存、制成品和相关信息，高效和成本经济地从消费点到起点的过程，从而达到回收价值和适当处置的目的。”

中国国家标准《物流术语》则将逆向物流分解为两大类：一是回收物流（Returned Logistics）：这是指不合格物品的返修、退货以及周转使用的包装容器从需方返回到供方所形成的物品实体流动。二是废弃物物流（Waste Material）：这是指将经济活动中失去原有使用价值的物品，根据实际需要进行收集、分类、加工、包装、搬运、储存，并分送到专门处理场所时所形成的物品实体流动。

Carter and Ellram 定义逆向物流为公司通过再循环（recycling）、再使用（reusing）以及减少原材料的使用，使公司可以有效率地达成环境保护。Carter and Ellram 认为，逆向物流狭义的定义为通过配销的网络系统将所销售的产品进行回收的过程。但就逆向物流广义的定义而言，逆向物流还包括减少正向物流中使用的物料数量，其目的是为了减少回收的物料数量和使产品能够再使用以及更方便地进行再循环处理。

我们可以来比较狭义的和广义的逆向物流之间的差别：

狭义的逆向物流是指对那些已经废弃的产品再制造、再生以及物料回收的过程。这种过程经常是由于产品已过时或环境的原因，而参与逆向物流的公司通常不属于原来的物流系统。广义的逆向物流除了包含狭义的逆向物流的定义之外，还包括减少使用资源，而通过减少使用资源可以达到废弃物减少的目标，同时还能够使得正向以及逆向的物流更有效率。

综合以上的表述，逆向物流指物品从产品消费点（包括最终用户和供应链上客户）到产品的来源点的物理性流动。尽管逆向物流主要是指物品的逆向流动，但同时又伴随着信息流、资金流、价值流、商务流，它与常规物流（正向物流）无缝对接而成为整个物流系统的有机组成部分，使原来单向的企业物流变为完整循环的物流网。

二、逆向物流的成因

（1）来自国际和法律的环境保护因素（Environmental Product）。经济全球化的推进也让各国开始密切关注环境保护问题，各国都从自身可持续发展的目标出发，对破坏环境的商品及商品包装制定相关法律进行严厉监控。德国的《包装废品废除法令》（*Ordinance on Avoidance of Packaging Waste*）于1991年通过并成为法律，这一法令强调企业有责任管理它们的包装废品，包括收集、分类、循环使用包装物。1995年欧盟发布了一条包装法令，要求其所有成员国到2001年最少要再生利用各自25%的包装品。其他欧洲国家如奥地利、荷兰也采取同样的措施来制定或修正它们的法律。英国于1997年制定的《垃圾掩埋税收法案》（*Land Fill Tax*）使得处理固体废品的成本比以前更加昂贵，这毫无疑问会迫使厂商与消费者提高再生循环利用的意识。一些相关机构也承担了监督和管理逆向物流的责任，如美国消费者产品安全委员会（U. S. Consumer Product Safety Commission，CPSC）、美国食品与药品管理局（U. S. Food and Drug Administration）和美国农业部（U. S. Department of Agriculture，USDA）等。所以，环保因素引致的逆向物流往往涉及社会责任感和企业道德问题。

（2）来自顾客的退货行为（Return of Goods）。任何企业，即使是包括500强在内的跨国公司，都会面临顾客的退货问题。由于经济发展朝着全球化方向运作，纯粹的本国制造和物流活动已颇为少见，大规模的生产和配送运输及存储环节都会造成商品、半成品、原材料和零部件的缺陷和瑕疵，造成递送商品的错位等，这里不仅有人为因素，亦受制于非人为因素。即使是更加精益化的物流与供应链管理运作，也会有一些误差的出现。常见的退货原因有：存在质量问题；数量有偏差；错误的递送对象；等等。从零售终端来看，这些现象存在的比率较高，如顾客购买手机、DVD 影碟机等都可能出现正常退货的现象。逆向物流执行协会在一份调查中发现，1999 年全球圣诞节后的顾客退货额高达 6 亿美元，2000 年圣诞节后的退货额则高达 10 亿美元。

（3）来自供应商的产品召回行为（Product Recall）。产品召回制度源于 20 世纪 60 年代的美国汽车行业，经过多年实践，美国、日本、澳大利亚等国对缺陷汽车召回都已经形成了比较成熟的管理制度。在欧洲，许多欧盟成员国实施了专门的法律，要求制造商在知晓其产品存在缺陷后采取措施进行召回。2000 年是世界汽车业界的“汽车召回年”。福特汽车中国有限公司、三菱汽车公司、瑞典沃尔沃、日本马自达、韩国现代下属的起亚公司、标致公司、戴姆勒——克莱斯勒公司以及通用汽车公司都相继宣布，因各种原因其各自生产的汽车或多或少都存在安全隐患，在全球召回汽车。近几年随着消费者地位的上升，消费者权益的增加，产品召回现象从最初的汽车、电脑迅速蔓延到手机、家电、日用品等各行业。为了维护企业的核心竞争力，企业需要通过有效的逆向物流管理来降低召回损失。此外，澳大利亚政府还在互联网上公布了供应商产品召回参考文件（Product Recall - A Guide for Suppliers），以方便供应商查询。2002 年 10 月，中国国家质量监督检验检疫总局通过报纸和互联网站全文公布《缺陷汽车产品管理规定(草案)》，向全社会广泛征求意见。中国的缺陷产品召回制度将从汽车开始成为消费者的法宝。

第二节 逆向物流的分类与特征

一、逆向物流的分类

为了对逆向物流进行细致而有效的分析，我们有必要将逆向物流进行科学分类分析，从逆向物流的形成原因、回流物品特征和所经流程等角度将其进行不同的分类。

（一）按逆向物流形成原因分类

按成因、途径和处置方式的不同，根据不同产业形态，逆向物流可以被区分为投诉退货、终端使用退回、商业退回、维修退回、生产报废与副品以及包装等六大类别。

（1）投诉退货。此类逆向物流形成可能是由于运输差错、质量问题等问题，它一般在产品出售短期内发生。通常情况下，客户服务部门会首先进行受理，确认退回原因，做出检查，最终处理的方法包括退换货、补货等。电子消费品如手机、家用电器等通常会由于这种原因进入回流渠道。

（2）终端退回。这主要是经完全使用后需处理的产品，通常发生在产品出售之后较长时间。终端退回可以是出自经济的考虑，最大限度地进行资产恢复，例如，地毯循环使用，轮胎修复等这些可以再生产、再循环的产品，也可能是受制于法规条例的限制，对诸如超过产品生命期的一些白色和黑色家电等产品仍具有法律责任。

（3）商业退回。指未使用商品退回还款，例如零售商的积压库存，包括时装、化妆品等，这些商品通过再使用、再生产、再循环或者处理，尽可能进行价值的回收。

（4）维修退回。指有缺陷或损坏的产品在销售出去后，根据售后服务承诺条款的要求，退回制造商，它通常发生在产品生命周期的中期。典型的例子包括有缺陷的家用电器、零部件和手机。一般是由制造商进行维修处理，再通过原来的销售渠道返还用户。

（5）生产报废和副品。生产过程的废品和副品，一般来说是出于经济和法规条例的原因，发生的周期较短，而且并不涉及其他组织。通过再循环、再生产，生产过程中的废品和副品可以重新进入制造环节，得到再利用。生产报废和副品在药品行业和钢铁业中普遍存在。

（6）包装。包装品的回收在实践中已经存在很久了，逆向物流的对象主要是托盘、包装袋、条板箱、器皿，将可以重复使用的包装材料和产品载体通过检验和清洗、修复等流程进行循环利用，降低制造商的制造费用。

（二）按回收物品特征分类

按照逆向物流回流的物品特征和回流流程，可以将逆向物流分成以下三类：

（1）低价值产品的物料。例如，金属边角料或者副品、原材料回收等。这种逆向物流的显著特征是它的回收市场和再使用市场通常是分离的，也就是说，这种物料回收并不一定进入原来的生产环节，而是可以作为另外一种产品的原材料投入到另一个供应链环节中。从整个逆向物流过程来看，它是一个开环的结构。在此类逆向物流管理中，物料供应商通常扮演着重要的角色，他们将负责对物料进行回收、采用特殊设备再加工，而除了管理上的要求外，特殊设备要求的一次性投资也比较庞大。这些要求决定了物料回收环节一般是集中在一个组织中。高的固定资产投入一般都会强调规模经济的重要性，在这里也不例外，此类逆向物流对供应源数量的敏感性非常强。另外，所供应物料的质量如纯度等对成本的影响比较大，因此保证供应源的数量和质量将是物流管理的重心。

（2）高价值产品的零部件。例如，电子电路板、手机等，出于降低成本和获取利润等经济因素的考虑，这些价值增加空间较大的物品回收通常由制造商发起。此类逆向物流与传统的正向物流结合得最为紧密，它可以利用原有的物流网络进行物品回收，并通过再加工过程，还将进入原来的产品制造环节，在严格意义上，这才是真正的逆向物流，但是，如果回收市场的进入壁垒较低，第三方物流组织也可以介入其中。

（3）可以直接再利用的产品。例如包装材料的回收，包括玻璃瓶、塑料包装、托盘等，它们通过检测和清洗处理环节便可以被重新利用。此类逆向物流由于包装材料的专用性属于闭环结构，供应时间是造成供应源质量不确定性的重要因素，因而管理的重点将会放在供应物品的时点控制上，例如制定合理的激励措施进行控制，通过标准化产品识别标志简化物品检测流程。不仅如此，我们还可以看到，由于在此类逆向物流的物品回收阶段对管理水平和设备的要求不高，因此可以形成多个回收商分散管理的格局，由原产品制造商对这些回收商统一管理，这种情况下，我们也可以应用供应链伙伴关系理论对他们之间的合作机制进行研究。

二、逆向物流的特征

正向物流和衍生物的逆向物流是循环物流系统的两个子系统，两者是相互联系、相互作用和相互制约的。首先，正向物流在运作过程中产生和形成了逆向物流，所以没有正向物流，就没有逆向物流，而且正向物流属性决定逆向物流流量、流向、流速等特性。如果正向物流利用效率高、损耗小，则必然逆向物流流量小、成本低，反之则流量大、成本高。其次，正向物流与逆向物流在一定条件下可以相互转化，正向物流管理不善、技术不完备就会转化成逆向物流；逆向物流经过再处理、再加工、改善管理方法制度又会转化成正向物流，被生产者和消费者再利用。

与正向物流相比，作为企业价值链中特殊的一环，逆向物流有四点明显特征：

（1）逆向物流产生的地点、时间和数量是不能预见的。但对正向物流而言，按量、准时和指定发货点是其基本要求。

（2）发生逆向物流的地点较为分散、无序，不可能集中一次向接受点转移。

（3）逆向物流发生的原因通常与产品的质量或数量的异常有关。

（4）逆向物流的处理系统与方式复杂多样，不同处理手段对恢复资源价值的贡献有着显著的不同。

对逆向物流特点的重视与否，决定着企业逆向物流的管理能力以及水准的高低。逆向物流拥有不同的流向，及在供应链中不同的位置。学者们根据成因、途径和处置方式及不同产业形态，将逆向物流区分为六类，分别为：投诉退货、终端使用退回、商业退回、维修退回、生产报废与副品以及包装。

这几种比较典型的逆向物流普遍地存在于企业的经营活动中，其所涉及的部门从采购、配送、仓储、生产、营销到财务部门，需要大量的协调、安排和处置管理跟踪工作来监督和配合才能完成资源的价值再生。可是在许多企业的物流实践中，这些活动不仅被忽视和简单化了，甚至被认为是多余的，由此造成巨大的浪费和资产流失。

第三节　逆向物流的分析与策略

一、逆向物流的分析

（一）对逆向物流问题的分析

美国逆向物流委员会1999年对各公司所作的专项调查表明，当年的逆向物流成本

（包括退货、报废、损坏等）超过了650亿美元，仅消费类电子业如电脑、手机、电视、音响设备等，一年的退货额超过150亿美元。逆向物流成本的高昂，给许多企业带来了危机，但同时也带来了商机。因此我们要理性地认识到逆向物流的战略重要性和价值，但是这在企业管理实践中只是第一步，而如何在实际战术运用和运作上给予足够的资源和政策的支持保证，如何理性地认识逆向物流才是得以发挥企业竞争优势的关键。

要实现逆向物流的发展，需要解决许多的问题，首先我们要了解逆向物流系统动力。这个动力来自三个方向的拉动和制约：一是物流利益的驱动，物流被视为"第三利润源"、"一块经济界的黑暗大陆"；二是物流成本的推动，减少浪费、降低能耗已被企业所广泛认识，但是对物流的环境成本认识不足，是不重视逆向物流的重要原因；三是物流环境限制的压力，如政府、行业的法规政策，要促使企业有积极性治理逆向物流，当企业感到治理成本大于正向物流所带来的利益时，它就没有积极性从事治理逆向物流的活动。

根据一份对300多位供应商及物流经理的调查报告显示，影响逆向物流成功的主要因素是"相对不重要"（40%的经理认为），其次是"公司政策缺乏"、"系统缺乏"（35%的经理认为），再次是"疏忽管理"和"缺乏人力资源"。显而易见，对于逆向物流来自内部的挑战首先是业务优先权和制定政策执行重视程度的问题。而来自于外部的挑战是基于高度客户满意和保持竞争地位的退货政策所带来的退货增长率和巨额的退货数量。逆向物流所面临的这两方面挑战广泛存在于绝大多数的产业中。

目前在逆向物流实施中存在的主要问题有以下方面：

（1）回收品业务与常规品业务相冲突。回收品业务流程包括顺向物流和逆向物流两部分，其中顺向物流部分与常规品业务流程重叠。但在紧急情况下，两种业务会在加工、库存、配送等环节都相互冲突，所以企业为了确保常规品业务正常运作，必须放弃回收品业务。为此，许多企业采取两种产品业务流程分离的办法，以提高回收品业务的运作效率。

（2）风险逐级放大效应加大。虽然逆向物流使下游客户减少或规避经营风险，但是由于采取宽松的回收策略而加大了自身的风险，即所谓的风险由下游往上游转移。除此，还存在着"长鞭"效应，即供应链需求信息逐级放大，致使上游所获信息严重失真。由上述两方面因素共同作用，导致供应链的风险逐级放大效应更加凸显。目前可采取如下方法解决这一问题：一削弱"长鞭"效应。主要方法包括信息共享、压缩提前期、多批次小批量配送、延迟化策略、零部件标准化等；二建立契约式合作的战略伙伴关系，供需双方通过共享契约确定逆向物流成本（包括风险所带来的损失）及收益分配比例，实现风险共担，利益共享。

（3）经济利益与环境效益的矛盾。国家出台的环保标准，要求企业必须通过产品回收减少产品对环境的危害，以达到国家的环保标准。但对企业而言，产品回收却不一定能带来经济利益，甚至会造成亏损。为了解决这一矛盾，政府或行业协会会采取补贴的方式促使企业运作逆向物流业务，如美国、荷兰等。

除上面所属的情况外，处理过程延迟也会造成本高昂。但有能力管理供应预测的企业可以较好的管理处理流程。因此，企业实施逆向物流战略时必须慎重，不能草率行事。在决策时，企业不仅应对产品回收的成本、经济效益、环境效益作周密分析论证，而且要考虑到实施过程中可能存在的问题。另外，逆向物流业务是由供应链上各企业共同运作的，因而企业要与供应链上其他企业充分协商，并结合整个供应链的业务能力集体做出决策。总之，在实施逆向物流战略时，只有做到科学决策、周密计划、精心组织，企业才有可能实现其预期的战略目标。

（二）逆向物流战略的价值分析

逆向物流正不断成为许多优秀企业的竞争法宝，特别是在那些以服务营销为主导思想的全球性企业的经营战略中，逆向物流的重要地位已经至关重要。例如，J&J 公司的麦克内尔消费产品部遭受了 1982 年 9 月大危机的袭击。它们的最高销售量生产线——泰勒诺（Tylenol），与芝加哥地区内的 7 起死亡报道有联系。事故发生时，泰勒诺在 10 亿美元的止痛剂市场上占有 35% 的份额，但是到了 9 月底，该市场份额已下跌了 80%。现在，泰勒诺又成为销售量最高的品牌，在 27 亿美元的止痛剂市场中已拥有 30% 的份额。J&J 公司是如何在这样一种毁灭性的灾难后重新获得市场份额并重塑领导形象的呢？他们成功恢复的重要原因之一是它将逆向物流能力与营销战略联系起来，迅速实现恢复链的响应，广泛运用逆向物流系统，其中包括从零售商和消费者手中买回产品，并装运返回到处理中心；同时致力于保护消费者并以高于和超越产品必须具备的品质，逐渐的取得消费者的信赖并树立安全形象。现在，国际知名的大卖场和零售店也普遍采用各种退货政策甚至于无理由和自由退货方式来吸引和留住顾客，并以此来保持客户的满意度，使竞争优势得以巩固和提升。从中我们可以发现，客户的满意度和个性化的需求满足已经成为各大企业维持竞争优势地位的最重要的策略。

逆向物流的战略作用表现在洁净渠道、合法处置问题、重新捕获价值和回收资产方面，但对于企业的长期利益目标而言，它的战略贡献是多样的。具体而言，逆向物流的价值表现在以下的几方面：

（1）降低物料成本，增加企业效益。减少物料耗费，提高物料利用率是企业成本管理的重点，也是企业增效的重要手段。然而，传统管理模式的物料管理只局限于企业内部物料，而忽视企业外部废旧产品及其物料的有效利用，由此造成大量循环利用性资源的闲置和浪费。通常，废旧产品的回收价格低、来源充足，所以对这些产品回购加工可以大大提高资源的利用率，并在很大程度上降低企业的物料成本。特别是随着经济的发展，资源短缺日益加重，资源的供求矛盾更加突出，逆向物流将越来越显示其优越性。

（2）提高顾客价值，增加竞争优势。在当今经济环境下，顾客价值是决定企业生存和发展的决定因素，一个企业能否在竞争中取胜取决于其能否带来越来越多的顾客价值。企业通过实施逆向物流可以提高顾客对产品或服务的满意度，获得顾客的信任，这是增加其竞争优势的一种很好手段。对于最终顾客来说，逆向物流可以确保不尽人意的产品及时退货，这样便消除了顾客的后顾之忧，增加了企业的信任感及回头率，同时扩大了企业的市场份额，正如 Dave Hommrich 所说的那样，如果一个公司要赢得顾客，它必须保证顾客在整个交易过程中心情舒畅，而逆向物流战略是达到这一目标的有效手段。

（3）改善环境行为，塑造企业形象。由于人们生活水平和文化素质的不断提高，人们的环境意识日益增强，顾客对环境的期望越来越高。而且由于不可再生资源的稀缺以及对环境污染的日益加重，各国都制定出许多环境保护法规，给企业的环境行为规定了一个约束性标准。企业的环境业绩已成为评价企业运营绩效的重要指标。所以为了改善企业的环境行为，提高企业社会中的形象，许多企业开始采取逆向物流战略，以减少产品对环境的污染及资源的消耗。

二、逆向物流的策略

国外有许多企业已经认识到实施逆向物流的必要性，提出以下积极的逆向物流策略。

（一）降低物料成本，增加企业效益

减少物料耗费、提高物料利用率是企业成本管理的重点，也是企业增效、提高竞争力的重要手段。然而，传统的物料管理仅仅局限于企业内部物料，不重视企业外部废旧产品及其物料的有效利用，造成大量可再用性资源的闲置和浪费。而在逆向物流系统中，由于废旧产品的回购价格低、来源充足，对这些产品回购加工可以大幅度降低企业的物料成本。特别是随着经济的发展，在资源短缺日益严重的情况下，资源的供求矛盾将更加突出，逆向物流的这种优越性将越来越醒目地显现出来。

（二）改善和提高顾客价值，增强战略竞争优势

现代企业理论认为，顾客和企业之间已不再是单纯的交易关系，顾客不应是企业的外部资源，而应该成为企业的内在要素，是企业重要的增值因素。在当今买方市场的经济环境下，顾客价值是决定企业生存和发展的关键因素。维系顾客的满意度，并努力培养顾客的忠诚度，方能赢得顾客的信任，占据长久不败的市场份额。对于顾客（最终消费者）来说，逆向物流的成功运作能够确保不符合订单要求的产品及时退货；保证有质量问题的商品能够及时被召回，增加其对企业的信任感及回头率。1982 年的美国强生公司危机事件就是成功的一例。由于发生投毒事件，强生公司销量最好的泰勒诺致

使7名患者中毒身亡，事故发生后致使该类药品的市场占有率迅速下跌，但由于强生公司的迅速反应，运用逆向物流系统召回药品进行处理。现在，泰勒诺仍然是销量最好的止痛药。另一方面，供应链和逆向供应链中的上下游结构不同，传统的供应链关系是“一对多”（One-to-One），即上游的单位供应商面对下游数个顾客；而逆向供应链关系是“多对一”（More-to-One），当发生逆向物流时，出现的退货和产品召回将是众多的下游顾客面对单位上游供应商。如果上游企业采取宽松的退货和产品召回策略，就能够减少下游顾客的投诉意见，容易形成彼此之间的共鸣与合作，改善供需关系，增强企业在整个供应链中的竞争优势。

（三）改善环境行为，塑造企业形象

随着人们生活水平和文化素质的提高，环境保护意识日益增强，顾客对环境的期望越来越高，不仅考虑自己目前的生活状况和条件，而且开始密切关注人类后代的持续繁衍和发展。能否顺利地进行可持续发展战略，是企业向顾客、社会承诺和负责的社会伦理和道德尺度。不同的国家都制定了许多环境保护法规，为企业的环境行为规定了一个约束性标准。如德国的《包装废品废除法令》和英国的《垃圾掩埋税收法案》等都是极好的例证。由此看来，通过逆向物流战略，企业能够减少最终废弃物的排放，减少产品对环境的污染及资源的消耗，符合时代潮流和环保法律的要求，有利于改善企业的环境行为、提高企业在公众中的形象、增强其核心竞争力。例如，世界零售巨头沃尔玛在自己的网站上不断更新由供应商提供的产品召回的信息；澳大利亚政府通过报刊、视频等媒体中介以特殊的方式向公众提供召回的产品信息。

（四）促使企业质量管理体系的不断完善

ISO 9001~2000版企业质量管理体系标准将企业的质量管理活动概括为一个闭环的PDCA活动（计划、实施、检查、改进），逆向物流的活动恰好处在检查和改进这两个环节上。对此，ISO 9001的要求是对不合格品进行控制，采取有效的纠正措施持续改进，同时制定预防措施防止不合格品的再次发生。从这次的改进到下一次的计划和研发，逆向物流是承上启下、作用于两端的。通过逆向物流信息系统，退货中产生的产品质量和服务质量问题不断传递到企业的管理层，增加了企业潜在事故的透明度，将有力地推动企业不断改进质量管理体系，从系统上根除隐患，并最终到达提高产品质量的目的。此外，逆向物流的作用还表现在洁净渠道、合法处置问题、重新捕获价值和回收资产等方面，对于企业长期利益而言，它对企业竞争优势的贡献是多维的。

第四节　逆向物流发展趋势

目前，许多企业已经开始在这方面进行投资，其目的就是为了发现加强逆向物流系

统能力的机会。但在企业构建其物流系统的过程中，将会出现一些令人关注的新现象与趋势。对这些新趋势的把握与理解有利于企业自身的逆向物流建设。

一、为分解而设计

目前，一大批厂商如白色家电厂商，汽车制造商等正在研究一种新的方法，即用可分解的思想设计他们的产品。这项研究分为三个方面：首先是如何实现最终可分解的新品设计；其次是现有产品如何分解；最后是增加回收产品及部件的机会。虽然现在企业的要求是产品的设计和制造能够适应处理和回收的要求，以便进行产品分解工作，但是制造系统一般都是为了实现高效装配过程而设计的。例如，重新对设计装配件，减少装配过程中螺栓的使用数量（当然不能牺牲产品功能），这样会加快产品的分解过程。当企业可以分解大多数产品时，产品设计的目标必须是使产品分解的成本低于部件带来的收入。还应注意，不同的分解部件有不同的获利机会。BMW 已经宣布了一个战略目标：在 21 世纪设计出一种面向分解的汽车。当产品生命周期结束时，BMW 的经销商可以将汽车回收后分解，然后把分解后的部件投入到新车的生产线中。这正是这一趋势的一个反映。

二、回收更多的物资

许多行业正在给那些使他们能够回收更多物资的系统投资。以汽车工业尤为突出。例如 1992 年，通用汽车公司成立了美国汽车研究委员会，福特和克莱斯勒则在新技术中引入了“预竞争”理论研究。其中的一个研究机构——汽车回收合作组织，不但有主要的汽车制造商参与，而且也有供应商、原材料制造商、大学和相关工业协会的参与。这个合作组织正在建立废旧汽车零件和原料数据库，以辨识如何回收并利用物资。废料经销商已经在每年 1000 万辆的废旧车辆中提取了 95% 的铝和钢铁以及主要的黄铜和紫铜，然后把它们卖给二级回收市场。现在，汽车回收合作组织正在积极的考虑怎样把残余的汽车材料，如橡胶挡风雨条、泡沫坐垫，合成塑料和玻璃等物品回收和再利用（Courestas，1997）。

三、延长产品生命周期

为了延长产品生命周期，许多公司正在采用模块化的设计技术并使用标准化的产品接口。由大量标准化零部件组装而成的产品，仅用新部件替代过期部件就可以达到方便升级的目的。以老型号产品中的标准化部件和模块为基础进行新产品的设计制造，可以大大提高企业利用老型号产品中零部件的机会。

四、物理物流结构

虽然现今企业还需一段时间发展逆向物流系统，但对于他们来说，建立一个允许他们快速收回物品，并尽可能的降低成本的物理物流结构十分重要。因为只有这样，企业才能确保他们的逆向系统与前向物流具有同样的成效。这可能意味着最好由第二方组织管理逆向系统，或者由那些专注于配送中心建设的组织提供逆向物流服务。

对比单独的业务链，逆向物流系统将会变成一个复杂的网络。它将包含两个层次的用户，一些顾客购买的是新产品，另一些顾客只买部件和再销售的产品。

五、信息技术

在逆向物流系统发展中一个最重要的环节是应用信息技术。因为新技术和尖端技术可以帮助企业收集被回收产品的信息，同时信息的流动与产品本身的流动同等重要。未来，我们可以采用二维条形码技术搜集产品信息。这种条形码包含着产品所有权的多种信息，它可以应用到单个产品上也可以是产品中的一个零部件。将微型条形码应用于小件物品上意味着即便是个人电脑的芯片也是可以跟踪的。对于逆向物流系统，条形码技术的使用会使物品管理非常简便。在任何时候都可以对所有产品进行追踪，实时的产品状况和损坏信息可以帮助物流经理理解逆向物流系统的需求。数据管理可以使企业追踪产品在客户之间的流动信息，同时也允许企业辨识出于回收目的的产品返回比例。这些信息将会被利用到提高产品可靠性以及识别逆向物流系统中的特殊问题上。

本章小结

(1) 了解逆向物流的概念、产生、特征及分类。目前，逆向物流的发展还处于早期阶段；但是有迹象表明，现在就开始对逆向物流进行投资的企业比那些滞后者更容易主导发展潮流。

(2) 逆向物流市场具有很大的潜力，市场需求前景远大。

(3) 逆向物流系统的建设当中要重视为了分解而作的设计、为回收更多的物资、延长产品生命周期、物理物流结构和信息技术等趋势。

(4) 对于产品企业而言，拥有良好的逆向物流系统将使它们提高资源利用率，增加客户价值，提高竞争优势。

(5) 对于软件开发商、服务提供商而言，逆向物流会为他们带来可观的利益。

关键词

逆向物流　逆向物流策略　价值分析

思考题

(1) 简述逆向物流的概念与特点。
(2) 以实例分析实施逆向物流战略中存在的机会与挑战。
(3) 简述逆向物流未来几年中的发展趋势。

第十五章　全球化物流

经济全球化，特别是国际贸易、商品生产、商品销售及必然带来物流的全球化，全球化的物流也就随之产生。本章主要介绍全球化物流的产生、全球化贸易区域物流的重要特征、全球化物流的采购与生产、全球化物流的配送和全球化物流发展的动向。

第一节　全球化物流的产生

一、经济全球化与全球化物流

“经济全球化”是最近几年出现的一个新用语，至少包括以下几层含义：

（1）国际贸易全球化。随着国际分工日益细化，国际贸易的国家范围逐渐扩大，世界各国之间普遍开展了国际贸易，无论是国家还是企业，其贸易伙伴都遍布全球，其商品与服务的市场范围也遍布全球，而不再局限于少数国家或地区。

（2）资本投资的全球化。资本投资的全球化是21世纪世界经济的重要特征。一般来说，在对外直接投资的初级阶段，主要是发达国家与发达国家之间的相互投资。在这一阶段，不论是投资地区还是投资领域都是十分有限的；在对外直接投资的中级阶段，除发达国家之间的相互投资外，还出现了发达国家对发展中国家的直接投资。在这一阶段，投资地区已扩大到发展中国家，投资领域也有所扩大，尤其是随着发展中国家对外开放的不断深化，以及国内产业的日益成熟，对外国投资的管制也日益放松，外国投资的领域则进一步扩大；在对外直接投资的高级阶段，除上述两个阶段的投资特征外，还出现了发展中国家之间的相互投资，甚至发展中国家对发达国家的投资。

（3）产品生产与销售网络全球化。资本投资的重要载体是产品生产与销售网络的建立，因此，资本投资全球化的直接结果是产品生产与销售网络的全球化。一些跨国公司纷纷在世界范围内建立生产工厂和销售网络，从而导致商品生产与流通的全球化。

（4）原材料采购与供应全球化。随着商品生产与销售网络的全球化，以及国际分工的进一步细化，许多跨国公司纷纷在全球化范围内采购与供应原材料，建立了全球化的原材料采购系统，不仅商品销售物流是全球化的，原材料供应物流也是全球化的。人力资源组织与开发的全球化，不仅包括传统意义上的劳务出口与进口，而且还包括跨国公司的人才本地化战略，以及在全球范围内组织与开发人力资源。

经济全球化，特别是国际贸易、商品生产、商品销售及原材料采购的全球化，必然带来物流的全球化，因此，经济全球化是全球化物流产生的重要前提，同样，全球化物流的发展又是经济全球化的重要保障，没有全球化的物流也无法实现经济的全球化。从这个意义上讲，经济全球化与物流全球化是相互促进、共同发展的。

二、全球化物流的发展阶段

全球化物流随着国际贸易和跨国经营的发展而发展，全球化物流始于20世纪50年代，主要经历了以下三个阶段。

（1）从20世纪50年代至80年代初。这一阶段，物流设施和物流技术得到了极大的发展，建立了配送中心，广泛运用电子计算机进行管理，出现了立体无人仓库，一些国家建立了本国的物流标准化体系，等等。物流系统促进了国际贸易的发展，物流系统已经超出了一国的范围，但全球化物流的趋势还没有得到人们的重视。

（2）从20世纪80年代初至90年代初。这一阶段，随着经济技术的发展和国际经济往来的日益频繁，物流全球化趋势逐渐成为世界性的共同话题。美国密歇根州立大学教授鲍尔索克斯认为，进入80年代以后，美国经济已经慢慢失去了兴旺发展的势头，开始陷入长期衰退的危机之中。因此，要想在激烈的国际竞争中占据一席之地，就必须强调改善国际物流管理，降低产品成本，改善服务和扩大销售。与此同时，日本正处在成熟的经济发展期，以贸易立国，需要实现与其对外贸易相适应的物流国际化，必须采取建立物流信息网络和加强物流全面质量管理等一系列措施，以全面提高物流全球化效率。因此，这一阶段全球化物流的趋势局限在美国、日本和欧洲一些发达国家。

（3）从20世纪90年代初至今。这一阶段，全球化物流的理念已被各国政府和相关贸易部门所普遍接受。企业有遍布全球的贸易合作伙伴，必然就要求实现物流设施全球化，物流技术全球化，物流服务全球化，物流运输全球化以及包装全球化和流通加工全球化，等等。世界各国广泛开展全球化物流理论和实践方面的大胆探索，现在已经达成共识：只有广泛开展全球化物流合作，才能促进世界经济繁荣。由于全球化物流发展趋势明显，因此，物流已经逐渐成为世界各国经济建设普遍关注的问题之一，也成为当今经济竞争中的一个焦点。

三、全球化物流快速发展的原动力

（一）贸易全球化进程加快

20世纪90年代以来，跨国公司的迅速发展，WTO的良性运行，国际经济合作的日益密切，商品与生产要素的国际流动的加速，使各国经济依赖性加深，推动了企业之间的商流、物流、信息流的交流与合作。WTO的《服务贸易总协定》的服务部门参考清单中，与物流全球化相关的部门有交通运输服务、销售服务、金融与保险服务等。其中，交通运输服务与物流业最为密切，它包括海运、铁路运输、航空运输、公路运输等货运服务，以及报关、仓储、港口等附属交通运输服务。可以预见，《服务贸易总协定》的达成，必然加速成员国（地区）物流业的对外开放。

2002 年 1 月发生在北美、欧洲和亚洲的四件大事也对物流全球化进程产生重大和深远的影响：

（1）中国正式加入 WTO。在中国入世取消关税和市场壁垒的 21 项承诺中，与全球物流运作直接有关的就有关税减让、市场壁垒的贸易权、流通领域、交通、货运代理、海上运输和邮递服务等七大项。具务体的承诺包括工业产品的平均关税到 2004 年降至 8.9%，农业产品的平均关税降至 15%，信息技术产品的关税最迟将于 2005 年被取消。1 年内分销权（特定产品除外）的全面放开，外国投资的企业可以分销其在中国生产的产品并提供包括售后服务在内的相关配套服务。进出口贸易权、公路运输和仓储服务市场在 3 年以后，货运代理和邮递服务市场在 4 年以后，铁路运输市场在 6 年后将全面对外国公司开放。此外，在对物流产业国际化至关重要的标准化方面也做出了承诺：5 年内我国的强制性标准采用国际标准的比例要达到 50%，相当一部分强制性标准要等效采用国外先进标准等。这意味着全球潜力最大的物流服务市场将很快全面对外开放，与国际接轨并进入全球化运作的新时代。事实上，受 WTO 规则的影响，我国 14 个保税区已经开始谋求与国际通行的自由贸易区（FTA）规则接轨。甚至在大陆与香港特别行政区之间建立自由贸易区的协议也在正式磋商之中。

（2）成立 30 年的东南亚国家联盟（Association of Southeast Asian Nation）开始启动国家自由贸易区（ASEAN Free Trade Area）计划。旨在实现货物和服务，资本和人员的自由流动。目前正在研究接纳中国的方案和考虑澳大利亚和新西兰加入的可能性。众所周知，在 1997 年金融风暴之前东盟是全球经济增长最快的地区。ASEAN 期望通过建立 FTA 来恢复以出口为导向的经济和吸引外国投资。

（3）欧元的流通为在 1993 年就形成的泛欧物流（Pan European Logistics）理念的早日实现又消除了一个技术障碍。至少是物流服务的结算成本会降低。最主要的还是货物和服务贸易的交易成本的降低，这必然进一步推动泛欧物流战略联盟的建立和供应链管理的发展。

（4）根据美国总统布什 2001 年 12 月签署的美国年运输拨款法案的附件，美国将有条件地对墨西哥卡车承运人开放美国边界，允许他们从 2002 年 1 月 1 日起进入美国公路系统从事运输物流服务。至此，墨美两国由于美国违反北美自由贸易协定（NAFTA）有关条款并设置安全技术障碍不允许墨西哥卡车承运人进入美国道路运输市场而引起的为期 2 年的争端暂时告一段落。

因此我们可以这样认为，贸易全球化进程的加快为物流全球化创造了直接的条件。

（二）区域经济一体化

区域经济一体化弱化了世界各国之间的隔阂，加强区域合作，减少交流障碍，降低全球物流成本。当今世界正演化为欧洲、北美和环太平洋地区三大贸易区域“三足鼎立”之势。贸易区内各成员相互协作，制定共同的规范与标准，排除贸易障碍，通过降低区内的进口关税、减少海关程序、统一货运单证以及支持公共运输等措施，便利区域内贸易，极大地降低了物流费用。欧盟的运作大大改善了欧洲内部的仓储、配送及物流基础结构和运作模式，使物流费用得到大幅度的降低。北美自由贸易区（NAFTA）则改善了北美的投资与贸易环境，贸易活动十分活跃，为物流服务开拓广泛的市场空间。亚太经合组织（APEC）要求各成员在相互尊重、彼此平等、互惠互利、协商一致的基础上，推行贸易自由化、投资自由化及经济技术合作。这些都在某种程度上为物流产业国际化进程的加快提供了条件。

（三）国际供应链一体化

步入21世纪，随着全球制造、敏捷制造、虚拟制造等先进制造模式的出现和市场竞争环境的快速变化，以动态联盟为特征的新的企业组织模式的出现，使传统的企业生产组织和资源配置方式发生了质的变化。企业的生存必须更多地利用外部资源，供应链一体化已从企业内部的采购获取、制造支持和实物配送，向后延伸到顾客，向前延伸到供应商。越来越多的企业开始着手建立与顾客和供应商的长期合作伙伴关系。通过对供应链的整合以及自愿互利的制度安排，许多企业获得了市场竞争力。在这些合作生产的过程中，大量的物资和信息广泛地在地域间发生转移、储存和交换，因此有必要对企业整个原料、零部件和产成品的供应、储存和销售系统进行总体规划、重组、协调、控制和优化，加快物料的流动，减少库存，加速信息传递，及时了解并有效满足顾客需求。这使全球化物流发展成为当务之急。

（四）物流企业并购浪潮及战略联盟的缔结

据统计，2002年跨国物流企业的并购、联盟活动是有史以来最多的年份。具体表现在两个方面：

（1）物流企业间战略联盟的形成。这在日本表现的最为明显。日本的物流企业主要是通过建立战略联盟的方式来整合物流市场，强化其与北美和欧洲的物流一体化运作。例如：日本运输公司（Seino）与德国申克公司（Schenker）的战略联盟（1999年10月）；日本近铁快递（Kintetsu）与荷兰邮政集团（TPG）结成为亚洲和欧洲的客户提供一体化的物流解决方案的战略合作关系（1999年12月）；伊藤忠商社物流与美国的GATX公司就北美和亚洲之间的物流服务合作确立战略联盟关系（2000年10月）；丰田贸易公司与Ryder物流在美国成立合资的TTR物流公司（2000年11月）等。

（2）物流企业的并购浪潮高涨。欧美的一些大型物流企业为了实现规模经济，跨越国境，展开连横合纵式的并购，大力拓展国际物流市场，以争取更大的市场份额。有专家统计，在过去5年中发生的重要物流企业并购案有33起。涉及几家大物流公司，包括APL、德国邮政、EGL荷兰邮政、UPS包裹递送公司等。德国邮政公司在最近两年间并购欧洲地区物流企业达 11 家，已发展为年销售额达 290 亿美元的欧洲巨型物流企业，如德国国营邮政出资 11.4 亿美元收购了美国大型的陆上运输企业 AEIAEI 1998 年的销售额达 15 亿美元，是美国国内排列前 10 位的大型物流运输公司。德国邮政公司的这一举动，目的是把自己的航空运输网与 AEI 在美国的运输物流网合并统一，增强竞争力，以与美国的 UPS 和联邦快递相抗衡。FedEx 为了获得亚洲 21 个国家的航空经营权，并购了飞虎航空公司。美国的 UPS 则并购了总部设在迈阿密的航空货运公司——挑战航空公司。该公司与南美 18 个国家签订了领空自由通航协议，它与这 18 个国家的空运物流量在美国同行中居第一。UPS 计划将自己在美国最大的物流运输网与挑战航空公司在南美洲的物流网相结合，从而实现南北美洲两个大陆一体化的整体物流网络。APL 物流公司从 2000 年 9 月至 2001 年 6 月，先后与日本濑户、内海、九州快递结盟；收购美国第二大以增值仓储服务为主业的 GATX 物流公司和德国汉堡的 Mare 物流公司；在东部非洲的蒙巴萨设立办事机构等。其中，GATX 物流公司拥有美国物流业最大的配送系统之一，包括 35 个地区性市场服务总务总部、93 个分支机构总部面积约 195 万平方米的仓库。700 多辆拖头车和挂车，是北美和南美洲最好的物流服务供应商之一，并拥有自主知识产权的物流管理系统软件（TLS）和强大的信息网络。利用 GATX 物流的仓储分拨系统，APL 的全球供应链可以直达最终客户。UPS 物流集团为了迅速占领全球的高技术产品配件物流市场，从 1999 年 12 月到 2001 年 7 月，在 20 个月的时间内通过并购和重组在全球范围内建立起由总面积 25 万多平方米的 450 多个服务网点组成的关键零部件的紧急配送网络处仓库和体系。包括法国的 Finonsofcom，美国 Burnham 物流公司的配件物流事业部，拉丁美洲和加勒比海地区著名的配件物流服务供应商 Cornlasa 公司和澳大利亚的计算机物流解决方案公司（CLS），瑞士的 Polysys 公司和欧洲领先的高技术产品物流服务供应商德国的公司等。

物流企业的并购重组以及战略联盟的缔结，实现了物流活动的无国界，推动物流全球化方向发展。

（五）国际标准化的推行

人们制定和推行国际通用标准，有助于促进各国间经济贸易技术交流与合作的便利。最具代表性的是国际货币市场（IMM）于 1997 年成立全球电子自动交易系统。双边贸易协定的弹性化，产品国际标准化的广泛应用，国际运输法规的放宽，以及物流的硬件如托盘、集装箱等的性能和尺寸采用国际标准，这些均有效地推动了物流产业国际化进程。

（六）可持续发展的观念深入人心

在全球可持续发展观念日益加强的前提下，交通运输系统尤其是公路运输系统不得不面临着许多环境问题，如噪声和尾气等。为了使经济发展全球化与有益于环保的全球物流发展之间达到宏观平衡，人们致力于建设更先进的硬件基础设施以及研发更好的物流营运系统。但实现全球高效的物流系统对环境损害的最小化，需要各个公司、各国政府及国际组织在这一领域开展更为广泛的合作，这也促成了全球化物流的进程。

第二节 全球化贸易区域物流

一、区域物流发展的理论分析

区域物流即是在经济特区内所开展的物流活动。加强区域物流规划与管理，构筑区域物流系统及物流监管系统对于实现特区经济的发展，创造区域物流的合理化是十分必要的。

一般来说，区域中心城市是商品集散和加工的中心，其第一产业、第二产业的发展优势明显，而且物流设施和基础设施齐全，流通人力资本高，消费集中而且需求量大，交通与信息发达，人才众多，城市与周围地区存在不对称性，这种非对称结构中城市扮演着“中心地”与“增长极”的作用，以其为核心枢纽将其他地域“极化”成一个商品流通整体。所以，区域经济一体化促进现代物流的发展。

根据区域经济理论，一个区域只要具备某种有利于经济发展的有利条件，这个区域与其他区域的差异就会形成一种优势，产生一种引力，有可能把相关企业和生产力要素吸纳过来，在利益原则的驱动下形成产业布局上的相对集中和聚集，从而促进地区经济的发展。同时，根据区域经济产业结构协调理论，在整个产业结构中，产业结构的基本演进方向是：由第一产业占优势比重逐级向第二产业、第三产业占优势比重演进；由劳动密集型产业占优势比重逐级向资本密集型、知识密集型产业占优势比重演进；由制造初级产品的产业优势比重逐级向制造中间产品、最终产品的产业占优势比重演进。以城市为中心的物流中心正是适应区域经济理论和产业结构协调理论的要求的。

根据产业结构发展演进规律，区域产业结构的发展方向是合理化和高度化。产业结构合理化是以第三产业的发展水平来衡量的。产业结构高度化是第一产业向第二产业、第三产业升级演进，由劳动密集型向资本、技术密集型产业演进，现代物流的实现手段之一就是通过培育并集中物流企业，使其发挥整体优势和规模效益，促使区域物流业形成并向专业化、合理化的方向发展。现代物流产业是现代经济分工和专业化高度发展的产物，它的本质是第二产业。同时，物流产业的发展将极大地促进第三产业的发展。发达国家的实践还表明，现代物流业的发展，推动、促进了当地的经济发展，不仅解决了当地的就业问题，增加了税收，同时还促进了其他行业的发展。而且，现代物流业将进一步带来商流、资金流、信息流、技术流的集聚，以及交通运输业、商贸业、金融业、信息业和旅游等多种产业的发展，这些产业都是第三产业发展的新的增长点，是第三产业重要的组成部分。

现代物流作用还在于对分散的物流进行集中处理，利用现代化的物流设施、先进的信息网络进行协调和管理。相对于分散经营、功能单一、技术原始的储运业务，现代物流属于技术密集型和高附加值的高科技产业，具有资产结构高度化、技术结构高度化、劳动力高度化等特征。从这个角度来说，建立现代物流有利于区域产业结构向高度化方向发展。

二、区域物流的系统规划与管理

（一）区域物流系统规划

1. 区域物流系统化

区域物流系统化是物流系统比较高的层次，其方法主要是规划、建立和完善区域物流网络体系。构筑区域物流系统的主要内容包括区域间通道、城市干线道路、区域物流设施、城市的集配中心、企业的仓库等联合组成的物流网络体系。从区域经济发展的观点考虑，货运枢纽站场或城市间物流中心、城市内集配中心、物流据点的运营应当按集成化理论布局，实现功能分配合理、运行机制兼容，能够协同运作。城市物流（配送）据点的配置要从两方面综合考虑：一方面要提高物流活动效率，要求物流设施集约化布局；而另一方面要提高物流服务水准则要求物流设施分散化布局，同时还要加强物流信息和综合控制能力，从而达到削减库存量、提高销售能力，减少物流总费用的目的。

2. 区域物流系统规划的程序和内容

区域物流系统规划涉及区域经济发展水平、运输结构、物流基础设施布局和运行机制。区域性运输结构和物流系统合理化要适应产业结构、人民生活水平、经济效益和社会效益的需要。

（1）区域物流系统规划的程序。规划的一般程序如图 15－1 所示。

在多数情况下，区域物流系统规划是在现有运输网络和拟建运输网络基础上，完善区域物流设施、物流据点规划与布局。

（2）区域物流系统规划的内容：①构筑区域物流系统的基础设施体系。它主要包括：构筑干线道路与区域物流设施、城市内的集配中心、不同企业的仓库联合组成的物流网络体系。②构筑指挥区域物流系统的神经网络体系。运用移动通信、GSP 系统、Internet、计算机在线经营管理系统、公用经济信息网、企业内联网等计算机网络技术，建立全国、全球性计算机物流信息网络体系和 EDI 系统，实现物流信息共享和商流、物流、信息流集成化应用目标。③构筑区域物流系统运行的动力机制。完善企业物流链管理机制、企业聚集效益机制、企业外部效益机制和规模效益机制等。在物流运行组织形式的总体模式中应体现：高层次集中经营决策控制与低层次分散协调物流作业活动相结合。④构筑区域物流运作的组织结构。现代物流企业的运转机制，应当将股份有限公司、有限责任公司以及股份合作制等的作用，与物流企业合作类型（如企业集团主导型、集团企业主导型、企业间互惠合作型等）组织形式结合起来。

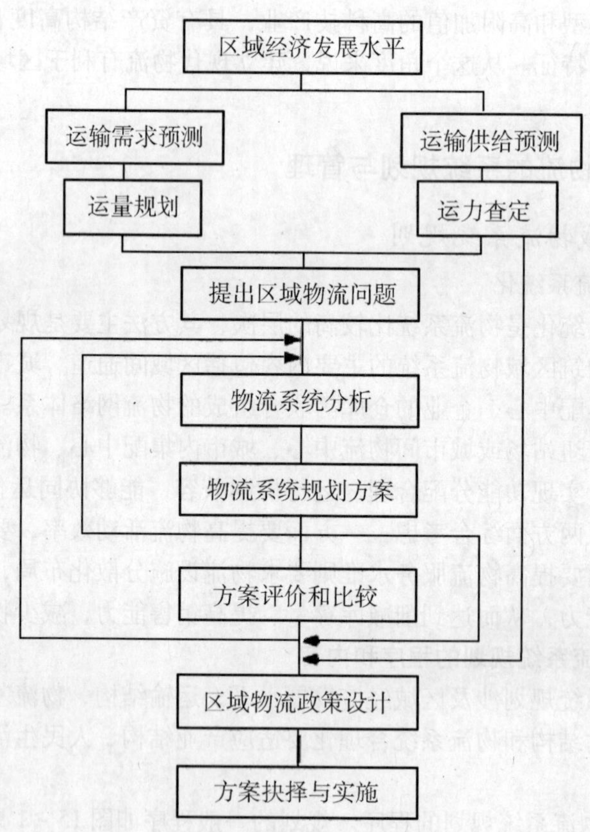

图 15－1　区域物流系统规划程序

3. **区域物流系统布局原则**

区域物流系统如果按行政区域的划分进行布局，则计划区域的资料易于收集，容易为政府所关注和支持，但其弊端也很明显，由于是按行政区域的划分来布局，强化了行政干预力量，往往会违背市场规律的作用，对物流中心这样的企业化组织来讲，市场化运作会受到严重制约。如果是按经济区域的划分来进行区域物流系统的布局，则适应了生产力的发展，体现了自然资源禀赋状况，同时，也体现了区域物流中心的完整性和开放性。所谓完整性，指物流中心提供了经济区域内各个部门的相互联系，经济区域的内聚力一定程度上是靠区域物流中心得以维系；开放性是指物流中心不断从外界获得商品和信息，同时又向外界传递商品和信息，以维持经济区域内以及不同经济区域间的相互联系。

因此，区域物流系统的布局原则应该按照“经济区域”而不是按照“行政区域”进行。虽然经济区域和行政区域可能出现某种重合和一致，但它们完全是两个不同的概念。经济区域不像行政区域划分有着明确具体的界限，它的界限是模糊的，是一条过渡带，这形成了经济区域的开放性。经济区域和行政区域之间的另外一个差别是行政区划分常以自然地势、人口数量以及行政管理作用等因素为依据，具有相对长期的稳定性，而经济区域的发展表现得相当活跃。

4. 区域物流系统结构

区域物流系统的结构可以归纳为三大服务领域、两个基础平台、一个企业群体和一个产业宏观发展政策环境。

(1) 三大服务领域。根据现代物流业发展趋势，国际物流、区域物流、市域物流三大领域的基本发展目标为：适应跨国公司全球经营战略需求的国际物流体系；高时效性的区域运输服务体系；提供快速、准时、多样化服务的市场配进服务体系。

(2) 两大基础平台。①物流基础设施平台规划：物流基础设施平台的构成包括物流园区、货运通道、外部交通设施（含港口、机场、铁路）和配送道路体系。物流基础设施平台规划工作分为概念规划与详细规划。概念规划的任务是确定各要素的基本技术要求（例如规模、功能）和基本位置。详细规划的任务是要与城市分区规划相衔接，具体落实用地范围、容积率控制、交通影响分析等。②物流信息平台规划：物流信息平台规划的任务是确定整个物流信息系统体系框架，进行技术分解，确定各子系统之间的衔接要求，明确信息组织方案等。物流基础信息平台不同于物流信息系统，它的任务是为企业的物流信息系统提供基础信息服务（交通状态信息、交通组织与管理信息、城市商务及经济地理信息等），承担供应链管理过程中不同企业间的信息交换枢纽支持，提供车辆跟踪、定位等共享功能服务，提供政府行业管理决策支持等。

(3) 一个企业群体（构成物流行业主体的企业网络群体）。现代物流业是由具有不同核心业务能力的企业群体所构成的网络群体，企业网络群体包括具有综合物流管理能力的第三方物流服务商，具有综合运输组织管理能力的多式联运服务商，提供多样化服务的货运代理，提供准时、快速服务的配送业服务商，具有先进运输管理能力承运人企业等。

(4) 一个产业宏观发展政策环境。它包括适应行业阶段性发展需要的政策环境和政府部门的协同工作机制。分析国外物流政策演变过程可以看到，政策环境具有阶段性特点。例如市场管制，一般在市场不成熟的情况下采用较强的市场准入管制（管制方法为资格条件准入）；当市场发育到一定阶段采用放松管制的原则。政府部门之间的协同工作机制一般包括：目标的分解与协调、协同组织方式、信息沟通协调、任务的协调明确等内容。

5. **区域物流基地的规划**

在某个区域规划建设物流基地、物流园区、物流中心或配送中心时，要考核区域的经济总量和规模，包括：进口总量、国内生产总值、融资渠道、信息平台、区域对外吸引程度（包括各种政策措施）、与国际接轨的程度、人才等方面。若该区域经济总量和规模不大，就没有必要建立物流基地。因为物流基地、物流园区、物流中心的投资是非常巨大的，投资期与回收期比较长。物流规划要认真核算投入产出，计算成本。在物流的功能定位方面，主要考察物流是为哪些行业服务，是以原材料、产成品还是配料为主，并结合区域经济的情况作决定。物流规划不一定要求一步到位，需要分步骤、分阶段实施。

交通区位对于物流枢纽城市的确定具有重要的影响，评价交通区位需要考虑不可替代的重要交通设施的位置、城市节点与其他城市节点之间的联系便利程度等。

通过区位分析明确外部发展环境，从而确定不同物流枢纽城市的目标定位。如某城市的目标定位为二级城市组团内的物流枢纽、两省之间物流转换枢纽、国际航运中心的辅助枢纽，这种目标定位将对社会物流系统的空间布局产生指导性的作用。

（二）区域物流管理

区域物流管理的重点是确定规模、数量和布局。它所涉及的物流设施要与综合运输网、城市的物流系统协调一致。区域物流设施，如货运枢纽、集装箱货运站、货运中转站、零担货运站等的设置要有效将货物和运输结合起来，提高物流系统的效率。区域物流设施的规划布局和选址应遵循以下原则：①系统规划、协调发展、建设统一的综合运输网络。区域物流设施的布局不但要满足综合运输网协调发展的要求，还应与所在城市的总体布局和交通规划相吻合。②方便运输、方便配送、合理布局。货运场站要靠近运输主干线或货源，远离城市的商业区、文化区和居民区。③满足需要，留有余地，适度超前发展。④软硬结合，细化功能，提高物流效益。细化服务功能，挖掘硬件潜力，避免重复建设。

第三节　全球化物流采购与生产

一、全球化采购

世界经济的发展及信息技术的应用，使企业的整个采购流程打破或淡化了时间、空间的限制，跨国间的咨询、报价、样品传送、订单下达、关税上报等环节变得越来越简单和易于操作，从而使整个世界成为一个紧密联系的经济整体。在这个经济共同体中，企业间相互依赖、相互影响、相互制约的特征日益明显。有资料显示，近年来世界上价值最高的公司基本上都采取了全球化采购战略。

(一) 企业采购管理

原材料和零部件的采购费用在企业的生产成本中具有很重要的地位，发生在采购环节的费用和成本一般要占到企业产品销售额的30%左右，而其中的运输费用则要占到采购费用的30%～50%。企业采购合理化对企业降低产品成本而言，具有很重要的意义。

1. 企业采购流程

企业采购流程通常是指有制造需求计划的厂商选择和购买生产所需的各种原材料、零部件等物料的全过程。在这个过程中，作为购买方，企业首先要寻找相应的供应商，调查其产品在数量、质量、价格、信誉等方面是否满足企业的购买需求；其次，企业在选定了供应商之后，企业要以订单的方式传递详细的购买计划和需求信息给供应商并商定货款结算方式，以便供应商能够准确地按照客户企业的性能指标进行生产和供货；最后，采购企业要定期对采购工作进行评价，寻求提高效率的采购流程创新模式。一个完善的采购流程应满足企业所需物料在价格、质量、数量和地区分布上的综合平衡，即物料价格在供应商中的合理性；物料质量在制造系统所允许的误差范围内，物料数量能够保证生产系统的连续进行，物料的采购区域经济性等要求。

在当前经济全球化的条件下，企业的采购流程受到三大因素的影响：一是经济全球化的影响。由于全球经济一体化的发展趋势更加明显，跨国公司全球战略的实施，全球采购已经成为企业全球战略的重要组成部分。因此，这一趋势将影响到企业的采购流程变革。二是新经济的异军突起，电子采购方式（H2B，B2C）正成为企业延伸自己的采购增销业务的手段。三是合作竞争的思想促使企业大量的采购行为向“纵向一体化”延伸、扩展。

2. 企业采购决策

企业采购决策主要包含四个方面的内容：

(1) 原材料市场供应信息调查与反馈。为了给企业制定较长远的采购规划依据，企业采购决策者应对所需原材料的资源分布、数量、质量和市场供需要求等情况进行调查；同时，要及时掌握市场信息的变化，进行采购计划的调整、补充。

(2) 了解竞争对手的产品和服务成本。对竞争对手的估测能提供必要的信息，使企业在竞争中处于主动的地位。这种先发制人的优势可以使企业保持在业界的领先地位，并始终保持其赢利性。竞争力评估不仅仅是瞄准业界同行的标杆，更重要的是对竞争对手的业务、投资趋势、成本现状、现金流做出细致的研究，并且预测它们的长处和弱点。通过对竞争对手的了解，可以更好地和供应商进行谈判，增加企业的谈判实力。

(3) 供货厂家的选择。在选择供货厂家时，首先，应考虑原材料供应的数量、质量、价格（含运费）、供货时间保证、供货方式和运输方式等，根据企业的生产需求进行比较，最后选定供货厂家。其次，建立供应商信息档案，完善的信息档案是选择良好的供应商的重要依据和决策基础。供应商信息档案包括供应商企业概况（地点、规模、营业范围等）、可供应原材料种类、产品质量保证、企业信誉、运输条件及成本、包装材料及成本、保管费用和管理费用、包装箱和包装材料的回收率、交易执行状况、企业被投诉的历史记录等方面的信息。

（4）进货时间间隔和进货批量决策。通常情况下，每次订购的数量越大，在价格上得到的优惠越多，采购的次数越少，采购费用也相应地越低；但一次进货数量越大，意味着企业要保持较高的存货，造成较高的库存费用，从而占压企业资金，多支付银行利息和增加仓库管理费用，同时也容易造成存货积压、贬值。如果每次采购的数量过小，则在价格上得不到供应商的折价优惠，同时由于采购次数增加而加大采购费用的支出，并且还要承担因供应不及时造成停产待料的风险。所以，怎样控制进货的批量和进货时间间隔，使企业生产不受影响的同时费用最少，同样是企业采购决策要解决的问题。

3. 企业采购方式

全球化战略使所涉及的供应商地域分布广泛，因而，为了有效地实施统一采购，企业大多采用招标投标采购、在线采购和网上竞价采购等方式。

（1）招标投标采购方式。招标投标是指采购企业作为招标方，事先提出来采购的条件和要求，邀请众多的企业参加投标，并按照规定的程序和标准一次性的从中择优交易对象的一系列过程。招投标采购的最大特点是公平、公开、公正和择优，对于采购双方而言，在采购过程中增加了透明度，客观上杜绝了腐败现象的发生，真正体现了市场竞争优胜劣汰的原则，从而保证了物料的采购质量，降低了产品的总成本，达到了提高经济效益的目的。

（2）在线采购和网上竞价采购方式。这是指利用网络和信息技术为企业采购人员提供一个快速降低采购成本的工具系统，借助这个网络平台，采购人员能够通过因特网在全球范围内即时地同其众多的供应商进行通讯和交易。

（二）全球化采购发展的原因

从经济全球化和国际物流的发展趋势来看，推动全球化采购快速发展主要有以下几个方面的原因：

（1）多式联运的发展和国际航线的形成使得跨国公司的全球化采购战略成为可能。由于经济全球化的发展趋势和业务对象的全球化分布的发展，国际运输企业之间也开始形成了一种覆盖多种航线，相互之间以资源、经营的互补为纽带，面向长远利益的战略联盟。这不但有利于全球物流快速、便捷地进行，而且有利于全球范围内的物流设施得到了充分的利用，有效降低了国际物流相关成本。以便跨国公司的全球化采购战略能够得以实施。

（2）跨国公司生产基地的全球化分布。由于跨国公司是全球化的生产企业，所以它须在全球范围内寻找原材料、零部件来源，并选择一个适应全球分销的物流中心以及关键供应物资的集散仓库，在获得原材料以及分销新产品时使用当地现有的物流网络，并推广其先进的物流技术与方法。跨国公司的这种全球分布的生产网络，要求其在全球范围内寻找、购买各种原材料和半成品，以降低其采购成本。

（3）生产企业与企业第三方物流公司的同步全球化。跨国公司生产布局的全球化发展的要求，促使以前所形成的完善的第三方物流网络进入到全球市场中。例如，有着日本背景的伊藤洋华堂在打入中国市场后，其在日本的物流配送伙伴伊藤忠株式会社也进入中国市场，并承担了其在中国的配送活动。这种伙伴式的业务发展模式也是促使跨国公司进行全球化采购的推动因素之一。

除以上因素的推动作用外，跨国公司在全球范围内追求利润的需要，使得采购的国际化已是大势所趋，同时随着信息技术、物流技术的发展，它必将成为带动全球经济快速发展的一个新的利益增长点。而基于全球化战略下的统一采购，使得跨国公司等大的国际制造商通过其在世界各地的多家子公司的购买力量，将其触角伸向国际市场并得到更有经济力的订单。跨国公司的全球化统一采购战略不仅可以降低采购成本、提高采购质量，还是增强企业整体市场竞争能力的有效方式，同时，这种方式也可以避免传统的分散采购中存在的物料灰色价格和交易回扣等现象的发生。

（三）全球化采购的优势

（1）可以扩大供应商比价范围，提高采购效率，降低采购成本。全球化采购，在全球范围内对有兴趣交易的供应商进行比较，以使得用较低价格获得更好的产品和服务。受地理位置、自然环境以及经济发展差异等因素的影响，各个国家和地区的资源优势是不同的。而全球化采购，可以充分利用各国的资源优势并加以合理的组合，使企业以较低的价格获得较高质量的商品和服务。这极大地提高了企业的经济效益。

（2）全球化采购可以利用汇率变动进一步降低产品的购买成本。因为贸易合同从签订到实施有一定的时间间隔，而国际汇率又是在不断变化着的，因此在选择以何种货币作为支付工具时，应考虑在该时段内国际金融市场汇率的变动趋势，以便从中获得收益。突破传统采购模式的局限，从货比三家到货比百家、千家，大幅度降低采购费用，降低采购成本，大大提高采购工作效率。因此，在签订国际间商品买卖合同时，应考虑到汇率变动对购买成本的影响。

（3）实现生产企业为库存而采购到为订单而采购的转变。基于全球电子商务的模式，采购活动是以订单驱动方式进行的。制造订单的产生是在用户需求订单的驱动下产生的。然后，制造订单驱动采购订单，采购订单再驱动供应商。这种准时化的订单驱动模式可以准时响应用户的需求，从而降低了库存成本，提高了物流的速度和库存周转率。

（4）实现采购过程的公开化和程序化。全球化采购可以实现采购业务操作程序化，这有利于进一步公开采购过程，实现适时监控，使采购更透明、更规范；企业在进行全球化采购时，按软件规定的流程进行，这大大减少了采购过程的随意性。全球化采购还可以促进采购管理定量化、科学化。实现信息的大容量与快速传送，为决策提供更多、更准确、更及时的信息，决策依据更充分。

（5）实现采购管理向外部资源管理转变。因为与供需双方建立起了一种长期的、互利的合作关系，所以采购方可以及时把质量、服务、交易期的信息传送给供方，使供方严格按要求提供产品与服务。根据生产需求协调供应商的计划、实现准时化采购。

（四）加入 WTO 后我国企业如何融入全球采购系统

1. 必须实现企业采购管理模式的转换

中国传统的采购模式有六大问题：一是典型的非信息对称博弈过程，即采购供应双方都不进行有效的信息沟通，互相封锁，采购成了一种盲目行为；二是无法对供应商产品质量、交货期进行事前控制，经济纠纷不断；三是供需关系是临时的或短期的合作关系，而且竞争多于合作；四是响应用户需求能力迟钝；五是利益驱动，暗箱操作，舍好求次、舍贱求贵、舍近求远，成为腐败的温床；六是生产部门与采购部门脱节，造成大量库存，占用大量流动资金。因此，随着全球化采购趋势的不断推进，尤其是在我国加入 WTO 后，企业要想取得发展就必须转换自身的采购模式，积极地融入到跨国公司的全球采购系统中。

实现这种传统采购模式的转换，集中起来主要体现为以下几个方面：

（1）从为库存而采购转变为为订单而采购，减少库存，加快流转速度。

（2）从对采购商品的管理转变为对供应商的管理，建立战略联盟，形成供应链管理。

（3）从传统的采购方式转变为现代采购方式，以公平、公开、公正原则，降低采购成本。

（4）采购管理从企业的一般问题提升为提高企业应变力与竞争力的战略问题。

（5）优化企业管理资源，实行流程再造，设立统一的采购部门，配备精明的采购总监。

2. 全球采购系统是一种电子商务采购模式

电子商务是指企业利用当代网络和电子技术来从事对外经营和营销活动。企业要进入全球采购系统，必须熟悉与掌握这一系统。电子商务的产生、发展与物流、采购活动是密切相关的。众所周知，电子商务的发展最早源于采购活动。1995 年以前所说的电子商务主要指 EDI 的应用，而 EDI 的产生就是从采购活动开始的。1995 年以后随着互联网的发展，现代电子商务真正发展起来。

电子商务的产生使传统的采购模式发生了本质性的变革。在现代市场经济条件下，有三种采购方式可以进入电子商务，即政府采购、企业采购与个人采购。

自1999年以来，许多跨国公司把发展物资采购电子商务工作列入到企业发展战略目标。BP－AMOCO、EXXON等14家国际石油公司宣布，将联合组建英特网公司，建立一个全球性的电子商务市场，以消除在物资采购、供应链管理的低效率的影响。通用、福特、戴姆勒—克莱斯勒三家汽车公司宣布要建立全球最大的汽车专用采购网络市场，将每年2500亿美元的零部件采购移至互联网上进行。

3. 成为合格供应商与选择合格供应商

对供应商评估主要是价格、质量、交货与服务四个方面。

在选择供应商时也要考核这个供应商所在的环境，即我们常说的跨国采购的四个基本要素，即价值流（value flow）、服务流（service flow）、信息流（information flow）与资金流（cash flow）。"价值流"代表产品和服务从资源基地到最终消费者整个过程中的价值增值性流动，包括多级供应商对产品和服务的修改、包装，个别定制、服务支援等增值性活动。"服务流"主要指基于客户需求的物流服务和售后服务系统，即产品和服务在多级供应商、核心企业以及客户之间高速有效的流动以及产品的逆向流动，如退货、维修、回收、产品召回等。"信息流"指建立交易信息平台，保证供应链成员间关于交易资料、库存动态等信息的双向流动。"资金流"主要是现金流动的速度以及物流资产的利用。

二、全球化生产

生产全球化是经济全球化的主要特征之一。第三次科技革命推动了国内分工的更深层次发展，各国在生产领域的合作愈加紧密。在生产全球化的进程中，跨国公司扮演着重要的角色。因为跨国公司是国际化的生产体系，它与外界的交换，母公司和子公司，子公司与子公司之间的交换都具有跨越国境的性质。因此，跨国公司不仅广泛深入地进入了国际市场，而且把外部市场转变为公司的内部市场。

（一）全球化生产的特点

生产全球化是经济全球化的核心内容。所谓生产全球化有两层含义：一是指单个企业（主要指跨国公司）的全球化生产向纵深推进，其跨国经营的分支机构在数量上和地域上极大地扩展，在组织安排和管理体制上无国界规划的动态过程；二是指借助于跨国公司及其分支机构之间多种形式的联系，以价值增值链为纽带的跨国生产体系逐步建立的过程。而交通运输、信息通讯技术的发展使得跨国公司能够在全球范围内，在优化资源配置的基础上进行各类生产，并协调其生产经营活动。因此，一个企业要在这种环境中生存下去，仅仅靠公司本身的资源显然是不够的，只有战略性地将全球公司各个分部、子公司、联盟公司组成全球性的紧密网络，企业才能对全球任何一个区域的市场上的需求做出快速反应，并提供相应的优质产品和服务。在全球化公司经营网络中，一部分专门负责全球性的物资采购、生产制造、产品更新换代、配送和科研开发，而另一部分则负责当地市场上的销售与售后服务。资金、原材料、零部件和产成品、信息、创意、人力资源等公司的资源在网络中的各个部门之间不断地交换流动着。如何以高效整合的方式组织这样的全球运作，通常称为全球物流管理，或称全球供应链管理，这也是跨国公司全球竞争的一个核心。

全球化生产一般有两种形式：一种形式是利用其他国家或地区的廉价劳动力资源和优惠政策，在当地自己投资建厂，组织生产活动；另一种形式就是全球化的业务外包。例如，许多欧美日企业把产业外移到东南亚和包括中国在内的亚洲市场。这种产业外移中的一个最显著的特点就是将自己的非核心业务以较低的成本费用外包给更为专业的企业来完成。这种外包的地域范围已经从本国扩展到了整个世界范围。

（二）全球化生产的优势

全球化生产是国际企业优化资源配置、产业结构调整的需要，是实现规模经济的需要。生产在全球组织，竞争也在全球展开，经济全球化的发展为企业的跨国经营创造了条件。企业在全球范围内组织生产具有如下优势：

（1）可以更好地接近市场，满足当地消费者的需求。全球化生产比在一国国内组织生产，通过产品出口的方式进入国际市场更能接近消费者的需求。随着国际时尚流行周期的缩短，以及随着市场的扩大和更多的季节性、风俗性、时令性消费的出现，国际市场消费者的购买模式呈现出一种多样化、个性化的趋势，这不仅要求企业建方起柔性的生产体系与之相适应，更重要的是能及时对这种市场的要求变化做出反应。而全球化生产体系与国际市场的紧密结合顺应了这一要求，如快餐食品、饮料和食品原料等，这些商品不能长时间储存或进行长途运输，而顾客却分布在世界各地，为了更好地接近或维持国外销售市场，跨国公司实行就地生产就地消费，以利于提供新鲜食品。

（2）可以获取资源优势，降低生产成本。全球化生产能充分利用世界上各个国家和地区的生产要素优势以降低生产成本，使企业资源达到最佳的配置。全球范围内由于自然条件和经济发展的不平衡，各个国家和地区所拥有的生产要素（包括资本、技术、劳动力、土地、自然资源、信息、管理等）存在着一定的差异。只有将本国的优势生产要素和他国的优势生产要素相结合，才能弥补国内生产要素的不足而获得更大的利益。

（3）可以避开东道国的贸易壁垒限制，更顺利地进入国际市场。一般来说，各国为了保护本国市场会采取一定的贸易保护措施，最常见的贸易壁垒主要有关税壁垒和非关税壁垒。当企业通过产品出口的方式进入东道国时可能会遭遇贸易障碍，但是生产要素的进入往往能不受贸易壁垒的限制。因为企业生产要素尤其是资本要素的输出是为世界上绝大多数国家所欢迎的，为了吸引外资，很多国家都采取了相应的优惠政策及措施，如设立自内贸易区、保税区、出口加工区等，因此全球化生产可以绕过贸易壁垒的限制，顺利地进入国际市场。

（4）可以降低运输、储存、搬运、装卸等物流费用，降低成本，提升产品的国际竞争能力。企业通过全球化生产可以在更接近市场的地方组织生产，缩短产品从生产者到达消费者手中的运输里程并减少环节，从而大大地节约了物流费用。

（5）可以获取先进的技术和管理经验。企业通过全球化生产可以获取和利用国外先进的技术、生产工艺、新产品设计和先进的管理经验等：有些先进的技术和管理经验很难通过公开购买的方式获取，但跨国公司可以通过与掌握这些先进技术的其他跨国公司合资建厂或并购当地企业的方式获取。获取和充分利用这些管理经验，可以促进跨国公司的本地生产能力，提高其竞争能力。

（6）可以获得东道国的优惠政策。跨国公司进行对外投资的主要目的是为了利用东道国政府的优惠政策以及母国政府的鼓励性政策。东道国政府为了吸引外来投资常常会制定一些对外来投资者的优惠政策，如为外来投资者提供优惠的税收和金融政策，提供优惠的土地使用政策，为外来投资者创造良好的投资软件、硬件环境等。同样，母国政府对对外投资的鼓励性政策也会刺激跨国公司做出对外投资决策。

第四节　全球化配送

配送是指在经济合理的区域范围内，根据用户要求，对物品进行拣选、加工、包装、分割、组配等作业，并按时送到指定地点的物流活动。全球化配送是全球的配送活动，全球化配送中心作为国际物流的重要节点，在优化外向型企业的物流系统，合理配置库存资源，及时掌握国际市场动态，提高物流的共同化程度等方面发挥重要作用。

一、全球化配送的地位与组织模式

由于当今国际消费需求的多变，及国际市场需求的不确定性降低经营风险，国际用户的订货规模呈现小批量化，对商品供应的及时性、准确性要求不断加强。企业间的竞争不再仅局限于质量、价格等方面，而是已扩展到物流服务等无形手段的竞争，国际配送中心正是顺应了这一趋势。作为国际物流节点，国际配送中心减少了流通过程的中间环节，因而，它能更接近目标顾客、接近国际市场，将市场的需求及时反馈到生产企业。这大大提高了企业对客户需求的快速反应能力。所以，配送的全球化不仅扩大了企业产品的销售空间，还扩大了企业的生产销售规模，近而使企业获得更大的利益。

全球化配送是国际物流领域的一种以社会分工为基础的综合性、完善化和现代化的送货活动。全球化配送的实质即通常所说的送货，由于这项物流活动涉及全球化的范围，所以全球化配送带给企业更大的经济效益的同时也带来更大的管理上的困难。如何有效地组织全球化配送活动对跨国公司来说，是一件非常重要的物流问题。

根据配送的组织形式，全球化配送可分为以下几种模式：

（一）独立配送模式

独立配送模式是指配送企业依靠自身的力量，在一定区域内各自进行配送，独立开拓市场和联系用户，建立自己的业务渠道和网络，企业各自单独组织配送活动。这种配送是一种竞争性的配送方式，这种配送的优点是用户可以根据配送企业的服务水平和自身的利益进行选择，它有利于形成一种竞争机制，也有利于用户与配送企业建立纵向的联合或集团关系。缺点是有时受客源的限制可能会出现人力、设备和运力上的浪费。而且，独立配送作为一种分散型的物流配送活动，如果缺少调控机制或者调控措施不力，过度竞争的局面便会出现，进而降低流通的社会效益。

（二）集团配送模式

集团配送模式是指由配送企业以一定的形式建立起联系紧密、指挥协调的企业集团，以在较大范围内统筹配送企业结构、配送网点、配送路线和配送用户，使配送更加完善和优化的一种组织形式。集团配送是一种高水平的配送形式，这种配送方式可以取得较理想的规模优势和协作优势。集团配送是一种典型的规模经济经营活动，其服务对象一般是大型的跨国公司和国际企业集团。在集团配送的模式下，通常都采用“定时、定量”方式和“即时配送”等方式来满足用户的生产需要或市场需要。

采用集团配送模式进行全球化配送，不但要具备良好的外部环境条件，还必须建立高效率的指挥系统和信息系统。因此，只有强大的经济实力和完善、先进的管理体系才能组织起来这种类型的物流配送活动。国际性的大型零售企业或大型连锁超市，如家乐福、沃尔玛等都采用这种配送模式以实现全球化配送。

（三）共同配送模式

共同配送模式是指几个配送中心联合起来，共同制订计划，在具体执行时共同使用配送车辆，共同对某一地区用户进行配送的组织形式。根据日本工业标准（JIS）的解释，共同配送定义为“提高物流效率，对许多企业一起进行配送”。比如，在用户不多的地区，如果各个企业单独配送，就会因车辆利用率低而影响配送经济效益。如果把配送企业的用户集中到一起，就能更有效地实施配送。也可以把双方的用户进行合理分工，实行就近配送，以降低配送成本。共同配送的收益可以按一定的比例在各配送企业间进行分成。共同配送最早产生于日本等发达国家，发达国家共同配送发展的实践表明：按照共同配送模式运作，不但可以利用距离最近的配送中心开展配送活动，以大大降低配送成本，而且可以发挥企业的整体优势以及缓解交通拥挤的矛盾。

企业在国际化配送中具体选择哪一种配送模式，要根据企业的实际情况并结合当地市场的条件来决定，不能盲目的生搬硬套别人的经验。

二、国际配送中心及其规模效应

配送中心是一个流通型物流节点，它以组织配送性销售和供应，执行实物配送为主要职能。随着国际物流的快速发展，国际物流中心迅速发展，并且成为国际物流系统中非常重要的环节。国际物流中心是指国际物流活动中商品、物资等集散的场所。就大范围国际物流而言，有些小国家和地区可能成为国际物流中心，如中国香港、新加坡就具有国际物流中心的地位。自由贸易区、保税区等则具有一般意义上的物流中心的功能。就小范围而言，港口码头、保税仓库、外贸仓库都可以成为物流中心。目前我们所说的国际物流中心多指由政府部门和物流服务企业共同筹建的具有现代化仓库、先进的分拨管理系统和计算机信息处理系统的外向型物流集散基地。

建立配送中心后，尤其是大批量、社会化、专业化的国际配送中心建立后，国际物流配送的局面就显得非常有序。这不但简化了国际物流通道，节约国际物流成本，还便于跨国公司、国际物流服务企业对国际物流进行整个流程的有效控制和管理。国际配送中心是一个国际的组织机构和配送设施。它从供应者手中接受多种大量的货物，进行分类、保管、流通加工，并按顾客的订货要求经过分拣、配货后把货物送交给顾客。

国际配送中心是国际物流配送活动的主要承担者，设置国际配送中心，主要有以下几个方面的规模效应：

（1）国际配送中心结合了高效率的信息情报网，能够迅速、准确地掌握流通过程中的库存情况，以避免库存积压和库存量的分布不均。通常在配送中心配备有中心计算机，计算机终端连接各个用户，每个用户日常的销售量和库存数据随时进入中心计算机进行分析和处理，然后由配送中心决定每天向各个网点补充商品的品种、数量和时间。通过配送中心实现了对整个系统中库存量的控制。

（2）国际配送中心的建立有利于形成快速、有效的发送体制，确保了在提高顾客服务水平的同时，降低发送费用。因为配送中心直接掌握各个网点的库存情况，并采取事先登记、预约、订货计划等手段掌握日常送货需要。所以，配送中心就可以通过合理安排送货路线、调配运输车辆、配装以及利用往返车辆等各种措施来提高发送效率。同时，通过电子计算机可以计算出效率最高的送货方案，如必要的车辆数量和最佳的送货路线等。

（3）国际配送中心集中进货，使工厂与仓库之间按计划、有规律地进行大批量运输，这有利于降低运输费用。

（4）通过国际配送中心进行配售，有利于减少中间环节，尤其是可提高品种、规格繁多商品的流通效率。

三、全球化配送对国际物流系统的要求

由于世界经济的发展和全球经济一体化的形成，全球化配送的规模不断扩大，全球配送中心需要处理的事务也越来越广泛。由此便对国际物流系统提出了更新、更高的要求。这主要表现在以下几个方面：

（1）对国际物流作业质量提出更高的要求。随着国际贸易结构不断发生着的巨大变化，高附加值、精密加工的产品逐渐取代了传统的初级产品、原材料等贸易品种的地位。这些高附加值、高精密加工商品流量的增加，对物流工作质量提出更高的要求。同时国际贸易需求的多样化，使国际物流系统配送的商品呈现多品种、小批量化的发展趋势，因而也要求国际物流系统向优质服务和多样化发展。

（2）对国际物流系统作业效率提出更高的要求。国际贸易活动的集中表现就是合约的订立和履行，而国际贸易合约的履行是由国际物流系统来完成的。世界经济全球化发展的不断增强，促使了国际贸易的总量和结构发生了巨大的变化，因而这就要求国际物流作业系统能够更高效率地履行合约，促进国际贸易的发展。从一个国家的角度来看，国际物流系统的作用可以分为两个方面，即出口国际物流系统和进口国际物流系统。从输入方面的国际物流系统看，要想提高国际物流系统的作业效率，最关键的就是如何高效率地组织所需商品的进口、储备和供应。简而言之，即从订货、交货，直到运入国内保管、组织供应的整个过程，都应加强物流管理。根据国际贸易所配送的不同商品，便采用与之相适应的专门运输工具和相关的配套装卸设施，如巨型专用货轮、专用泊位以及大型物流作业机械等的专业运输方式，这对提高国际物流系统的效率起着主导作用。

（3）对配送商品的安全提出更高的要求。随着国际分工的细化和社会化专业生产的发展，传统的分工理论逐步扩大到全球范围内，世界各国通过衡量自身资源和禀赋，来承担不同的分工职能，全球生产体系的建立和全球采购系统的形成，对国际配送系统提出更高的要求。商品及原材料和零部件的国际化配送的需求日益增加，例如，美国福特公司某一牌号的汽车要同时在20多个国家的30多个工厂联合生产，而产品销往100多个不同的国家和地区。由于国际物流涉及全球多个国家且地域广阔，在途时间长，并受气候、地理条件自然因素和政局、罢工、战争等社会政治经济因素的影响较大。因此，在组织国际物流运输和配送时，选择运输方式和运输路径，不但要密切注意所经地区的气候条件、地理条件，还应注意所经国家和地区的政治局势、经济状况等，以减少和降低这些人为因素和不可抗力所造成货物灭失的风险。

四、全球化配送存在的问题

全球化配送可以扩大企业产品的销售空间，使企业更有效地利用规模经济所带来的

成本降低的优势。但同时也会导致如下一些问题：

（1）由于配送的距离较长，会导致存货水平的上升。

（2）由于配送的距离较长，会影响企业对市场需求的反应速度。

（3）由于配送的距离较长，会导致配套的售后服务难以同步跟进。

（4）由于配送的距离较长，会造成货款及时回收的困难，容易产生坏账损失。

（5）由于配送的距离较长，相应的配送费用也会较高，产品可能会缺乏市场竞争力，为企业的生产经营带来一定的负面影响。

（6）跨国配送通常会受到双方政府贸易管制政策的影响。

（7）由于全球化配送涉及世界各国，而且货物的价格也可能是根据不同国家的货币来制定的，所以，国际汇率的变动也会对货物的销售收入产生影响。

以上所述的全球化配送可能存在的问题中，有些可以通过全球物流配送系统的整合，提高物流配送运作的效率来消除或减少影响；有些则是一般的国际物流经营企业无法控制的。所以，企业在选择配送模式时必须充分考虑各方面的优势与风险。

本章小结

（1）经济全球化，特别是国际贸易、商品生产、商品销售及原材料采购的全球化，必然带来物流的全球化。因此，经济全球化是全球化物流产生的重要前提，同样，全球化物流的发展又是经济全球化的重要保障，没有全球化的物流也无法实现经济的全球化。从这个意义上讲，经济全球化与物流全球化是相互促进，共同发展的。

（2）在全球化趋势下的区域物流特点及其管理。区域物流系统化是物流系统比较高的层次，其方法主要是规划、建立和完善区域物流网络体系，其规划涉及区域经济发展水平、运输结构、物流基础设施布局和运行机制。

（3）采购和生产的全球化是经济全球化的主要特征之一。世界经济的发展及信息技术的应用，使企业的整个采购流程打破和淡化了时间、空间的限制；而第三次科技革命推动了国内分工的更深层次发展，各国在生产领域的合作愈加紧密。在生产全球化的进程中，跨国公司扮演着重要的角色。

（4）全球化配送是全球的配送活动，全球化配送中心作为国际物流的重要节点，在优化外向型企业的物流系统，合理配置库存资源，及时掌握国际市场动态，提高物流的共同化程度等方面发挥重要作用。

关键词

经济全球化　区域经济一体化　全球化物流　区域物流　配送

思考题

(1) 经济全球化具有哪些特点?

(2) 跨国公司对国际物流产生什么影响?

(3) 什么是区域物流? 如何进行合理的区域物流规划?

(4) 什么是采购? 如何实施采购管理?

(5) 试述全球化采购的优势。

(6) 试述全球化生产的含义及优势。

(7) 全球配送有哪几种模式? 各有什么优势?

主要参考文献

1. （美）唐纳德·J. 鲍尔索克斯，戴维·J. 克劳斯. 物流管理. 北京：机械工业出版社，2001
2. （日）菊池康也. 物流管理. 丁立言译. 北京：清华大学出版社，1999
3. （美）大卫·伯特等. 世界级供应管理. 7版. 何明列，张海燕，张京敏译. 北京：电子工业出版社，2003
4. （英）马丁·克里斯托弗. 物流竞争. 北京：北京出版社，2001
5. 崔介何. 企业物流. 北京：中国物资出版社，2002
6. 陈志友. 进出口贸易实务. 上海：立信会计出版社，2002
7. 丁立言，张铎. 国际物流学. 北京：清华大学出版社，2000
8. 夏春玉. 现代物流概论. 北京：首都经济贸易大学出版社，2004
9. 杨长春，顾永才. 国际物流. 北京：首都经济贸易大学出版社，2003
10. 张清，杜扬. 国际物流与货运代理. 北京：机械工业出版社，2003
11. 何明珂. 物流系统论. 北京：高等教育出版社，2004
12. 杨长春. 国际物流. 北京：首都经济贸易大学出版社，2003
13. 王之泰. 物流工程研究. 北京：首都经济贸易大学出版社，2004
14. 刑颐. 国际物流实务. 北京：中国轻工业出版社，2005
15. 徐勇煤，杨梅民，郭湖斌. 国际物流管理. 北京：化学工业出版社，2004
16. 杨霞芳. 国际物流管理. 上海：同济大学出版社，2004
17. 王学锋. 国际物流运输. 北京：化学工业出版社，2004
18. 陈洋. 国际物流实务. 北京：高等教育出版社，2003
19. 刘伟. 国际物流. 北京：人民交通出版社，2003
20. 唐渊. 国际物流学. 北京：中国物资出版社，2004

后　记

我们正处在一个国际贸易和国际投资活动空前繁荣的经济全球化时代，不管人们是从何种角度来理解经济全球化，不可否认的是，蓬勃发展的国际物流无疑是其中最为关键的一环。货物及服务在国际间更有效率地移动的同时，极大地推动了国际贸易活动的发展，在全球范围内促成了一种极富活力的物流、资金流和信息流联动的交互网络。可以说，国际物流实现并加速着全球化的进程，其重要性不言而喻。

随着国际化脚步的加速，国际物流给中国既带来了机遇，也带来了冲击。本书结合我国物流业现状，以国际物流理论为基础，尽可能介绍实务技能，力图在阐述国际物流理论的同时，将理论与图示、操作步骤等实际例子结合，讲清楚国际物流的各方面相关问题。

本书的读者对象广泛，除适合高等院校物流专业、国际贸易专业、市场营销专业及工商管理专业本科生及研究生作教材外，还适合物流从业者，特别对从事对外贸易的物流业员工更具指导意义。

参加本书编写的人员有：陕西师范大学国际商学院李华敏、杨宁，西安交通大学经济与金融学院魏修建，西安理工大学杨文斌，南京审计学院王树钰，西北工业大学鲁俊毅，陕西省物资产业集团总公司侯宗科，以及陕西师范大学国际商学院的研究生田娜、宋敉瑶、石柯等。本书由李华敏副教授任主编并负责大纲的制定和编写。杨文斌、杨宁、王树钰任副主编。参加本书的具体撰写人员为：李华敏副教授撰写第一章、第四章、第九章；魏修建副教授撰写第十章；田娜撰写第二章、第三章；宋敉瑶撰写第五章、第六章；杨宁撰写第七章；杨文斌撰写第八章、第十一章；鲁俊毅、侯宗科撰写第十二章；王树钰副教授撰写第十三章；石柯撰写第十四章、第十五章。全书由李华敏副教授进行审阅和定稿。

本书在写作过程中，参阅了许多专家的研究成果，在此向所列参考文献的专家致以诚挚的感谢。同时，对促成本书出版的西安交通大学经济与金融学院郝渊晓教授及中山大学出版社总编蔡浩然编审致以诚挚的敬意。

由于作者水平有限，本书内容难免存在疏漏与不足，恳请读者提出建议和批评，以便我们再版时予以改正。

李华敏

2007 年 1 月 8 日

于陕西师范大学田家炳教育书院